軍国日本の興亡

日清戦争から日中戦争へ

猪 木 正 道

中央公論新社

まえがき

戦前・戦中の軍国主義は、戦後の空想的平和主義とみごとな対照をなしている。敗戦で軍国主義から解放されたわれわれ日本国民は、戦後空想的平和主義にとりつかれた。たとえば社会党が野党の時代の村山富市氏の言動は、空想的平和主義そのものだといっても過言ではあるまい。

その村山氏は、首相就任後最初の施政方針演説で自衛隊の合憲性を認め、日米安全保障条約の堅持を打ち出した。その意味では、日本社会党の空想的平和主義を克服しようとしたといえよう。しかし、村山氏はまだ空想的平和主義から完全に離脱したわけではない。国際連合への協力を論じ、ＰＫＯについて語る時、氏の空想的平和主義はつねに露呈される。

もちろん、こういう空想的平和主義の基調は、社会党と村山氏に固有のものではない。平均的日本人の考え方だといってもよかろう。空前の敗戦により打ちのめされた日本国民にとって、ある程度の軍事アレルギーは避け難い。

広く深く根を張った空想的平和主義が一体何に起因するのかを考察して、私は戦前・戦中の軍国主義を裏返しにしたものだと気付いた。戦前・戦中の軍国主義と戦後の空想的平和主義とは、まるで双生児のようによく似ている。考え方が独善的であり、国際的視野を欠いて一国主義的であること等そっくりである。

空想的平和主義を克服するためには、戦前・戦中の軍国主義をふりかえることが必要だと、私は痛感し、日清戦争からはじめて、日中戦争にいたる歴史を書くことにした。一九六〇年代に私が京都大学法学部で日本政治・外交史を講義したときのノートをもとにしている。四組の子供たち夫婦と、十人の孫たちを含むわが同胞への遺言のつもりである。

軍国主義すなわち Militarism という言葉は、一八六〇年代のプロイセンで、軍備の拡充を批判する意味で用いられた。定義してみれば、軍事力ないし軍事的価値を過度に重視する思想および体制だといえよう。

プロイセンの軍備拡充をめぐる政争の中から生れたことが示しているように、軍国主義の概念は高度の政治性を持っており、宣伝的・煽動的な傾向を帯びていた。

軍国主義は戦争を賛美し、国家および社会において軍人および軍事力に特権的・優越的な地位を与え、政治、経済、社会、文化のあらゆる領域を軍事化しようとする。

一八六〇年代のプロイセンでは、英国やフランスに比べていちじるしく遅れたドイツの統一を推進するためには、プロイセンの軍事力を強化するほかはないという考え方が支配的となり、プロイセン・ドイツの軍国主義が形成された。この軍国主義はドイツの統一という明確な政治的目標を持っており、ローン陸相の編成した大軍事予算を、国会の反対を押し切ってでも実現するという宰相ビスマルクの強烈な意志により導かれていた。

一八七〇―七一年の普仏戦争に大勝してドイツの統一を実現した後も、統一ドイツの軍事的安全保障のため、軍事力を偏重する政策は続けられた。しかし宰相ビスマルクは軍事力の限界をよく理解しており、ドイツが包囲されないよう〝平和政策〟を貫いた。ビスマルクの解任後、皇帝ヴィルヘルム二世が英国海軍に対抗・挑戦するためドイツ海軍の建設に乗り出し、ドイツ帝国の国際的孤立を招くにおよんで、軍国主義はドイツにとって生命とりとなった。

ドイツが第一次大戦でアングロ・サクソンの海軍国とヨーロッパ大陸の陸軍国を相手として、絶望的な戦争をたたかい、結局自滅したことは、軍国主義がビスマルクの政治的指導を失った場合、亡国に直面することを示している。

大日本帝国が国際的に主権と独立を守り、国内的に近代化するという明確な政治的目的を自覚していた間は、軍国主義は日本の国際的地位を高め、上からの近代化を推進するのに役立った。当時の日本は軍国日本ではあったが、まだ軍国主義に徹していたわけではない。

しかし、日露戦争に大勝した後、中国への圧迫と侵略が目立ちはじめると、日本は米国から敵視され、旧同盟国の英国をも敵に廻すようになり、一九三〇年代には完全に孤立してしまった。軍事力の偏重は、日本の国際的地位を高めないで、逆に絶望的なものにした。

第一次大戦では、英国、フランス、米国等は連合国の民主主義対ドイツ軍国主義のたたかいであるとして、思想戦の分野で圧倒的に優位に立った。第二次大戦でも、連合国側は、ドイツと日本の軍国主義に対する民主主義の聖戦を戦っているものとした。大日本帝国を軍国主義とすることには問題はないが、ヒトラーの第三帝国は単なる軍国主義ではなく、超軍国主義ともいうべき全体主義であった。伝統的な軍人貴族の多くがヒトラーに対する抵抗運動の中心となったことはとくに注目される。

軍国日本が次第に軍国主義色を深め、中国ばかりでなく米英両国をはじめ、ほとんど全世界を敵とする自爆戦争に突入し、一九四五年八月にポツダム宣言を受諾するという形で降伏した後、敗戦国日本では、軍国主義に対する反動の時代がはじまった。軍国主義が軍事的価値、軍事力および軍人を不当に過大評価するものであったのに反して、戦後の反軍国主義は、軍事的価値を不当に過小評価した。アメリカ合衆国の占領軍が、日本の非軍事化を推進したのに即応して、敗戦後の日本では、軍事的価値一般、軍事力および軍人を軽侮する傾向が強まった。

憲法第九条の戦争放棄に関する規定も、侵略戦争ばかりか、自衛の戦争も認めないかのように粗雑に解釈され、歴史上も前例がない空想的平和主義が喧伝された。これは軍国主義を裏返しにしたものといってよく、自国をみずから防衛することによって国際社会の平和と安全に対する責任を果たす、という重要な視野がまったく欠落していた。

軍国主義を裏返しにした空想的平和主義は、日本が敗戦国として通用していた間はあまり大きな害毒をもたらさなかった。しかし日本が経済大国に成長して、国際社会の重要な構成員となってからは、日本の空想的平和主義は、日本が国力・国情にふさわしい国際的責任を果たすことを困難にしている。一九四五年の降伏まで、みずから軍国主義の害毒になやみ、まわりの国々にも大損害を与えてきたからといって、今度は軍国主義を裏返しにして、軍事的価値を不当に過小評価し、たとえば国連のPKF等国際的軍事責任から免れようとする考え方は、世界に通用しない。

国際社会の尊敬される構成員として認められるためには、軍国主義もその裏返しとしての空想的平和主義も、ともに有害無益である。軍事的価値、軍事力および軍人の不当な過大評価も、過小評価も避け、国際的常識にそった対応をすることが望ましい。

軍事的価値と軍事力とを不当に過小評価する戦後日本の悪い傾向は、何よりもまず、自衛隊を無視したり、軽視したりする群集心理の形をとる。一九五〇年代のはじめ、私は北海道で、研究会のため集った大学教授たちの一人が、訓練中の自衛隊員に向かって〝税金泥棒〟と叫んだのにびっくりした。自衛隊員はよくその種の侮辱に堪え、黙々と任務を遂行している。

一九七〇年に私は防衛大学校長に就任し、自衛隊員の自信に深い敬意を感じた。しかし、過去の軍国主義に対する反感から、現在の自衛隊員をさげすむことは、長期間の間には自衛隊員の心の中にある種の毒素を蓄積するのではなかろうか？　さいわい、自衛隊員に対する国民の処遇は年とともに改善されており、最近日本社会党までが自衛隊の合憲性を認めはじめた。自衛隊員の心の中の毒素が一挙に噴出するという危険は、一応去ったといえよう。

いずれにしても軍事的価値を不当に過大評価する軍国主義に劣らず、軍事的価値を不当に過小評価する空想的平和主義も愚劣であり、かつ大きな危険を伴う。自衛隊の合憲性をはっきりと確立するとともに、自衛隊が国家の安全にとって不可欠の存在であることを国民の間に徹底することが必要である。

軍事的価値が過大評価も、過小評価もされなくなるまで、いいかえれば、軍事的価値が妥当に適切に評価されるまで、日本は戦前・戦中の軍国主義を克服したとはいえない。

軍国主義が愛国心を不当にゆがめ、中国人や韓国（朝鮮）人やアメリカ人の愛国心を否定して、日本人だけが愛国心を持っているかのごとく錯覚したことは、大きな禍根を残した。その反動として、戦後は日本人の愛国心そのものが軍国主義的なものと誤認され、愛国心が否定されてしまうという恐ろしい状況まで現出した。

みずからの愛国心を否定する国民は、国際社会で尊敬されない。日本が国際社会の名誉ある構成員であるためには、軍国主義によってゆがめられ、汚辱された愛国心を軍国主義との癒着から救い出し、外国人の愛国心とも両立する本当の愛国心に純化しなければならない。この作業を完了するまでは、愛国心は軍国主義とのくされ縁から解放されないだろう。空想的平和主義についても、これを軍国主義の裏返しとして、完全に克服するのでなければ、日本人の愛国心は堂々たるものになれない。

軍国主義と空想的平和主義とは、互いに相手の裏返しだというのが、本書の原点であり、結論でもある。

本書の執筆中、私は慢性硬膜下血腫のため、長野の赤十字病院と横浜の市民病院とで、二回の手術を受けた。このため、脱稿は、一年近く遅れてしまった。本書が中央公論社から新書の一冊として刊行されるのは、非常に嬉（うれ）しい。同社会長の嶋中鵬二氏と中公新書の早川幸彦編集長とに心から御礼申上げたい。五十七年間、私を支え、傘寿で本書を書き上げるまで、私を助けてくれた妻倉子に深謝する。

一九九五・一一・一二　保土谷にて

著者

目次

軍国日本の興亡

日清戦争から日中戦争へ

第一章　近代化と日清戦争

日本、清国および韓国

一九世紀なかばの東アジアには、日本のほか、清国と韓国とがあった。いずれも鎖国を続け、ヨーロッパ列強とロシア、アメリカ合衆国とによって開国を迫られていた。なかでも清国はアヘンを密輸していた英国商人を摘発したことがきっかけとなって、一八四〇年、優勢な英国の海・陸軍に侵略され、旧式の清国軍は大敗した。巨大な清国が英国によって半植民地化されそうだという情報は、日本の幕藩体制に対する一大警鐘であった。

日本では一八五三年七月、ペリー提督のひきいる四隻の米軍艦が来航し、攘夷（じょうい）か開国かをめぐって大動乱が起こった。しかし一八六八年には明治維新政府が樹立される。一八七一年の廃藩置県は、日本近代化の第一歩であった。それからわずか二十年間に、日本は近代国家として、東アジアの強国となっている。やがて韓国が日本により征服され、〝韓国併合〟という形で日本の植民地になったのには、韓国が自力での近代化に成功しなかったことが背景の一つとなっていたといえよう。

日露戦争後、清国は満洲王朝の支配を脱して中国となったが、やはり自力での近代化に成功しないまま日本によって侵略され、ようやく第二次世界大戦の戦勝国となることによって日本の支配を脱した。

近代化と軍国化

このように考えてくると、日本が東アジアの強国となり、清韓両国がその被害者となったのは、近代化の成否によるといっても過言ではあるまい。もちろん近代化に成功した日本は、一時世界の強大国の一つになったが、分不相応な冒険戦争に乗り出した結果、第二次大戦で袋叩きにあい、自爆してしまった。

近代化に一応成功した段階で、隣国を侵略したり征服したりしようとせず、国民生活を充実すれば理想的であるが、個人でも、国家でも、成功の限界を自覚することはなかなか容易でない。人間が業の深い存在である以上、大日本帝国が粘土脚の軍事大国に変質し、米国、英国、中国等の連合国を相手とする自殺戦争に乗り出したのも已むを得なかったといえるのかも知れない。

ここで近代化という概念について一言しておこう。一九六〇年頃、〝近代化〟という概念は世界の社会科学者の間で一大流行のテーマとなった。近代化の模範とされたのは、明治維新後の日本である。一八六〇年代にまだ幕藩体制下にあり、経済の分野では工業らしい工業を持たず、人口の大半は農民として土地にしばりつけられていた日本が、わずか二、三十年の間に政治・経済・社会のあらゆる分野で近代国家に成長したことは、世界を驚かせ、一八九四―五年の日清戦争と、一九〇四―五年の日露戦争とに大勝する原動力となった。

政治の分野では、一八八五年に早くも内閣制度が確立され、一八八九年二月一一日には大日本帝国憲法が発布された。三権分立を含む政治・行政機構の合理化にほかならない。翌一八九〇年七月一日には第一回総選挙が行われている。衆議院議員の選挙資格を持ったのはわずかに人口の一・一四パーセントに過ぎなかったけれども、国民の代表が統治に参加する意味で、日本の政治が近代化への大きな一歩をふみ出したことはたしかである。学校制度の充実により、文武の官僚制も整備された。

経済の分野では、富国強兵というスローガンの下に、農業および工業の生産力を拡充する政策がとられた。独立を守るために、何よりも強兵に重点が置かれたけれども、軍事力を強化するためには農業と工業、とくに後者の躍進は不可欠の前提である。農業生産は一八八一年の六億一〇〇万円から、一八九八年には一〇億九六〇〇万円へと急増し、工業生産額は同じ期間に三億六一〇〇万円から一〇億八九〇〇万円へと三倍増した。工業化が近代化のもっとも顕著な特徴の一つであることを考慮に入れると、一八八〇年代から一八九〇年代にかけて、日本がすさまじい勢いで近代化していたことは明らかである。江戸幕府の二六〇年間を通じて日本の人口は三千万人前後を上下していたが、農地から解放された農家の次男や三男は東京、大阪等の大都市へ流入して、工業、流通、サーヴィス部門に職を求め、人口の急増を招いた。

一八〇〇年代の終りの三十年間に日本で急速に進行した政治・経済・社会・文化の全域における近代化は、清国や韓国では起こらなかった。一八九四―五年の日清戦争で日本が大勝し、次いで一九〇四―五年の日露戦争にも勝利して、その間に韓国を保護国化し、一九一〇年には〝韓国併合〟という形で完全に征服した背景には、日本近代化の成功があったのである。

日本の近代化が同時に軍国化であったことを忘れてはならない。すべての分野における近代化は軍の近代化を機軸として推進された。だから日本では、近代化即軍国化であったといっても過言ではない。一般徴兵制によって、全日本国民は軍事組織の一員もしくは補助員となった。やがて政党が発達して立憲政治に大きな役割を果すが、日本国民の底辺に対する政党の掌握力は、軍に比べて格段に弱かった。

人間を評価する場合に、血統や家柄等よりは能力と実績とに重点を置くことは、近代化の重大な特徴である。日本国民は憲法によって移転の自由を保障され、職場では原則として能力と実績により評価されたから、実力を発揮して社会的地位を向上させようと努めた。

伝統と因習にとらわれていた清国や韓国が、日本に遅れをとったのは、その意味で無理はないといえよう。

日・清・韓三国の比較

『中央公論』一九九二年四月号に毛利敏彦教授の「日韓中『近代化』比較考」という興味深い論文が掲載されている。「日本では近代化と民族国家自立が成就し、さらに帝国主義化して近隣地域を侵略さえしたのに、朝鮮と中国では挫折した。何故か」と自問して、毛利教授は「三者の違いを生んだ最大かつ決定的な理由として、ズバリ明治維新の有無を挙げる」と答えている。

傾聴すべき見解だと思う。しかしなぜ日本だけが明治維新に成功して、近代化を推進できたかの理由を検討しなければならない。中世以来の日本に、西ヨーロッパの封地封建制(Lehens Feudalismus)に近い封建制が発達して、潜在的に近代化を進めていたという事情も考慮されなければなるまい。日本の封建制は、幕府と大名間、大名と家臣間の関係が西ヨーロッパに似て契約に近い性格を持っており、このことが末端までの統治を密度の高いものにした。幕末時代の識字率が、世界最高の水準であったことはその現れの一つにほかならない。

一八六八年三月一四日、天皇が天地の神々に誓うという形で発表された新政権の基本方針は、「五箇条の御誓文」として有名であるが、ここに近代化の大筋があざやかに示されている。由利公正（きみまさ）が起草し、福岡孝弟（たかちか）と木戸孝允が加筆・修正したといわれる五ヵ条は次の通りである。

一、広く会議を興し、万機公論に決すべし。

二、上下心を一にして、盛に経綸を行うべし。

三、官武一途庶民にいたるまで、各その志を遂げ、人心をして倦（う）まざらしめんことを要す。

四、旧来の陋習（ろうしゅう）を破り、天地の公道に基くべし。

五、知識を世界に求め、大いに皇基を振起すべし。

この中で、〝会議〟というのは列侯会議のことであって、議会制民主政治を意味していなかったことはいうまでもない。それにしても、右の五ヵ条の中には近代化の大方針が揃っており、日本近代化の出発点であった。

明治維新はたしかに日本の近代化にとって決定的な一歩であったが、因習を打破した反面に、伝統的文化の大切な部分を破壊したことを忘れてはならない。日本人が今日独自の文化として誇れるのは明治より前の江戸時代、室町時代、鎌倉時代、平安時代、奈良時代の文化ばかりであって、維新後のものはほとんどない。

明治維新をむやみに賛美するのは危険である。近代化についても同様のことがいえる。日本は近代化によって多くのものをえたが、他面失ったものも少くない。

帝国主義の時代

一九世紀の後半から第一次大戦までの時代は、〝帝国主義〟の時代と呼ばれる。英国、フランス、ドイツ等のヨーロッパ列強はアフリカの分割を競い、アジアでも植民地の拡大に乗り出した。日本にとってとくに脅威となったのはロシアの膨脹政策であった。小さなモスクワ公国から出発して、ロシアは大変なスピードで国土を拡張してゆく。一六一三年にロマノフ王朝が発足してから、一九一三年にいたる三百年間に、ロシアは一日平均六〇平方哩（マイル）の割合で、領土を拡大したという計算もある（フレデリック・シューマン『ソ連の内政と外交』）。一時は北アメリカ大陸の西岸にまで達したというのだから、ロシアの膨脹力のすさまじさに驚かされる。しかし、一八六七年にアラスカをアメリカ合衆国に売却することにより、ロシアは北アメリカ大陸の征服を断念した。

そのかわりロシアは一八九一年にシベリア鉄道の建設に着手し、東アジアへの進出に乗り出した。米国と中国とインドとをあわせた面積に匹敵するロシア帝国は、シベリア鉄道の開通によって活力ある巨大国家になる。明治維新の指導者たちにとって、ロシアの東方進出は頭痛の種であった。ロシアは、極東政策の拠点であるウラジヴォストークをシベリア鉄道でロシアの中枢部に結びつけようとした。さらにウラジヴォストークを守るためには、朝鮮半島を制圧する必要があると考えたわけである。

他方、英国はインドを保持するため、ロシアが中国に進出することを警戒した。一九世紀の二大帝国主義国が朝鮮半島と満洲（中国東北部）に関心を持ったことは興味深い。ここで帝国主義というのは、領土を拡大しようとする大国の野望であって、ホブソンやレーニンの帝国主義論が強調した経済的動機とは必ずしも直結していない。

当時の日本はまだ大国ではなかったが、一八七六年二月、日韓修好条約を結んで、治外法権を獲得した。朝鮮半島では清国が宗主国として優位を保っていたが、日本は陸・海軍の整備に努め、韓国から清国の勢力を排除することを目指した。〝帝国主義〟時代を今日の価値基準によって断罪することは公正とはいえない。清国が韓国に宗主権を主張したのも歴史的にうなずかれるし、日本が軍事力によって韓国から清国を追い出そうと考えたのも、当時の国際権力政治の規範では、論理的なことである。

日清戦争の発端

韓国が自力による近代化に失敗した結果、清国は一八八二年に漢城（現ソウル）で起こった軍人暴動事件をきっかけとして軍隊をソウルに駐留させ、日本もまた韓国と済物浦（さいもっぽ）条約を結んで駐兵権をえた。日清両国は一八八五年に天津条約に調印して、韓国からの両国軍隊の撤退と今後の出兵に際しては相互に通知しあうことを約束した。実質的には清国の優先権を認めながら、伊藤（博文）全権は日本の地位を清国と平等にまで高めたのである。

折から清国軍は北ヴェトナムでフランス軍と衝突し、清仏戦争によりインドシナを奪われるという窮境にあったことが伊藤博文を助けたといえよう。

それから九年後、韓国では〝東学党〟と称する農民の暴動が勃発し、たちまち全羅道一帯を制した。韓国王高宗は、自力で平定できないことがわかると、清国、日本に救いを求めた（甲午農民戦争）。東学党の背景には清国の実力者袁世凱の手が動いており、この暴動を好機として大軍を送り、韓国を一挙に清国の支配下に置くことを企図していたといわれる。当時、日本の政府が帝国議会では優勢な野党によって困惑させられていたことを、袁世凱は、日本の無力化と誤って判断したらしい。

一八九四年六月八日、高宗の求めに応じて清国は一五〇〇人の兵力を牙山に上陸させ、日本に天津条約第三条による出兵を通告した。日本では、朝鮮半島を利益線と名づけた山県有朋も、伊藤博文首相をはじめとする元老も閣僚も速戦即決で韓国を軍事的に制圧する決意を固めていたから、直ちに行動に移った。六月九日には駐韓公使大鳥圭介が軍艦八重山に乗じて仁川に到着し、三百余の陸戦隊を伴って漢城に帰任し、七千余の混成旅団も続いた。

この年の三月二七日に陸奥宗光外相が青木周蔵駐英公使に送った手紙に、「国内の形勢は日一日と切迫し、政府において何か人目を驚かすほどの事業をなすに非ざれば、この騒々しき人心を鎮静すべからず。さりとて故なき戦争を起すわけにも参らず候」と書かれているのを見ても、帝国議会を中心とする反政府運動が、日本を清国との戦争に追いやった重大な要因であったことは間違いない。

しかし、日本はあらゆる犠牲を払って整備した近代的陸海軍により、清国を朝鮮半島から駆逐して、東アジアの覇者になろうと決意していたので、清国が出兵したことを絶好の機会として利用したわけである。「外交においては、被動（受動）者の地位をとり、軍事においては機先を制す」という陸奥の方針はみごとに貫かれた。

日本の完勝

一八九四年六月一六日、日本は清国に、共同で韓国の内政を改革する案を提出した。この案に清国が応じない場合は日本単独で韓国の改革に当る、という条項が陸奥外相の主張にもとづいて含まれていたことが重要である。六月二二日に清国が予期通り日本の提案を拒否したのに乗じて、大鳥公使は四日後国王高宗に内政改革を迫った。七月二三日には日本軍は漢城を占領し、二日後日本海軍は豊島沖の海戦で清国海軍に完勝した。

大鳥公使は漢城を占領した日本軍を背景に韓国宮廷から閔氏一派を駆逐し、引退中の大院君を王宮に迎えて、政権を委任した。大鳥公使は国政顧問に就任し、清韓条約を破棄させた。そして七月二九日、日本軍は成歓と牙山で清国軍に大勝している。日清両国が宣戦を布告したのは八月一日である。

宣戦の理由として、日本が「朝鮮に独立国の権義を全くせむこと」をあげているのは、清国が「朝鮮はわが大清の藩屛たること二百余年」とのべているのと対照的である。

九月一日、山県有朋陸軍大将を司令官とする第一軍が編成され、第一軍約一万二〇〇〇人は九月一四、一五日に平壌に集結していた約一万五〇〇〇人の清軍を攻撃して、粉砕した。日本の近代化された陸軍と清国の北洋大臣・直隷総督李鴻章の私兵との衝突が、後者の壊滅的敗北に終ったのは当然といわなければなるまい。清軍の戦死者は二〇〇〇人にのぼったといわれる。

日本海軍は豊島沖海戦で清国海軍を撃破した後も、黄海の制海権を確保するため、威海衛を基地とする清国の北洋艦隊との決戦を求めた。九月一七日正午過ぎ、日本の連合艦隊は、丁汝昌のひきいる清国艦隊主力と、遼東半島東南の海域で遭遇し、日没まで砲撃戦を続け、軍艦三隻を撃沈したほか、〝定遠〟〝鎮遠〟の両主力艦をはじめ残余の艦艇にも大打撃を与えた。この黄海海戦により、日本は朝鮮半島の沿海はもとより、清国海域の制海権を手に入れた。

この制海権を背景に大山巌陸軍大将の指揮下に第二軍が編成され、一八九四年一〇月二四日、遼東半島の花園口に上陸し、一一月までに金州、大連および旅順を攻略した。一〇月二五日には第一軍が朝鮮から鴨緑江（おうりょくこう）を越えて遼東半島の北部、九連城、鳳凰城、大孤山を制圧し、翌年三月はじめまでに牛荘、営口、田荘台を攻略した。この間、第二軍は山東半島栄成附近に上陸し、二月二日、威海衛軍港の陸岸を完全に占領した。二月一一日に提督丁汝昌は自殺し、翌日北洋艦隊の降伏となった。

講和条約

日清戦争の軍事作戦はこうしてあっけなく終り、講和の段階に入った。すでに一八九四年一〇月、英国は戦火が中国本土に拡大することを恐れて駐日公使を通じて講和を打診していた。ロシアも米国も戦争の終結に関心を持っていた。日本は遼東半島と威海衛を完全に占領した後、清国側の講和申入れをうけいれることになる。

一八九五年三月一九日、清国の全権李鴻章は門司（もじ）に到着し、翌日から日本の全権伊藤博文、陸奥宗光と下関の春帆楼（しゅんぱんろう）で、講和会談がはじまった。三月二四日、第三回談判の帰路、李鴻章全権が日本人の暴漢小山豊太郎に狙撃され、顔面に負傷した。列国の非難を恐れた陸奥宗光は、同月三〇日休戦条約に、次いで四月一七日、下関条約に調印した。重要な条件は次の三点である。第一に清国が朝鮮の独立を承認すること、第二は遼東半島、台湾、澎湖（ほうこ）列島の割譲、そして第三点は賠償金二億両（約三億円）の支払いである。台湾の占領は下関条約の調印後となったが、澎湖列島は三月二六日に占領することができた。

台湾と澎湖列島を支配することによって日本は〝帝国〟となり、二億両の賠償金は日本経済の躍進に大きな役割を演じた。一八九七年三月二九日、日本が金本位制に移行できたのも、この賠償金のおかげといってよい。また、朝鮮の独立とは清国からの独立という意味であって、日本の朝鮮半島支配への前提条件でもあった。

三国干渉

問題は遼東半島の割譲であった。下関条約の調印六日後に、ロシアとフランスおよびドイツの三国が日本に対して、遼東半島の放棄を要求した。三国のうち主導権を握ったのはいうまでもなくロシアである。四月二四日、広島の大本営で御前会議が開かれ、㈠拒否するか、㈡列国会議に決定を委ねるか、または㈢還付するか、の三案について激論がたたかわされた。結局第二案をとり、列国会議を招集してその決定に服することになった。

しかし肺患のため舞子(まいこ)（兵庫県）に静養中の陸奥外相は、いわゆる枕頭会談で、問題を国際化すればさらに干渉を受けるおそれがあると主張し、「虻(あぶ)も蜂(はち)も捕捉しえざるの愚を招く」と説いた。陸奥は下関条約はそのままあくまで批准書を交換した上で、別個の条約により遼東半島を清国に還付すべきである、という意見を貫徹した。すなわち五月四日、日本は遼東半島の放棄を決定し、一一月八日遼東半島還付条約に調印して、代りに三〇〇〇万両（約四五〇〇万円）をえた。

日本国民がこの三国干渉に怒り、いかにロシアに対する敵愾心を高めたかは想像に難くない。とくに一八九八年三月二七日にロシアが清国と旅順・大連湾租借条約を結んで日本に還付を強いた遼東半島をみずから手に入れたことは、日本国民を憤激させた。ロシアの背信と野望をくじくために〝臥薪嘗胆〟するという決意が固まったのである。

冷静な陸奥宗光は、三国干渉に際してみごとな判断を下したわけであるが、彼が日本国民をいましめている言葉は、注目に値する。

わが国民の熱情は、諸事往々主観的判断のみに出で、毫も客観的考察をいれず、ただ内を主とし、外を観ず。進んで止ることを知らざる形勢なり。

ロシアと戦う決意を固めた当時の日本国民は、あまりにももろく敗退した清国を軽侮し、中国人を「チャンコロ」などと称して侮辱するようになった。従来、中国の偉大な文明に対する尊敬の念が高かっただけに、日本人は清朝中国の弱体ぶりに驚き、中国人を軽侮する弊風が一挙に強くなった。日中両国民にとって、非常に不幸なことである。

一八九五年一〇月八日、日本の駐韓公使三浦梧楼中将の手でクーデタが行われ、閔妃は日本人の手で殺害された（乙未事変）。翌年二月韓国王は身の危険を感じてロシアの公使館に逃げ込み、一年ほどかくまわれた。韓国の政府が親ロシア派で固められたことはもちろんである。日本の一部軍人と浪人とは、閔妃殺害によって韓国王室と韓国民の反感を買い、ロシアの影響力を逆に強化してしまった。三浦将軍や無法者たちは日本で取調べを受けたが、証拠不充分ということで釈放された。

閔妃殺害事件に代表される一部軍人や無法者の蛮行は、日本の国際信用を傷つけ、日本の国益をいちじるしく害した。

第二章　北清事変と日英同盟

義和団

一八世紀頃、山東省から直隷省にかけて義和拳教という宗教的秘密結社があった。一種の拳法を使うのでボクサー（Boxer）ともいう。日清戦争でみじめな敗北を喫して以来、彼らは〝扶清滅洋〟を叫んで山東省に反乱を起こし、一九〇〇年には直隷省に入って、天津をへて北京に進んだ。鉄道や電線を破壊し、教会、病院に放火し、外国人宣教師を襲い、外国製品を奪って排外主義の一大暴動となった。清朝の実権を握っていた西太后らは義和団の乱を公然と助けた。

北京で義和団に包囲された列国の公使館員などをはじめ居留民多数を救出するため、日本を含む諸外国は出兵することとなった。日本軍八〇〇〇人がもっとも多く、次いでロシア軍四五〇〇人、英軍三〇〇〇人、米軍二五〇〇人、フランス軍八〇〇人がこれに続いた。日本の兵力が多いのは英国の求めによる。開戦二ヵ月後の、一九〇〇年八月一四日、北京は連合軍に占領され、一九〇一年九月七日に最終議定書の調印となった。清朝中国は海関税および塩税を担保に四億五〇〇〇万両（六億三〇〇〇万円）という巨額の賠償金を課せられたほか、北京には外国軍隊の護衛する公使館区域が設けられ、北京周辺の防備は外国軍隊に任された。中国の半植民地化は巨歩を進めたのである。

日本軍は数において連合軍中最大であったばかりでなく、もっとも勇敢で、しかも軍紀が厳正であるという国際的評価をえた。日本は日清戦争と北清事変により、大いに国威を高めたのである。

ロシアの南進

ロシアの膨脹政策についてはすでにふれた。一八五八年には英国とフランスとが清国と戦っている隙に乗じ、ロシアは清国と愛琿条約を結んでアムール河（黒竜江）以北の地域を奪い、二年後には北京条約によってウスリー江以東の領土を手に入れた。

一八九五年四月にドイツ、フランスとともにいわゆる三国干渉を行い、三年後に旅順と大連とをみずから租借して日本国民の憤激を招いたことは、さきに言及した通りである。注目されるのは、このロシアの猛烈な南下政策に直面して、駐英公使加藤高明が、日英両国の提携が必要であると上申している点である。

一八九八年一月一五日、伊藤内閣の西徳二郎外相とロシアの駐日公使ローゼンとの間で韓国問題についての交渉がはじまり、四月二五日、ロシアは韓国の独立を確認して内政に干渉しないことを約し、商工業に関する日本の優越を認め、日本はロシアによる旅順・大連の占領を黙認することになった。ロシアが韓国を日本に一任すれば、満洲を日本の利益の範囲外と認めるという西外相の満韓交換論は拒絶されている。

ロシアの膨脹政策は一八九一年からシベリア鉄道の建設がはじまったことで本格化し、一八九六年にはチタとウラジヴォストークを結ぶ東清鉄道の建設権を入手するまでになった。

当時の世界では英国が七つの海を支配していたが、ロシアはシベリア鉄道等の陸上ルートで英国の覇権に挑戦しようとした。ロシア帝国の南進をさしせまった脅威と感じた日本は、英国と結んでロシアに対抗しようとする日英同盟派と、ロシアと協商して国益を守ろうとする日露協商派とに分れて争った。両派に共通していたのは、陸・海軍の軍備を充実することが必要だという一点である。一八九六年から陸軍は七個師団から一三個師団へとほぼ倍増し、海軍は五万トンから二〇万トンへと四倍増する計画を着々と推進した。まさに臥薪嘗胆の労苦がはじまったのである。

日英同盟

日英同盟を主張したのは加藤高明、小村寿太郎の両外相と元老山県有朋であった。彼らの代表として小村外相の考え方を見ると、第一に侵略的なロシアと協約を結んでも恒久的効果がない、第二に領土的野心のない英国とむすべばロシアに対抗でき、通商上も利益が大きい――という二点である。

これに反対する日露協商派は、元老伊藤博文と井上馨（かおる）である。その理由は、英国と結んでも朝鮮問題を解決できないばかりか、日露間の軍事的衝突を招くおそれが大きい――というのであった。

伊藤博文はイェール大学の創立二〇〇年記念日に招かれ、名誉法学博士の学位を与えられることになった。一九〇一年九月一八日、伊藤は海路アメリカ合衆国に向け出発した。三週間後の一〇月八日、小村外相は駐英公使林董（ただす）に日英同盟条約について交渉する権限を与えた。林公使は一〇月一六日、英国のランズダウン外相と会談し、一一月六日には英国側の第一次草案が林公使に手交された。

よく知られているように、日英交渉の背後にはドイツの手が動いていた。ドイツの駐英代理大使エッカルトシュタインは、ビスマルクの辞任後ドイツ外交を指導しようとした野心家であったが、一九〇一年三月ランズダウン英国外相に会って、英独同盟の可能性を打診した。日本の駐英公使林董が四月一七日にランズダウン外相にあったのはエッカルトシュタインの示唆によるという。

ドイツが日本を加えた英独同盟の締結を構想したのは、英国と露仏同盟との間を割くことと、日露の衝突によってロシアの軍事力を極東に向かわせよう、ということの二点を狙っていたためらしい。後にドイツはこの構想から抜けたため、第一次大戦で袋叩きにあうことになる。

ロンドンの日英交渉が本格的段階に入ったころ、伊藤博文は大西洋を渡って一一月一三日、パリに着いた。桂首相は伊藤によって日英同盟が妨碍されることを恐れ、伊藤にあててロシア訪問を断念するよう打電した。一方小村外相はロンドンの林董公使にパリへ出かけて伊藤博文に充分説明し、その賛成をとりつけるよう命じている。

一九〇一年一一月一五日、伊藤博文は桂首相に電報で、自分がロシアと意見の交換をとげるまで日英同盟を決定しないよう求めた。一一月二〇日、桂首相は、日英同盟交渉はもはや離脱できないという理由で、伊藤に対して逆に早くロシアへゆくよう打電している。一一月二八日、伊藤博文は皇帝ニコライ二世に会い、一二月二日にはラムスドルフ外相と、そして翌三日にはウィッテ蔵相と会談した。伊藤はラムスドルフとの会談で、朝鮮半島について妥協点をさぐったが、結局実を結ばなかった。

桂首相は一九〇一年一二月七日、山県有朋、西郷従道、井上馨、大山巌、松方正義の五元老と小村寿太郎外相、山本権兵衛海相の二人を招き、葉山の長雲閣で日英同盟案を決定した。一二月九日には閣議が開かれ、翌一〇日聖断が下った。

一九〇二年一月三〇日、ロンドンで調印された第一回日英同盟協約は、全文六ヵ条、海軍の協力に関する附属書翰一通よりなっている。要点は次の通りである。

第一条　日英両国は、清国および韓国の独立を承認し、英国は清国において、日本は清国および韓国において、特殊利益を有するので、第三国によりこの利益を侵害される場合は、必要な措置をとる。

第二条　日英両国のいずれか一方が、右の利益を防護するため、第三国と開戦した時は、他の同盟国は、厳正中立を守り、他国の参戦防止に努める。

第三条　右の場合にもし他の一国または数国が、その同盟国に対し、交戦に加わる時は、他の同盟国は来援し、共同作戦に当る。

第六条　本協約の有効期間は五ヵ年とする。

日本の指導者群

日英同盟の成立にいたる日本国内の政治過程には、注目すべき変化が見られる。明治天皇の御信任がもっとも深く、元老中でもつねに第一人者であった伊藤博文が、日英同盟についてては終始消極的で、反対派といってもよかった。ロシアとの戦争を極力避けるという立場から、伊藤は日露協商のほうに傾いていた。桂首相は伊藤より六年後輩であり、元老ではなかったが、伊藤の意に反して強引に日英同盟交渉を推進した。

桂首相を支えたのは、加藤高明と小村寿太郎との二人の外務大臣である。加藤は一八六〇年生れであるから、伊藤より一九年も若く、一八八一年七月に東京帝大法学部を卒業して三菱に入り、一八八七年二月に外務省に転じ、政務局長をへて一八九四年一一月、駐英公使に任ぜられている。一八九八年三月にロシアの南下に対抗するため日英同盟を結ぶ必要があると上申したことについては、さきにのべた。

小村寿太郎は一八五五年生れで、加藤より五年年長であるが、外務大臣になったのは加藤のほうが一年早い。小村は藩閥に属さないこと、大学南校に学んだ後、文部省留学生としてハーヴァード大学で勉強した点、加藤高明とともに新型の指導者である。

日英同盟か日露協商かで国論が割れた際、元老山県有朋は六三歳、伊藤博文は六〇歳である。まだ老化が進んだとはいえないにしても、加藤高明や小村寿太郎のような四〇代の新進に比べれば、往年の指導力は低下していたものと考えられる。

日本が危機を迎えたのが、元老たちがまだはなはだしく老化せず、新進の政治・外交家が続々登場していた時代であったことは、好運だったといえよう。

もう一つ注目されるのは、元老たちの団結の強さである。日英同盟問題で伊藤博文と井上馨とは一時孤立したように見えたが、いったん日英同盟協約の締結に決すると、伊藤博文も井上馨も全面的に協力している。これをロシア皇帝をめぐる専制政治の不安定さと比べると、優劣はおのずから明らかである。不完全であるとはいえ、日本は明治天皇を中心とする立憲政治に徹し、元老は一致して天皇を補佐した。

これに反してロシアの専制君主ニコライ二世は、きまぐれで、精神の安定を欠き、君徳に乏しかった。ドイツ貴族出身の皇后アレクサンドラや寵臣の影響を受けやすく、近代国家の指導者とはいえない。宮廷内の勢力関係に左右されるツァーリ（皇帝）の寵愛をめぐって、ロシアの内政と外交とは揺れ動いた。

第三章　日露戦争（Ⅰ）

ロシア軍の満洲撤兵問題とその背景

日英同盟協約が締結された二ヵ月余り後の一九〇二年四月八日、ロシアと清国との間に満洲撤兵条約が成立した。日英同盟の効果が早くも現れたといえよう。撤兵条約の内容は三段階となっており、最初の六ヵ月以内に奉天省の西南部から撤兵し、次の六ヵ月以内に奉天省の残部と吉林省から、そしてさらに次の六ヵ月以内に黒竜江省から撤兵することになっていた。一九〇二年一〇月八日、ロシアは約束通り第一次撤兵を行ったが、一九〇三年四月八日になっても第二次撤兵は行われなかった。もしロシアが条約を守って一九〇三年一〇月八日に満洲から全兵力を撤収していたならば、日露戦争は回避できたはずである。

このようなロシアの強硬な態度の背景に、日本に対するロシア政府要人たちの軽侮があったことは疑いない。膨脹政策をとるという一点において、ロシアの文武要人たちはほぼ完全に一致していた。ただその方法において、経済派と軍事派との二派があった。一八九二年から一九〇三年まで蔵相の任にあり、のちポーツマス講和会議でロシアの全権となるセルゲイ・ウィッテは、ロシアの資本主義が急速に発達していることを重視し、軍事力を用いなくても、シベリア鉄道の経済力でロシアは東南方に進出できると考えていた。

これに反して、一八九七年から一九〇〇年までの外相ミハイル・ムラヴィヨフや軍部は強硬政策を唱え、一八九八年三月に旅順と大連との租借に踏み切ったのも、ムラヴィヨフの政策であった。

さらに注目されるのは、侍従兼国務顧問官という奇妙な職にあったアレクサンドル・ベゾブラゾフの存在である。彼は皇帝ニコライ二世の絶大な信任をえており、鴨緑江に伐木権をえて鴨緑江木材会社を主宰し、宮廷の有力者や重臣たちを勧誘してこの会社の大株主にした。一八九四年から五年間極東艦隊の司令官を務め、一九〇三年から二年間極東総督という新設の地位についたエフゲニー・アレクセイエフ海軍大将もその一人である。

アレクサンドル・ベゾブラゾフやエフゲニー・アレクセイエフのようないかがわしい人物はもとより、慎重派に属したクロパトキン大将も、日本および日本人を軽視していた。短期の日本訪問後、クロパトキン将軍は「（日本との）戦争は軍事的散歩のようなものだ」と語っている。

日本世論の硬化

一九〇三年四月八日に、ロシアが第二次撤兵を行わないことがわかると、日本の世論はロシアに対する敵愾心にわきたった。日本政府の首脳四人、すなわち伊藤、山県の両元老と桂首相および小村外相は、大阪で開催中の内国勧業博覧会を視察するため西下した機会に、京都の山県別邸無隣庵（むりんあん）（現存）に集った。

四人が到達した結論は次の三点であった。

㈠　ロシアが満洲還付条約を履行せず、撤兵しない時は厳重に抗議する。
㈡　韓国については、日本の優先権を認めさせ、一歩も譲らない。
㈢　満洲についてはロシアの優越を認め、朝鮮問題を解決する。

六月二三日には御前会議が開かれ、伊藤、山県、大山、松方、井上の五元老と桂首相、小村外相、寺内陸相および山本海相の四大臣が出席して、無隣庵会談の結論を確認した。その要点は、ロシアが撤兵しない時は、この機会に韓国問題を解決する、すなわち韓国の一部たりともロシアに譲らず、そのかわり満洲については譲歩するというのである。

伊藤博文も山県有朋も、この段階ではまだ戦争の決意を固めていなかった。世論はそういう慎重な態度を軟弱だときめつけ、強硬論を煽動するものが多かった。その先頭に立ったのがいわゆる七博士である。東京帝大法学部中心の七人の博士たちがロシアに対する強硬策を主張して、この年の六月には桂首相以下各大臣に建議書を届けるため歴訪した。

彼らの建議書の中には「今日満洲問題解決せざれば朝鮮空しかるべく、朝鮮空しければ、日本の防禦はえて望むべからず」というような勇ましい意見がのべてあった。富井政章、金井延、寺尾亨、中村進午、高橋作衛、小野塚喜平次および戸水寛人の七博士のなかには、民法学の権威富井や、政治学の始祖小野塚ら有力な学者も含まれているが、たとえ専門分野ですぐれていたとしても、日本とロシアとの戦争遂行能力についてはほとんど無知といってよい。こういう大学教授たちが時事問題について発言するのは、有害無益である。同年八月に公爵近衛篤麿を中心として結成された対露同志会も、ロシアに対する強硬論を吐き続けた。

軍部の強硬意見

大学教授や民間人がロシアに対する強硬意見に酔ったのであるから、軍人が興奮したのも無理はない。当時の軍人は昭和初期の後輩たちとは違って軍人勅諭に忠実であり、下剋上の傾向は見られなかった。しかし、ロシアが第二次撤兵を行わないことを知って、参謀本部の井口総務部長、松川第一部長、福島第二部長は田村怡与造参謀次長に迫り、参謀総長大山巌大将に強硬策を進言した。五月一二日に大山総長が明治天皇に提出した意見書は、次のような趣旨であった。

「目下の戦略関係は我に有利なるも、年月を重ぬるにしたがい、彼此その情勢を転ずるにいたるべく、かつ韓国にして彼の勢力下に置かるるに至らば、帝国の国防また安全ならざるべし」

年月がたつにつれてロシアのほうが有利になるというのは、シベリア鉄道を通じてヨーロッパ・ロシアから援軍が続々到着していることを意味している。

一九〇三年五月九日、小田海軍中佐は軍令部長の旨をうけて参謀本部を訪ね、「一日遅れるのは一日不利」という点で、井口総務部長と意見の一致をみている。五月二九日には陸軍省、海軍省および外務省の部局長クラスが芝烏森の料亭〝湖月〟に集り、「帝国は今の時を以て一大決心をなし、戦争を賭して、露国の横暴を抑制するに非(あらざ)れば、帝国の前途憂慮すべきものあり。而して今日の機会を失しては、将来決して国運回復の機に会せざるべし」という意見で一致した。

一〇月一日に田村怡与造参謀次長が病死したことは、日本の陸軍にとって痛打であった。田村少将は寝食を忘れて対ロシア作戦を練った。常備兵力二〇〇万、予後備兵力五〇〇万といわれるロシア軍は、常備軍だけでも日本陸軍の七―八倍に当る。不可能を可能にしようと粉骨砕身した田村少将は、過労死したのである。

参謀本部の井口総務部長は、日記に記している。

事大の韓人、邦人に対して無礼を加うるの状現わる。時機すでにおくれたりといえども、今日にして内閣一大決心を以て韓国出兵を敢えてせざれば、邦家のため、東洋平和のため、露国の横暴を抑制するの機なからん。外交談判また不利の結果を来すべきにより、福島次長事務取扱を要して、山県元帥および桂総理に決心を促さんことを請求す。しかるに桂総理大臣の決心確乎たらず、優柔不断遂に国家の大事を誤らんことを恐る。加うるに山県元帥の意気銷沈して、また昔日の慨なし。ああ川上大将は四年前にゆき、田村少将また一日を以て大将のあとを追う。

大山参謀総長もまた戦意なく、しかのみならず陸海軍協和を欠き、陸海両大臣、なかんずく山本海軍大臣、海軍あるを知りて、国家あるを知らず、機を見るの明なく、戦を決するの断なし。帝国の大事まさに去らんとす。天何ぞ露国に幸するのはなはだしき。予は天の日本帝国を滅さんとするの兆あるを信ぜんとす。しかるに十二日にいたり、児玉男爵内務大臣を去って参謀本部次長の職に就かるるに会す。以て天の未だわが帝国を棄てざるを知る。何等の喜悦、何等の快事ぞ。

田村怡与造参謀次長の急逝に衝撃を受けた井口総務部長が元老や重臣たちをののしっている有様は、当時の陸軍にとって田村少将の過労死がどれほどの損失であったかを示している。内務大臣の児玉源太郎がみずから二階級降格して参謀次長という少将のポストに就いたことは、児玉源太郎の無私と愛国の至情を物語っている。特別に階級を重んずる軍人の中で、児玉のような存在は例外中の例外である。参謀次長の職につくと、児玉はほとんど自宅へ帰らないで、「不可能を可能にする」対露作戦の策定に全力を挙げた。のち満洲軍の総参謀長として児玉大将が発揮した指導力については後にふれたい。

日露交渉の決裂

一九〇三年七月二八日、日本政府はロシアに駐剳(ちゅうさつ)する栗野慎一郎公使に訓電を発して、日露交渉の開始となった。ロシアは東京で小村外相とローゼン駐日公使との間で交渉することを求めた。

日本側が八月一二日に提案した条件のなかで主要なものは、次の三点であった。

㈠ 清韓両国の独立と領土の保全

㈡ ロシアは朝鮮における日本の優越なる利益を承認し、日本は満洲における鉄道経営につき、ロシアの特殊なる利益を承認する

㈢ 日本は韓国における改革および善政のため、助言および軍事上の援助を与える権を有する

これに対して、一九〇三年一〇月三日にローゼン公使が小村外相に手交した対案は次のようである。

㈠ 韓国の独立と領土の保全を尊重

㈡　ロシアは韓国における日本の優越な利益を承認し、その民政を改良するための助言および援助を与えることを認める
㈢　日本が韓国に軍隊を送る場合、ロシアに知照する
㈣　韓国領を軍事上の目的に使用しない
㈤　朝鮮半島の北緯三十九度以北の部分は中立地帯とし、両国とも軍隊を入れない
㈥　満洲およびその沿岸は全然日本の利益範囲外とする

日本側とロシア側との提案を比較すると、韓国の独立と領土の保全という点と、ロシアが韓国における日本の優越な利益を承認する点とでは一致しているように見える。しかし、ロシアの提案では日本は韓国領を軍事上の目的に使用できないことになっており、朝鮮の北緯三九度以北を中立化して両国とも軍隊を入れないこととされている。そして何よりも、満洲およびその沿岸はすべて日本の利益範囲外となっている。

一九〇三年四月二一日の無隣庵会談においても、六月二三日の御前会議においても、日本は満洲に関して譲歩することをきめたが、韓国については一歩も譲らないことになっていた。ロシアの提案は、一見韓国に関しては日本に譲歩したように見せながら、軍事面では日本の行動に制約を加えている。そして満洲については、ロシアの独占的支配の意向を示しており、到底日本の呑めるものではなかった。

小村外相とローゼン公使とは四回会談している。一〇月三〇日にローゼン公使に手交された日本側の確定修正案で、日本は満韓双方に五〇キロメートルずつの中立地帯を作ることで譲歩した。しかし、一九〇四年一月一三日の日本側最終案では、この中立地帯案は撤回されている。

ロシア側の態度に一貫しているのは日本に対する軽侮であり、満洲を独占し韓国にも介入しようとする大国主義であった。右の日本側最終案は、開戦もやむをえないという判断にもとづいている。

一九〇四年二月四日、日本では御前会議が開かれて、交渉の打切りと軍事行動への移行を決定した。六日ロシア政府に国交断絶の通牒（つうちょう）が発せられた。開戦の決意がかたかったから、文章は逆におだやかなものになっている。宣戦布告が行われたのは二月一〇日であったが、二月八日には陸・海軍ともに行動を開始していた。すなわち日本海軍は旅順港に攻撃をかけ、陸軍は仁川に上陸を開始し、漢城に進駐して韓国政府に協力を強要している。

日本の戦争準備と作戦

三国干渉の屈辱を受けた後、日本の政府と国民は〝臥薪嘗胆〟という合言葉の下に、乏しい経済力を対露戦争の準備につぎこんだ。一八九五年から一九〇一年にいたる七年間の総歳出と軍事費の推移を表示すると、次のようである。

	総歳出（一〇〇万円）	軍事費（一〇〇万円）	%
一八九五	九一	二九	三二
一八九六	二〇三	九八	四八
一八九七	二四九	一三七	五五
一八九八	二四六	一二三	四九
一八九九	二五二	一〇七	四二
一九〇〇	二五七	九四	三六
一九〇一	二八一	八七	三一

当時の歳入は主として税金でまかなわれていたことを思うと、日本が重税によって軍備の拡充を行ったことは疑問の余地もない。こうして一九〇三年には、一三個師団と野・山砲六三六門からなる陸軍が整備された。海軍は英国に注文中の戦艦香取、鹿島が間に合わず、重巡洋艦日進と春日とで間に合せた。強大なロシアの陸海軍とは比較にもならないが、一九〇四年一月には二〇万人の陸軍を満洲に展開できる用意がととのった。

ロシア陸軍は段違いに強大だがシベリア鉄道一本の輸送力に依存している。海軍はウラジヴォストークと旅順の極東艦隊のほかにバルト艦隊と黒海艦隊とがあった。黄海の制海権を確保しなければ日本の陸軍は戦えない。したがって極東艦隊の基地旅順を攻略することがきわめて重要となった。

児玉参謀次長の作戦計画は、日本の制海権を前提としながら、㈠韓国を三個師団で占領し、㈡満洲南部にいるリネヴィチ将軍のシベリア独立兵団にハルビン付近で編成中の第二独立兵団が合流して二〇個師団の大軍になる前に第一兵団を撃破する、というものであった。ヨーロッパ・ロシアから八個師団を輸送して第二兵団が完成されるまでには、一日六列車として六ヵ月要するものと考えられたので、それまでに第一兵団を撃破しなければならなかった。

金子堅太郎の渡米

一九〇四年二月四日の御前会議で開戦が決定されると、その夕刻六時半頃、金子堅太郎は伊藤枢密院議長からただちに来訪するように電話で要請された。伊藤は金子に御前会議の決定を伝え、急ぎただちに渡米してかつての学友セオドア・ローズヴェルト大統領に常時接触するように申しつけたのである。将来、講和の調停を依頼するためだと聞かされ、金子は固辞した。ハーヴァード大学の学友であったとはいえ、そんな重大な使命は果せないと金子がいうと、伊藤は「ロシアが九州海岸へ来襲すれば自分も武器をとって戦う覚悟だ」と説いた。金子は伊藤の気迫に感銘して、二月二四日出帆の船で渡米する。

金子遣米使節は児玉参謀次長に会って勝つ見込みの有無を聞いたところ、児玉は答えた。
「率直にいって、勝算は成立しない。まず五分と五分である。軍事的に解決する見込みはない。第三国の調停によって解決するほかあるまい。そのため緒戦に大勝を博する必要がある。迅速な兵力集中により、第一、第二兵団を各個撃破する」

日本が開戦に際して終戦を深く考えていたこと、外交と統帥とが協力していたことは注目に値する。元老伊藤博文がそのリーダーシップをとったことは高く評価すべきだろう。参謀次長の児玉源太郎大将が政治と外交に見識をもっていた点も大切である。周知のように明治憲法下では、天皇の統帥権は国務大臣の輔弼（ほひつ）の範囲外だという間違った解釈が行われていた。これは、近代化が軍国化という形で行われた結果である。それにしても統帥府の実力者児玉次長が軍事力の限界を正しく認識し、伊藤、山県らの元老が内閣と統帥府とをがっちり抑えていたことが、日露戦争を勝利に導いた決定的要因の一つである。

開戦後の経緯

宣戦布告より前に軍事行動に移るのは、日清戦争と同様であった。開戦直後二つの予期しない事態が生じた。

一つは、海軍の先制攻撃により日本が予想外に早く制海権を手に入れたことである。一九〇四年二月八日正午、日本海軍駆逐隊は、旅順港への攻撃を開始した。九日正午、日本艦隊は港外に残留していたロシア艦隊に多大の損害を与え、また瓜生艦隊は九日仁川沖でロシアの軍艦二隻を撃沈した。ロシア艦隊を旅順港内に追い込んだおかげで、二月八日には陸軍の先遣隊が仁川に上陸を開始することができた。

もう一つの意外な事態とは、ロシアがシベリア鉄道で到着した貨車を奉天または遼陽で焼き棄て、在満兵力の増強を加速したことであった。日本陸軍は、開戦の当初海軍がしきりと戦果をあげたので、ロシア軍の増援まではなばなしい勝利をえようとあせった。

黒木為楨（ためもと）大将のひきいる第一軍は仁川上陸後、漢城を制し、日本政府は二月二三日早くも日韓議定書を結んで、韓国を事実上の支配下に置くことに成功した。

日韓議定書は韓国の独立と領土の保全とを約束し、王室の安全をまもると明記した後、施政の改善について、日本政府の忠告をいれることを韓国に約束させた。また第三国の侵害や内乱のため韓国王室の安全や領土保全に危険が生じた時は、日本政府は臨機必要の措置をとり、韓国政府は充分の便宜を提供することを約していた。このため日本政府は軍略上必要の地点を臨機収用できるとされ、韓国政府はこの議定書に反する協定を第三国と結んではならないと定められていた。これは一九一〇年八月二二日の韓国併合にいたる途の第一歩であった。

鴨緑江会戦

一九〇四年四月八日、日本の第一軍前衛部隊は義州に到着しはじめた。そして五月一日、ロシア軍との間の最初の本格的な会戦が終った。日本軍は四万二五〇〇人の参加兵のうち一〇三六人が死傷し、ロシア軍の損害は死傷者と捕虜とをあわせて二七〇〇人であったから、もとより大会戦とはいえなかったが、その政治的効果は絶大である。

まず第一に背丈の低い奇妙な島国の住人と考えられていた日本人が世界一の大陸軍国に勝利したというので、日本株は暴騰した。戦費を調達するため二月二四日横浜を出発した日本銀行副総裁高橋是清（これきよ）の尽力によって外債の募集が進められていたが、五月にロンドンとニューヨークとで外債一〇〇〇万ポンドの発行に成功した。開戦当初日本が勝利すると思っていた人はほとんどいなかったから、高橋是清は大変苦心した。しかしニューヨークのクーン・レープ商会というユダヤ資本が、ロシア帝国のユダヤ人迫害に抗議する気持から五〇〇〇万ポンドを引き受けたことがきっかけとなって、起債は軌道に乗った。

その後一九〇四年一一月には一二〇〇万ポンド、一九〇五年三月の奉天会戦直後には三〇〇〇万ポンド、七月には同じく三〇〇〇万ポンドの外債が発行され、戦費のほぼ半額の八億円を外債で調達することができた。

第二軍と第三軍の上陸

一九〇四年五月五日、奥保鞏(やすかた)大将のひきいる第二軍は大連湾附近の塩大澳(えんだいおう)に上陸し、五月二五日から南山への攻撃を開始した。そして四四〇〇人の死傷者を出しながら、翌日攻略に成功した。

すでに二月一一日に大本営は設置されていたが、日本陸軍の七個師団と二個旅団とが満洲に集結したのを機として、一九〇四年六月二〇日、満洲軍総司令部が創設され、大山巌参謀総長が総司令官に、児玉源太郎参謀次長が総参謀長に任ぜられた。

旅順口閉塞

東郷大将は旅順港の入口をボロ船によって閉塞し、ロシア艦隊を無力化することを決意した。廃船を敵の砲台の前で沈めるのであるから決死隊である。決死隊員を募集したところ、たちまち二〇〇〇人が応募した。なかには血書の嘆願書を提出したものもいた。七七名の決死隊員が選考され、巡洋艦浅間の甲板で壮行式が行われた。駆逐艦と水雷艇とに護衛されて、五隻のボロ船は旅順口に接近した。しかし港の入口に到達する前に撃沈されたり坐礁(ざしょう)したりして、閉塞の目的は達せられなかった。三月二七日には第二次閉塞隊が送り出され、このとき広瀬武夫海軍少佐は壮烈な戦死をとげ、軍神と仰がれることになる。広瀬海軍少佐はもとサンクト・ペテルブルグの日本公使館付武官であった。智勇兼備の軍人というべきだろう。

閉塞は決して完全に成功したとはいえなかったが、ロシア艦隊を萎縮させるのには充分だった。ロシア海軍の名将マカロフ中将が旅順のロシア艦隊の指揮をとることになった時、旅順の艦隊は一時士気もあがり、出撃の姿勢を示したが、間もなくマカロフ提督が旗艦ペトロパヴロフスクの撃沈により戦死した結果、消極姿勢に戻った。

第三軍の編成と黄海海戦

一九〇四年五月三一日、旅順攻略のため第三軍が編成され、乃木希典（まれすけ）が軍司令官に、伊地知（いぢち）幸介少将が参謀長に任命された。第三軍の司令部は一九〇四年六月六日、大連に上陸している。二年と九ヵ月間も現役を退いており、攻城に関してまったく無知に近かった乃木の選任は意外とされた。

第三軍はロシア軍を旅順港の要塞近くまで圧迫したので、港内のウィトゲフト提督はようやく全艦隊をひきいてウラジヴォストークに向け出港することを決心した。八月一〇日、待機していた日本艦隊は、機雷海域を通り抜けた旅順艦隊との遭遇戦に突入した。東郷大将は五月一五日に初瀬、八島が機雷に接触して沈没し、また同日巡洋艦の吉野と春日とが衝突したことから、会戦を望んではいなかった。しかし、日本艦隊は勇敢に迎撃し、ロシア艦隊を旅順に封じ込めることに成功した。こうして黄海海戦は日本海軍の勝利に終った。八月一一日、旅順に帰港したロシア艦隊は惨憺たる有様であった。そこでロシア帝国は八月二四日、バルト艦隊を極東に遠征させることを決定する。

遼陽の会戦

日本軍にとっては、旅順を攻略して極東艦隊の主要基地を奪うことと、ロシア野戦軍の撃破とが二つの主要な戦略目標となった。前者は乃木希典大将の第三軍に任された。黒木大将の第一軍と奥大将の第二軍とは、野津道貫(みちつら)大将のひきいる第四軍とともに、ロシア野戦軍を打倒するため満洲第二の都市遼陽を攻撃する。日本軍の兵力は約一二万五〇〇〇、ロシア軍は二二万人だった。

一九〇四年九月四日、日本軍は遼陽城に突入した。ロシア軍の抵抗もはげしく、両軍とも約二万人の損害を受けている。八月三一日未明から遼陽の南西首山堡をめぐる激戦で歩兵第三四連隊第一大隊長の橘周太(しゅうた)少佐が壮烈な戦死をとげた。海の〝軍神〟広瀬少佐とともに陸の〝軍神〟としてさきの終戦まで有名であった。

クロパトキン将軍は陸相を経験した有能な軍人だったが、つねに敵から包囲されるという恐怖心になやまされ、しきりに退却を命じた。日本軍の黒木大将が随所に示した敢闘の精神とは対照的である。日本軍は弾薬の欠乏のため、追撃できなかった。遼陽会戦は、参加両軍の兵力において一八六六年七月のサドヴァの会戦に次ぐ大規模なものであった。サドヴァがプロイセンのオーストリアに対する完勝であったのに反して、遼陽は日本の優勢勝にとどまった。しかしこのころから、ロシア国内では物価騰貴や相次ぐ敗報によって厭戦気分が拡がってゆく。

旅順攻撃戦

一九〇四年六月六日、乃木大将は大連に上陸し、七月二六日、ロシア軍防御陣地の攻撃に着手した。八月一九日、第三軍の第一回旅順総攻撃が開始されたが、二四日までに死傷者一万六〇〇〇人を出して敗退した。要塞の攻撃に無知だった日本軍も、ようやく八月二七日、日本本土の要塞砲を旅順攻撃に使用することを決定した。

一〇月二六日の第二回総攻撃も三八三〇人の損害を出して失敗した。一一月二六日の第三回総攻撃も失敗に終りそうになったが、一一月二八日から港を見下せる二百三高地に攻撃を集中し、二九日満洲軍総司令部の児玉総参謀長が一時第三軍の指揮をとることになって、一二月五日その占領に成功した。

二百三高地からは旅順港内が丸見えである。第三軍の砲撃によって港内のロシア艦隊はほぼ全滅した。旅順の要塞も次々に攻略され、一九〇五年一月一日、旅順の防衛司令官ステッセル中将が降伏を申し出で、五日乃木将軍とステッセル将軍の会見が行われた。旅順の陥落によって、日本の連合艦隊はバルト艦隊との決戦に備えて、日夜訓練に専念できるようになった。

ロシア軍の死傷者数は三万一〇〇〇人を超え、日本軍の損害はこの二倍に近かった。疾病や負傷で入院していたロシア兵は一万六〇〇〇人に達し、将校八六八人と下士官兵二万三〇〇〇人が捕虜収容所へ歩いていった。

旅順の敗報はロシア国民の士気を低下させ、一月二二日には聖職者ガポンにひきいられて、デモ隊が冬宮に向かった。皇帝は発砲を命じ、悪名高い〝血の日曜日事件〟となった。ロシア第一次革命の発端といってよい。ストライキの波はやがて全ロシアに拡がってゆく。

日韓協約

日本は韓国王室を慰問するという名目で、一九〇四年三月、伊藤博文を韓国へ特派した。続いて五月三〇日には元老会議が、韓国を実質的に保護国化するという対韓方針ならびに対韓施設綱領の決定を行った。八月六日、駐韓林権助公使は韓国政府と財政顧問および外交顧問の傭聘(ようへい)について交渉を開始し、八月二二日、第一次日韓協約が調印された。財政顧問には大蔵省主計局長目賀田種太郎が、外交顧問には駐米日本公使館の顧問アメリカ人ダラム・ホワイト・スティーヴンスが就任した。これによって、韓国は内政と外交との根幹を事実上日本に支配されることになる。

韓国駐劄軍司令官長谷川好道大将は、駐韓公使より上位に置かれ、文書の押収、集会の解散、新聞の発行禁止、郵便・電信の検閲等の権限を与えられた。韓国は事実上日本の軍政下に入ったのである。

奉天会戦

遼陽から奉天に向かう日本軍は、一〇月中旬沙河(さか)でロシア軍と戦い、双方とも大損害を出した。ロシア側の損害は四万一〇〇〇人、日本側は二万人である。旅順の陥落によって乃木大将の第三軍が加わることになるのを恐れたクロパトキン司令官は、極東総督アレクセイエフの掣肘(せいちゅう)から逃れて、黒溝台で日本軍二個大隊を撃退することに成功した。アレクセイエフはアレクサンドル二世の庶子といわれ、一九〇三年八月極東総督の地位についた。彼は提督であったが、開戦と同時に極東のロシア陸海軍総司令官に任ぜられた。沙河の敗退後陸軍司令官をクロパトキンにゆずったが、依然として干渉をくりかえしてロシア軍の統帥を混乱させていた。

黒溝台から三キロ離れた沈旦堡で日本軍はロシア軍に大損害を与えた。この頃には日露両軍とも多数の機関銃を装備し、双方ともに被害が大きかった。

日露両軍の決戦が二月末から三月上旬に行われる前、児玉総参謀長は、ロシア軍の主力を東にひきつけ、日本軍の主力を沙河、奉天、鉄嶺の鉄道線路に沿って北上させて、西方からロシア軍を包囲しようと考えていた。日本軍は旅順から二八センチ榴弾砲六門を運んで、野津大将の第四軍に配備した。二月二七日、攻撃を開始したこの巨砲の命中精度はあまりよくなかったけれども、ロシア軍の士気には大打撃を与えた。

三月八日午前零時二〇分、大山総司令官は「全力を挙げて追撃し、撤退中の敵を潰滅せよという命令を発した。奉天ではロシア兵による掠奪(りゃくだつ)がはじまり、三月九日夜、クロパトキンは退却を命じた。大山大将は追撃によってとどめを刺すべきであったが、弾丸の不足と一部指揮官の無能と、そして部下の疲労のため、ロシア軍の北方への逃亡を許してしまった。敵の野戦軍を壊滅するという目的は達せられなかったのである。ロシア軍の戦死あるいは行方不明は二万人以上、戦傷者は四万九〇〇〇人、捕虜となったもの二万人である。日本軍の戦死者は一万六〇〇〇人に近く、負傷者は五万九〇〇〇人であった。

奉天会戦の最終日三月一〇日は、日本が第二次世界大戦に敗れるまで陸軍記念日として祝われた。たしかにロシア軍の歩兵二七万五〇〇〇人、騎兵一万六〇〇〇人、砲一二一九門に対し、日本軍は歩兵二〇万人、騎兵七三〇〇人、砲九九二門という劣勢であったにもかかわらず、大山、児玉両将軍のみごとな統帥により、身長で平均一〇センチ、体重で二〇キロも劣る日本将兵の勇戦敢闘が優勢勝をもたらしたのは絶讃に値する。クロパトキンがつねに包囲を恐れて退却を命じたことは、戦意不足といわれても仕方があるまい。

第四章　日露戦争（Ⅱ）

平和の模索

奉天会戦で勝利を収めるや否や、大山満洲軍総司令官は三月一三日に大本営にあてて次の意見書を提出した。

「奉天戦勝後における戦略は、特にわが政策と一致するを要す。即ちますます進んで敵を急追すべきか、はたまた持久作戦の方針をとるべきかは、一に政策と一致するに非れば、幾万の生命を賭して遂行せらるべき戦闘も無結果に終るべし」

山県有朋は三月一〇日、天皇に政戦両略の一致について言上した後、桂首相に対し、日本軍が当面する困難、とくに将校の不足と補給の困難について警告した。

ロシアのほうも血の日曜日事件以来、革命の勃発を恐れなければならなかった。この点について、元駐露公使館付武官明石元二郎の活躍がやや誇大に伝えられている。第一次ロシア革命の進行に明石が寄与したことは疑いないが、過大評価もいけない。

奉天で日本軍が勝利したとはいえ、クロパトキンの後退戦略は、秋までに五〇万人の大軍をハルビン附近に集結して、一挙に日本軍を粉砕することを狙っていた。一九〇四年一〇月一五日にリバウ軍港を出発して極東の戦場に向け、地球をほとんど半周する遠征に乗り出した第二太平洋艦隊すなわちバルト艦隊が、日本の連合艦隊に勝って制海権を奪取できるか否かが今一つの問題点であった。

一九〇五年四月八日の閣議で、講和の方針が決定された。日本が要求する絶対条件としては、

㈠ 極東平和の最大禍源としての韓国を、全然わが自由処分に委ねることをロシアに約束させること。
㈡ 満洲からロシア軍も、日本軍も引き揚げること。
㈢ 遼東半島の租借権と東清鉄道のハルビン支線を日本に譲渡させること。

が示された。

附帯的条件としては、

㈠ 戦費の賠償。
㈡ 中立港に逃げこんだロシア艦隊の引き渡し。
㈢ サハリンおよび附近諸島の割譲。
㈣ 沿海州沿岸の漁業権。

の四つが挙げられている。

日本政府がこれだけ具体的な決定を行うことができたのは、ワシントンに滞在中の金子堅太郎が、あとでふれるようにセオドア・ローズヴェルト大統領にしばしば会って、米国に日本の立場の諒解（りょうかい）を求めていたからである。

日本海海戦

ロジェストヴェンスキー提督のひきいる第二太平洋艦隊は、極東で日本の連合艦隊と決戦する前に、苛酷としか形容しようのない一万五〇〇〇マイルの航海をやりとげなければならなかった。一〇月二二日深夜、ロシア艦隊は英国の漁船がドッガー・バンク漁場で操業しているのを日本艦隊の出撃と間違え、砲撃を加えて死傷者を出した。英国民は当然憤激した。

さいわい英国海軍の懲罰を受けないですんだが、ロシア艦隊がいかに日本海軍を恐怖していたかを示している。タンジールでロジェストヴェンスキーは第二太平洋艦隊を二分し、喜望峰を迂回する長距離の航海にたえられそうもない旧式艦をフェルケルザム少将の指揮下にスエズ運河を経由させ、フランス領マダガスカル島で本隊と合流させることとした。マダガスカル島で本隊と支隊とが合流した時、ロジェストヴェンスキー提督ははじめて、ネボガトフ少将の指揮下に第三太平洋艦隊が編成されてリバウ軍港を出発したことを知った。第三艦隊は、足手まといになるという理由でロジェストヴェンスキー提督が排除した老朽艦ばかりで構成されていた。このボロ艦隊の到着を待つためには、ロジェストヴェンスキー提督はさらに八週間ないし一〇週間も待機しなければならなくなる。旅順港が陥落して、第一ロシア太平洋艦隊が失われたという悪いニュースも届いた。ロジェストヴェンスキー提督はネボガトフ艦隊を待たないで出港を決意した。

ふたたび海上に出ると、ロシア艦隊の食糧事情は次第に悪化し、病人も増え、艦艇はかきがらなどが多数附着して艦速を低下させた。長途の航海は真に堪えがたいものである。艦隊内の士気が低下したことはいうまでもない。この間の事情はノヴィコフ－プリボイの傑作『ツシマ』によって世界中によく知られているし、吉村昭の『海の史劇』は新しい史料を用いてロシア艦隊の辛苦を活写している。

ロシア艦隊が日本の同盟国英国から圧力を受けていたことも重要だ。ロシアの同盟国フランスも英国に牽制されて、ロシア艦隊を公然と助けることはできなかった。しかし一九〇五年五月九日、カムラン湾近くで、ロジェストヴェンスキー中将とネボガトフ少将との会見が行われた。あまり役に立たないどころか、足手まといになる第三太平洋艦隊をロジェストヴェンスキーが歓迎していなかったことはさきにふれた。

東郷大将にとって、ロシア艦隊が最短路の対馬（つしま）海峡を通るか、津軽・宗谷海峡をへて一路ウラジヴォストークに向かうか、は大問題であった。

仮装巡洋艦として哨戒の任についていた日本郵船の信濃丸から、五月二七日午前三時半、「敵艦隊二〇三地点に見ゆ。対馬東水道に向うもののごとし」という待望の電報が届いた。日本の連合艦隊とロシア艦隊とは量的にはほぼ対等だった。しかし、三つの点で日本艦隊は断然すぐれていた。第一に、長途の航海に疲れ切っているロジェストヴェンスキー中将に比べ、東郷大将は自信にみち、旅順攻略以来、対馬水道附近で日夜訓練にはげんでいた。第二に、ロシア艦隊が寄せ集めの雑多な艦艇からなっていたのに比べて、連合艦隊は速力において断然まさり、両艦隊の質的な格差はいちじるしかった。

第三に、乗員の練度と士気において格段の差があった。日本艦隊の将兵が臥薪嘗胆の精神に燃え士気がきわめて旺盛だったのに対して、ロシアの将兵は、一日も早く東郷によって打ちのめされたほうがましだというほど、戦意に欠けるものが少くなかった。

ロシア艦隊より三ノットも速い連合艦隊は、百年前にネルソン提督がかかげた信号に似た「皇国の興廃この一戦にあり、各員一層奮励努力せよ」という信号旗をかかげて、ロシア艦隊との決戦に突入した。ロシア艦隊のウラジヴォストークへの逃走を防ぐため、東郷大将は有名な丁字戦法をとり、ロシア艦隊の頭を抑えた。連合艦隊が回頭を完了するまで旗艦三笠は敵の集中砲火を受けたが、やがて日本艦隊はロシア艦隊を包囲攻撃する形になった。

日本艦隊は五〇〇門の大砲をロジェストヴェンスキーの坐乗（ざじょう）している旗艦スワロフに

集中した。やがてロジェストヴェンスキー中将は弾片で頭部にかなり重い傷を受けた。ロシア艦隊の乗員は日本軍の砲撃が正確に命中するのに舌を捲いた。日本艦隊が使用した砲弾の下瀬火薬は、弾薬の成分自体は格別新しいものではなかったが、その大量使用によっていちじるしい破壊力を発揮した。ロシア軍の砲弾も命中したものの、三分の一は不発弾だったという。

翌五月二八日も残敵掃討が行われた。バルト艦隊の一二隻の戦艦のうち、八隻は撃沈され、四隻は捕獲された。巡洋艦八隻のうち、四隻が撃沈され、一隻は自沈し、三隻はマニラへ逃げこんで抑留された。ウラジヴォストークに到達したのは駆逐艦二隻とヨットのアルマーズだけである。ロシア艦隊の人的損害は溺死を含む戦死四八三〇人、捕虜はロジェストヴェンスキー提督以下七〇〇〇人を数えた。

日本艦隊は水雷艇三隻を失っただけで、人的損害は戦死一一〇名、戦傷者五九〇人であった。

日本海海戦は、日本の完勝といえる。完全試合などというのは不謹慎だが日本は勝ちすぎるほど勝ち、ロシアは文字通り惨敗した。しかし、光の裏には必ず影がある。日本海軍は一九四五年まで、四〇年間もパーフェクト・ゲームの夢を見つづけた。東郷大将も元帥となり、神格化された結果、一九三〇年の海軍軍縮交渉ではロンドン条約反対派にかつがれ、日本の孤立に一役買うことになる。

東郷の参謀長加藤友三郎少将はワシントン条約の成立に寄与し、のち首相となったが癌（がん）で死んだ。作戦参謀の秋山真之は日本海海戦に全能力を注ぎこんだせいか、一九一七年に亡くなっている。

樺太の占領と講和への途

海軍が行動の自由をえた機会に樺太（からふと）を占領すべきだ、と長岡参謀次長は考えた。彼は熱心に元老、首相、海相の説得に当ったが、すらすらとはゆかない。ようやく児玉総参謀長の賛成をえて、六月一七日、樺太遠征作戦が裁可された。

第十三師団の主力は七月二四日に上陸を開始し、同月末には樺太のロシア軍を降伏させた。セオドア・ローズヴェルト大統領からも示唆されたこの作戦は、講和交渉で大きな意味を持った。

金子堅太郎特使は、一九〇四年一二月一九日、ローズヴェルトを訪問して大統領に再選されたことに対する祝意を表明した際、すでに帰国したドイツ大使と大統領との会談内容を伝えられた。ドイツ大使は、日本が戦勝後、膠州（こうしゅう）湾におけるドイツの利益ならびにフィリピン島における米国の利益を侵犯することを深く憂慮したという。

セオドア・ローズヴェルト大統領はこれに対して、「日本が清国に同情を寄するは、余の深く喜ぶところなるを、ドイツ皇帝に伝えるよう」答えたと、金子特使にのべている。

またドイツ皇帝が黄色人種の脅威を説いていることに対し、日本が黄色人種の連合運動を試みるおそれはないとも、ドイツ大使に説いたという。

そして大統領は、「余は満腔の同情を日本に寄するものにして、余の在職中施政の方針は常に日本の利益を重んずべし」と語り、「来春に至らば余が日本のためになすべき時機到来すべきやも知るべからず」と附け足した。

一九〇五年一月三日、日本政府は金子特使に「日本がロシアに対する戦勝の結果活動をはじめ、ためにフィリピンにおけるアメリカの利益および膠州湾におけるドイツの利益を侵犯するに至るだろう」という説を強く打ち消すよう電報している。一月七日、金子は大統領に会いこの趣旨を伝えた。

一月一四日、金子堅太郎はローズヴェルト大統領に招かれ、「余の見るところでは、日本は旅順を領有する権利を有するのみならず、また韓国を日本の勢力範囲におく権利を有すると信ずる。満洲に関しては、これを清国に還付し、列国の保障の下にこれを中立地域とすべきである」という大統領の率直な意見を聞くことができた。

ここでもっとも注目されるのは、満洲を「清国に還付し」、とのべている点だ。一月二二日付で日本政府が高平小五郎駐米公使に打った訓電では、日本もロシアも講和後ただちに満洲を清国に還付すべきだとしながら、「帝国は安寧秩序の確保と生命財産の適当なる保護を完うするに足るべき改革ならびに善政の保障を前提として、事情の許すかぎり速かに満洲を清国に還付すべし」とややあいまいなものとなっている。三六年後の日米開戦の芽は、すでにこの頃から存在していたのである。

日本海海戦で日本が完勝したことは、ローズヴェルト大統領を感激させた。「トラファルガル以上」の大勝と彼は語っている。早くも五月三一日に日本政府は高平駐米公使に訓電を発し、ローズヴェルト大統領に「直接かつ全然一己の発意により」日露両国間の講和をあっせんするよう要請した。

セオドア・ローズヴェルト大統領は駐露アメリカ大使ジョージ・マイヤーにロシア皇帝の説得を命じた後、一九〇五年六月九日、米国は日露両国に対し講和交渉を正式に提案した。この提案を日本は六月一〇日に受諾し、二日後ロシアも応諾した。

戦勝国の日本のほうが即時受諾したのに対して、ロシアの反応が二日も遅れたのは注目される。日本は奉天と対馬で大勝したが、〝勝利の極限点〟に来ていた。陸上兵力の不足を補うことはほとんど不可能であり、国力は底をついた。日本に好意的なローズヴェルト大統領のあっせんによって有利な条件での講和を切望していたのも無理はない。

他方ロシアは海軍を失ったが、満洲に展開している陸軍はシベリア鉄道で増強できるから、秋には大攻勢をとれる。遼東半島の租借地と奉天までの南満洲は失ったけれども、樺太を除いてロシアの領土は寸土も奪われていない。

しかし、もちろんロシアも弱点を持っていた。革命の前兆は大都会ばかりでなく、地方都市へも拡大し、専制体制のままで戦争を継続することは困難になっていた。あれほど対日戦争を煽動したドイツ皇帝ヴィルヘルム二世までが、和平を勧める始末である。

そこでツァーリは、結局ローズヴェルトの提案に応じることになった。問題は講和会議をどこで行うか、ということである。日本は芝罘(チーフー)を希望し、ロシアはパリを主張した。ローズヴェルト大統領はオランダのデン・ハーグを推した。そして結局米国で会議をやることになり、首都ワシントンの炎暑を避けニューハンプシャー州のポーツマスに決定された。

ポーツマス会議

日本側の全権には桂首相が伊藤博文と小村寿太郎外相とを内奏したが、伊藤は固辞して受けず、小村外相と高平駐米公使とが全権に任命された。

元老伊藤博文は交渉の容易でないことを知っていたから、「君の帰朝の時には、他人はどうあろうとも、わが輩だけは必ず出迎えにゆく」と小村全権を激励している。

ロシアでは、ウィッテが最適任であることは広く認められていたが、ロシア皇帝は彼を好まなかった。ラムスドルフ外相は駐フランス大使ネリドフを推したが受けず、結局ウィッテに決定した。

小村全権は一九〇五年七月八日、新橋を出発したが、盛大な見送りのなかで桂首相に「帰って来る時には人気はまるで反対になっているでしょう」と告げている。シアトルに七月二〇日到着し、一週間後ワシントンでローズヴェルト大統領に表敬訪問を行って、感謝の意を表明した。その時、「大統領はなぜ日本に対して好意をお持ちですか？」と聞いたところ、大統領は英訳の『忠臣蔵』を示したという。

他方ウィッテは七月一九日サンクト・ペテルブルグを出発し、八月二日ニューヨークに到着した。ただちに記者会見を試み、たくみな話術とユーモアで新聞記者の操縦に成功している。これに反して小村全権はマス・メディアの重要性をまったく認識せず、官僚的な秘密主義を守ったので、新聞記者にはすこぶる不評であった。

一九〇五年八月一〇日から本会議が始まった。小村全権はまず日本側の条件を示し、逐条審議することを提案してウィッテの承諾をえた。小村がウィッテに交付した講和条件の個条書きは次の通りである。

第一、ロシアは日本が韓国において、政治上軍事上および経済上卓越せる利益を有することを承認し、日本が韓国において必要と認むる指導、保護および監督の措置をとるにあたり、これを阻害し、またはこれに干渉せざることを約すること。

第二、ロシアは追て限定せらるべき期限内に全然満洲より撤退し、かつ同地域内における領土上の利益ならびに優先的および独占的の特許、特典にして、いやしくも清国の主権を侵害し、または機会均等主義と両立しがたきものは、一切これを放棄すること。

第三、満洲中日本の占領する部分は、日本において改革および善政の保障を条件として、一切これを清国に還付すること。但し遼東半島租借条約中に包含せらるる地域のみは、この限りにあらず。

第四、日露両国は清国が満洲の商工業発達のため、列国に共通する一般の措置をとるにあたり、これを阻害せざることを互に相約すること。

第五、樺太およびこれに附属する一切の諸島、ならびに一切の公共営造物および財産は、これを日本に譲与すること。

第六、旅順、大連ならびに附近の領土および領水の租借権および該租借権に牽連(けんれん)し、またはその一部として、ロシアが清国より獲得せる一切の権利、特権および特典ならびに一切の公共営造物および財産は、これを日本に移転交附すること。

第七、ハルビン、旅順間鉄道およびその支線、これに附属する一切の権利、特権および財産ならびに鉄道に所属し、またはその利益のため経営せらるる一切の炭坑は、何等の義務または負担の附随することなくして、露国より日本に移転交附すること。

第八、満洲横貫鉄道は、その敷設せられたる特許条件にしたがい、かつ単に商工上の目的にのみ使用せらるべきことを条件として、ロシアにおいてこれを保有運転すること。

第九、ロシアは日本に払い戻すにその戦争の実費を以てし、右払い戻しの全額、時期および方法は、おって協定すること。

第一〇、戦闘中損害を受けたる結果、諸中立港に遁竄し、同港において抑留せられたる一切のロシア軍艦は、合法の戦利品としてこれを日本に引渡すこと。

第一一、ロシアは極東の海面におけるその海軍力を、制限すべきことを約すること。

第一二、ロシアは日本海、オホーツク海およびベーリング海における同国領土の沿岸港湾、入江および河川において、充分の漁業権を日本国臣民に許与すること。

ウィッテは熟慮の上意見をまとめ、再会を約して休会に入った。日本全権は右の一二ヵ条をローズヴェルト大統領と英国政府とに通知した。第二回本会議は、八月一二日午前九時四五分に開かれた。ウィッテは逐条的に回答文を提出した。要点は次のようである。

第一、異議なし。

第二、前段に異議なく、後段にも同意する。

第三、基本的に同意する。

第四、同意する。

第五、不同意。

第六、異議なし。

第七、主義において、承諾するが、日本軍に占領されていない部分は放棄できない。

第八、異議なし。

第九、同意できない。ロシアは被征服国でないから、問題にならない。

第一〇、同意できない。

第一一、屈服的約款には応じられないが、太平洋上に著大な海軍力を置くつもりはないと宣言できる。

第一二、同意するが、入江や河川にまで日本の漁業権は与えられない。

要約すれば、ロシア全権は、日本側の要求の大半を呑み、ただサハリンの割譲と軍費払い戻し（賠償）には断固として反対したわけである。

同じ日の午後三時七分、本会議は再開された。韓国問題については、ウィッテの回答では「異議なし」となっていたが、韓国皇帝の主権を侵害せずという点を明記するように頑強に主張し、容易には妥結に至らなかった。ロシア国民は他の外国の国民と同様の最恵国待遇を与えられるべきだ、という点でも難航した。

八月一四日午前の第三回本会議は、満洲問題に移った。ロシアの鉄道会社がハルビンに行政を施いていることを小村全権は非難し、ウィッテは満洲からの撤兵について、日本案では日露両国が差別されている理由を問うた。小村はロシアの撤兵は露清条約による義務の履行なのに反して、日本の撤兵は清国に利益を与えるものであるから、善政を施すという保障を要求したのだと説いている。結局第二条と第三条は妥結した。

翌一五日の第四回本会議では、まず第四条の満洲開放問題が日本案通り確定され、第五条の樺太割譲問題は、意見の対立したまま後回しになった。午後には遼東租借権譲渡問題が片付いた。八月一六日の第五回本会議では、第七条と第八条が討議された。第七条は原則的に、第八条は完全に決定した。

八月一七日の第六回会議は、ロシア側が拒否した償金問題を討議した。ウィッテは賠償金の要求に屈するよりは戦争の継続を選ぶ、と断言した。翌一八日の第七回会議では、非公式の秘密会議も行われたが、成果は上らない。賠償金と樺太とは、日露の講和にとって癌となった。

談判が行きづまったので、小村の依頼により、金子堅太郎はローズヴェルト大統領と会見して、援助を乞うた。大統領は八月二一日ロシア皇帝に親電を発して、善処を求めている。八月二三日の第八回本会議で、サハリン島を北緯五十度線で分割し、この線以北はロシアに還付し、ロシアはその代償として金一二億円を支払うという妥協案を、小村はウィッテに手交した。ウィッテは北樺太還付の代償案は賠償金の支払いにほかならず、絶対に承知できないと明言した。

ローズヴェルト大統領はふたたびあっせんに乗り出し、一二億円を六億円に引き下げることを提案した。八月二五日、ローズヴェルト大統領はふたたびロシア皇帝あてに親電を発している。八月二六日午前の秘密会議も午後の第九回本会議も成果なく終った。クロパトキンの後任リネヴィッチ大将がロシア陸軍の増強ぶりをツァーリに伝えたので、ロシアは硬化したといわれる。

八月二三日、駐露米国大使がツァーリに謁見した際、サハリンを占有したのは三十年間に過ぎないので、南半分を日本に譲与する用意があるけれども、北半を日本から買い戻すなどということは問題にならないと語ったという情報が、駐日英国公使から外務省電信課長兼通商局長石井菊次郎にもたらされた。

講和条約の成立

この石井通商局長がえた情報は、樺太全部をあきらめていた日本政府を大いに喜ばせた。八月二八日午後八時三五分発の訓令電報で、桂兼任外相は小村全権に対し、「軍事および経済上の事情を熟慮し、かつ貴官等の折衝により、すでに開戦の目的たる満韓に関する重大なる問題の解決したるにかんがみ、たとえ償金、割地の二問題を放棄するのやむをえざるに至るも、この際講和を成立せしむることに議決せり」と御前会議の結果を伝えた。

この電報のあとで、「南樺太への要求は貫徹せよ」という意味の電報が発せられたという説もあるけれども、電報は現存しない。しかし八月二九日午前一〇時の秘密会議で、ロシアはサハリンの南半分だけならば割譲に同意するという話し合いが成立した。そこで午前一〇時五五分からの第一〇回本会議で、ウィッテ全権は「皇帝陛下は極東平和の回復に資せんとの誠実なる希望を有せらるる一新証として……サハリン南部を日本国に譲与することに同意あらせらる」という覚書を、八月二三日に日本全権が提出した妥協案に対する回答として読み上げた後、手交した。

これで日露両国間の講和は事実上成立した。第一〇回会議場から別室に戻ったウィッテは、「平和だ、日本は全部譲歩した」とささやき、随員の抱擁接吻を喜んで受けたという。ウィッテも小村も、償金と割地とで会議が暗礁に乗り上げた時、会議を打ち切って引き揚げる決意を表明した。ウィッテは八月二六日ホテルに勘定を求め、九月五日出帆の船に乗るためニューヨークのホテルを予約した。小村も引き揚げの準備として、ポーツマス市の慈善協会に二万ドル寄付していた。

数回の非公式会談で条文を整理した後、一九〇五年九月五日、ポーツマスの海軍工廠（こうしょう）内で日露講和条約の調印が行われた。日本は一〇月一〇日、条約を批准し、ロシアは同一四日に批准している。

日本の世論硬化と焼打ち事件

ポーツマス講和条約の内容を知ると、日本の世論は一挙に硬化した。当時の有力紙『万朝報』は、「弔旗を以て迎えよ」と小村全権を弾劾した。講和問題同志連合会は大会を開き、「速かに処決して、罪を天下に謝せよ」と小村全権を攻撃している。

九月五日には日比谷に国民大会が開かれ、「十万の忠魂と二十億の負担とを犠牲にしたる戦勝の結果は、千歳拭うべからざる屈辱と列国四囲の嘲笑とのみ、ああ果して誰の罪ぞや」という激越な非難・弾劾文を決議した。

開戦を督促して政府の弱腰を罵倒した東大法学部中心の七博士は、〝屈辱的〟な講和を結んだ政府を責めた。金井延、寺尾亨、戸水寛人、岡田朝太郎、中村進午、建部遯吾（たけべとんご）らは、開戦の七人とは多少違っているが、当時の日本が置かれていた軍事上経済上の困難をまったく認識せず、強硬な要求を呼号して反対運動を煽動した点で一致している。償金三〇億円、沿海州全部の割譲、バイカル湖以東守備兵力の制限等の要求はまったく正気の沙汰ではない。

一九〇五年九月五日、すなわち調印の日、日比谷公園で国民大会が開かれ、散会後群衆は政府高官の邸宅や政府系と目された国民新聞社を襲った。交番二三八、電車一五台、キリスト教会一三なども焼打ちにされた。翌六日戒厳令が東京市と府下にしかれたが、公務員四七一名、民間人五五八名が死傷した。

全力を挙げてロシアと戦っただけに、日本国民は償金や領土に対して大きな期待を持っていた。連戦連勝の報道だけを信じていたればこそ、日本の経済力が底をついていたこともわからなかったし、兵力の補充も限界にきていたこと、下級将校が勇敢に進撃して戦死した結果、その補充が容易でないことも理解できなかった。

ロシア帝国のほうも、革命の火の手は全国にくすぶっており、一〇月に入ると物価騰貴に対する国民の不満は一挙に爆発してゼネストの様相を呈するようになる。ロシア第一次革命の勃発である。ツァーリが最後に南樺太を日本に割譲することに決したのには、こういう背景があった。

第五章　韓国の併合

第二回日韓協約書

日露戦争に勝利することによって、日本は大国ないし〝一等国〟となった。大国にあった日本公使館は大使館に昇格し、東京の有力な外国の公使館も大使館となった。そこでまず着手したのは、一九〇五年四月八日の閣議決定、同一〇日御裁可の「韓国保護権確立の件」の実行である。一九〇五年一〇月二七日には韓国の保護国化をただちに実行すべきであるという閣議決定が行われ、同日御裁可になった。「右に対し、英米両国はすでに同意を与えたるのみならず、以外の諸国もまた日韓両国の特殊なる関係と戦争の結果とに鑑み、最近に発表せられたる日英同盟および日露講和条約の明文に照し、韓国が日本の保護国たらざるべからざるの結果なることを黙認し」と周到に国際関係が配慮されている点は、注目に値しよう。

一一月二日、枢密院議長伊藤博文は、韓国皇室慰問のためという名目で特派大使として韓国に派遣された。九日伊藤大使の一行は、漢城に到着し、翌一〇日韓国皇帝に正式の謁見をとげた。伊藤大使が皇帝との内謁見を求めたのに対し、韓国皇帝は病気を理由として応ぜず、ようやく一五日に内謁見が行われた。

韓国の外交権を日本に一任する件について韓国皇帝は、内容はやむをえないが、形式上の外交権だけは留保したいと哀訴した。伊藤大使は、外交に形式と内容との区別はないと説き、「陛下御不満の御情事に関する御沙汰の趣きは委細承知せり。しかしながら陛下に試みに問わん、韓国はいかにして今日に生存することをえたるや、はたまた韓国の独立は何人のたまものなるやの一事これなり。陛下はこれを御承知あって、なおかつかく御不満の言をもらさせたまう次第なりや」と迫った。

さらに伊藤大使は続ける。「これ（外交権委譲）を御承諾あるとも、あるいは御拒みあるとも御勝手たりといえども、もし御拒み相ならんか、帝国政府はすでに決心するところあり、その結果は果して那辺に達すべきか、けだし貴国の地位はこの条約を締結するより以上の困難なる状況に坐し、一層不利なる結果を来すことを覚悟せられざるべからず」。

韓国皇帝はこの案を大臣に諮問し、一般国民の意向を確かめて決定したいと反論すると、伊藤大使はとどめを刺した。「貴国は憲法政治に非ず、万権すべて陛下の御親裁に決すというういわゆる君主専制国家に非ずや、しかして人民意向云々とあるも、定めてこれ人民を煽動し、日本の提案に反抗を試みんとの御思召と推せらる」。

伊藤博文はきわめて強硬な姿勢を貫き、一一月一八日の午前一時半にいたってようやく韓国皇帝は抵抗をやめ、調印に応じた。韓国の参政（首相）韓圭卨（かんけいせつ）はこの時、「韓国現下の状況は気息奄々（えんえん）瀕死に等し。ただわずかに一縷（いちる）の余命を存せるは、一にこれ外交関係をみずからするに在るなり。しかしてその外交をすら貴国に委任せんか、全く命脈断絶するの悲境に沈むべし」と慨嘆している。

ここで想起されるのは、一九三九年三月一四日に、ヒトラーがチェコ・スロヴァキア大統領のエーミル・ハーハをベルリンに招き、ミュンヘン協定で残ったチェコ領土をボェーメン・メーレン（ボヘミア・モラヴィア）保護領として大ドイツに併合することを強要した時の光景である。ハーハ大統領は心臓疾患に苦しめられ、ヒトラーの侍医から強心剤の注射を受けながら徹夜の抵抗の後、ヒトラーに屈伏した。小国の運命の哀しさという点と大国の傲慢（ごうまん）と強引との二点で、二つの出来事は実によく似ている。

第二回日韓協約書は五ヵ条からなっており、その主要な内容は次のようである。

第一条、日本国政府は在東京外務省により、今後韓国の外国に対する関係および事務を監理、指揮すべく、日本国の外交代表者および領事は外国における韓国の臣民および利益を保護すべし。

第二条、日本国政府は、韓国と他国との間に現存する条約の実行を全うするの任に当り、韓国政府は、今後日本国政府の仲介によらずして、国際的性質を有する何等の条約もしくは約束をなさざることを約す。

第三条、日本国政府は、その代表者として、韓国皇帝陛下の闕下（けっか）に一名の統監（Resident General）を置く。統監はもっぱら外交に関する事項を管理するため京城に駐在し、親しく韓国皇帝陛下に内謁するの権利を有す。

日本国政府はまた韓国の各開港場およびその他日本国政府の必要と認むる地に理事官（Resident）を置くの権利を有す。理事官は統監の指揮の下に従来在韓国日本領事に属したる一切の職権を執行し、ならびに本協約の条款を完全に実行するため、必要とすべき一切の事務を掌理すべし。

韓国併合

初代統監には伊藤博文が就任し、治安維持のため韓国守備軍司令官に兵力の使用を命じうることとなった。日本政府は一三道の道庁所在地に警務顧問支部を置き、治安維持の全権を握った。

これに対し忠清、慶尚、全羅の各道で民族主義運動が起こり、軍隊の出動により鎮圧された。一九〇七年一月一六日、『大韓毎日申報』は、韓国皇帝がロシア、ドイツ、アメリカ、フランスの各元首にあてた書簡を掲載した。一九〇七年七月、伊藤統監が排日を主張する儒生金升旼（しょうぶん）と皇帝との関係を詰問したところ、金は「島夷敵臣伊藤、長谷川」という表現は皇帝の言葉だと答えたという。

一九〇七年五月二二日、伊藤統監は皇帝に迫って、親日派の李完用を首班とする内閣を作らせた。一ヵ月近くたって、六月一五日にオランダのデン・ハーグで第二回万国平和会議が開催された機会に、皇帝は李相卨（そうせつ）らの特使を派遣し、ロシア、英国、米国、フランスの全権に皇帝の信任状を手交させたが、どの国もこれを受けつけなかった。

怒った伊藤は皇帝に会い、「かくのごとき陰険なる手段を以て日本の保護権を拒否せんとするよりは、むしろ日本に対して宣戦せらるる方が捷径（しょうけい）でありましょう」と恫喝した。七月一九日、皇帝高宗は退位して、同二四日第三次日韓協約書が調印された。この協約によって統監には、施政改善に関する指導、法令の制定の承認、高等官吏の任免等の権限が与えられた。警察はまた警務顧問にかえて、日本人警察官を任用することになった。

一九〇七年八月一日に京城（当時の首都漢城に対する日本側の呼称。現ソウル）で、韓国軍隊の解散式が行われたところ、二個大隊が蜂起し、鎮圧までに三時間半を要した。各地の反乱を鎮圧するため、日本軍は二万人を動員し、一九〇七年八月から一九一一年六月までに一万六七〇〇余人の生命を奪っている。

伊藤博文は韓国を併合することには賛成でなかったといわれる。しかし、彼が一九〇九年一〇月二六日ハルビンで安重根の手で暗殺されたのを機会に、日本政府は韓国を併合することに決定した。一九一〇年五月三〇日には寺内正毅（まさたけ）陸相が統監を兼ね、六月二四日には、ロシアでの諜報活動で名を挙げた駐韓憲兵隊長明石元二郎少将が統監府警務部長を兼任して態勢をととのえた。そして八月二二日に日韓併合条約に調印し、一週間後これを発表した。一〇月一日に統監府を廃して朝鮮総督府が設置されている。

韓国民の併合に対する反対がどれほど根強いものであったかは、次の武装〝義兵〟数によって明らかであろう。

年	武装〝義兵〟数
一九〇七	四万四一一六
一九〇八	六万九八三二
一九〇九	二万五七六三
一九一〇	一八九一
一九一一	二七一
一九一二	一二三
一九一三	四〇

朝鮮総督府による日本の支配は、米の生産額が着実に増加したこと、人口もふえ続けたこと等の一面が存することは疑いない。しかし、〝皇民化〟と称して朝鮮人を日本姓にか

えさせようとしたり、日本の国家神道を強制したり、日本語の学習を義務づけ、韓国語教育に制限を加えるなど押しつけがましい干渉が加えられたため、朝鮮人の恨みはかえって深くなり、日本および日本人への憎悪がつのった。

英国のインド統治は、インド人の生活と文化への介入を極力避けたので、英国人はインド人からそれほど嫌悪されず、かえって畏敬される場合さえあった。

伊藤博文のほか、第一次日韓協約によって韓国の外交顧問となり日本のために尽したスティーヴンスも、サンフランシスコで韓国人により暗殺されている。韓国人の恨みの深さを察することができよう。

第六章　日米関係の緊張と軍国化

二通の書翰

ポーツマス条約で日本が南満洲鉄道を手に入れることを見越して、米国の鉄道王エドワード・H・ハリマンは早くも一九〇五年九月はじめ来日し、日本の元老たちと接触した。ハリマンは、日本の財政難につけ込んで、世界を鉄道で結ぼうという野望を実現しようとしていた。一九〇五年一〇月一二日、桂首相とハリマンとの間に「南満洲鉄道に関する予備協定」の覚書が作成された。ハリマンは未署名の覚書を手に、翌日横浜を出帆した。一〇月一五日、横浜に帰着した小村寿太郎外相は、この覚書に猛然と反対した。ハリマンは一〇月二三日、サンフランシスコで協定が中止になったことを知った。一九〇六年一月一五日、日本興業銀行総裁添田寿一がハリマンに協定中止の件を正式に通知した。

ポーツマス条約の追加約款によれば、日露両軍は一八ヵ月以内に満洲から撤兵することになっていた。ところが、南満洲の日本軍は撤兵に着手するどころか、各地に軍政署を設け、長く居坐って南満洲を日本の軍政地域にする態度を示している。

ところでポーツマス条約にもとづく遼東半島の租借権と南満洲鉄道の地位を確立するため、小村外相は清国に出張し、満洲に関する日清条約の締結により問題を解決した。桂内閣は日比谷焼打ち事件の責任をとって総辞職し、一九〇六年一月には西園寺公望(さいおんじきんもち)内閣が成立した。外相には加藤高明が就任している。

日本は日露戦争中、英米両国をはじめ全世界に向かって、満洲における機会均等・門戸開放の主義をとることを声明してきた。そもそも日本はロシアによる満洲の独占に反対し、その門戸開放のために英米両国の協力をえてロシアと戦ったのである。ところが、日本軍が南満洲に進撃するにつれて、一部陸軍軍人は横暴な態度で清国人に臨み、戦争終了後も「清国の地方官の行政に干与し、または清国公私財産を毀損することある旨を清国政府においてて声明す」という声明書が北京での日清会談で提出された。

一九〇六年に入って、はたして英米両国の大・公使から西園寺公望首相兼外相に対してきびしい内容の書が届いた。少々長いが、ことがらの重要性にかんがみ、二通の全文を引用したい。

一九〇六年三月一九日付の英国大使クロード・M・マクドナルドからのものは次の通りである。

西園寺侯爵閣下

書翰を以て、啓上致し候　陳ぶれば芝罘および大連、大東溝間の航海業ならびに英国通商に対する満洲開放の件につき、客月七日および十三日附書翰を以て御照会に及び置き候ところ、今また北清において、日本国の軍事占領継続のため、一切の営業は、必然の結果日本官憲直轄の下に行われ、その執れる態度に対し、該地方における英国商会が危惧の念を起しおり候儀につき、貴国政府の注意を促すべき旨本国外務大臣より訓令に接し候

客年十二月中ロンドンの支那協会は在牛荘英国居留民より電報を接受し、これを外務省へ移牒致し候ところ、その電報によれば、地方官吏が英国人の通商上および企業上に加えたる障碍にかんがみ、右等商人は日本国政府の意図に対し、一方ならず憂慮を抱き居るものと相見え候　英国汽船が大東溝において従来の慣行に係る繭の輸出貿易を再始することを拒絶せられたるがごとき、はたまた関係官吏において、商業の経営上必要欠くべからざる郵便、電信および鉄道輸送に関する便宜を与うるを憚るがごとき、右電報所載の主点にこれあり、しかして右電報に記述せる一般の事態は、独立せる各種方面より接受したる詳報の確証するところにこれあり候

なおまた本年一月中外務省が同協会より受領したる報告によれば、英国船舶は依然大東溝の輸出入貿易に従事することを拒絶せられ、その結果英国の砂糖貿易ならびに芝罘における絹業は、重大なる障害を蒙り、これと同時に牛荘における関税の徴収日

本人の手に移り、同港の税関吏はことごとく更迭し、清国海関の職員ならざる日本人これに代りたる等の事実により、商業界において一般の不安を来し候　右によれば北清におけるまたロンドンの英米煙草(たばこ)会社よりも、外務省へ苦情申出で候　右によれば北清における同会社の代表者は幾度も奉天はもちろん牛荘以北何地へも立ち入ることを拒絶せられたる趣にこれあり候　右会社より最後に接受したる一月十八日附報告には、奉天の日本官憲は、同会社の牛荘代理人が右市街中に分配したるすべての広告物を取り除きたる旨の記述これあり候　一面において前顕陳情書中に記載しあるがごとき方法を以て外国貿易を阻害しながら、他方において日本官憲は近頃時事新報の広告したるごとく、奉天において日本生産品博覧会開設の準備をなすの余裕あるの事実に徴すれば、軍事の必要により、通商上に加えられたる制限は、未だ日本国の通商を奨励するを妨(さまた)ぐる程にあらざることを表示するがごとくに相見え候　本件の事情を閣下に開陳するに際し、本使は牛荘、関東半島その他満洲全般における各種の官憲に対し、至急訓令を発せられ、英国政府に達したる苦情の趣旨御開示の上、その弁明を徴せらるるよう、希望致し候　なお日本国が清国の領土占領の機会に乗じ、その門戸開放主義を固守するの実を明らかにし、よって以て本使が閣下の御注意を促したる事態より起れる憂慮を緩和せらるるは、特に貴我両国間における互信の誼あるにかんがみ、如何に得策なるべきかにつき、切に閣下の御配慮を煩わしたく候　本使はこの機に際し、閣

下に向い、ここに重ねて敬意を表し候　敬具

同盟国の大使として言葉使いは丁重だが、内容は門戸開放主義の貫徹をめざす点で、辛辣というべきだろう。

右の書翰の一週間後、米国代理公使ハンチントン・ウィルソンのもとからは、英国大使に似た〝注意喚起〟の書翰が外務大臣を兼摂していた西園寺首相のもとに到着した。三五年後のハル・ノートを想起させる内容を含んでいるから、やはり引用しないわけにはゆかない。英国の駐日公使が前年末大使に昇格したのに反して、米国は昇格が少し遅れたため、ウィルソン公使は駐日米国公使館から手紙を出している。

アメリカ合衆国代理公使たる下名は、日本軍隊の占領せる満洲地方において、通商上機会均等主義実行せられざるとの報告につき、ここにふたたび日本帝国政府の重大なる注意を促すの光栄を有す　去る二十四日附国務長官の電訓の趣旨は、左の如くにして、下名はこれにより日本帝国外務大臣西園寺侯爵閣下に本書を進達す

「合衆国政府が、その清国に在る代表者より承知するところによれば、軍隊撤回中満洲における日本官憲の行動は、すべての主要なる都市において、日本商業の利益を扶植し、かつすべての利用しうべき地方において、日本臣民のために財産権を収得せんとするに在りて、これがため、該領土の撤兵を了する頃には、他の外国の通商に充つべき余地は稀有、もしくは絶無たるに至るべし

世界列強の正当なる通商および企業に対する〝門戸開放〟に同意すといえる日本国の従来の熱誠なる宣言にかんがみ、かくの如き行動は合衆国政府のはなはだ痛惜するところなり

露国が該地方において、実利の国家的独占をなさんとして、失敗したるの企図に踵き、満洲においてこれと均しき日本利益の排他的扶植は痛切なる失望の起因たるべし

貴官はわが政府の憂慮につき、切に日本政府の猛省を促し、これに対し、そのしからざる旨の明白にして確実なる保障をえて、右憂慮を解除することを期せらるべし

右はこの大体問題に関する第二回の訓令なり」

客月二十三日附前回の電訓により、下名は満洲における商人に対し、不公平なる取扱いありとの件を叙述したる覚書を添え、日本帝国外務大臣閣下にあて書面を提出するの栄をえたりしが、なお下名は本件の重大なるを念い、去る十五日附口上書を以て、迅速にその本国政府に確答するを得べき場合に至らんことの希望を再言し、かつ口頭を以てこの重要問題に対し、日本政府の速やかにこれに注意せられんことを促したりしかるに下名は、前回の訓令により、交渉を開きたる以来未だその本国政府に回答するをうるの場合に至らず、而してこれただ合衆国政府の抱ける憂慮を増長せしむるに外ならざるべきは、閣下の容易に了解せらるるところなるべし

下名はこの機に際し、日本帝国外務大臣閣下に対し、重ねて深厚なる敬意を表す

一九〇六年三月二十六日

米国公使館において

満洲問題に関する協議会

日本国内では、満洲に居坐ろうとする陸軍に対して、加藤高明外相が必死の抵抗を続けていた。一九〇六年二月一一日、加藤外相は大磯に元老伊藤博文を訪ね、満洲の門戸開放問題について訴えた。一六日には大磯の伊藤邸で山県、大山、西園寺の三侯も参加し、児玉陸軍大将と井上伯爵を加え、加藤外相は、満洲開放問題について陸軍側を説得しようとした。しかし、陸軍の実力者児玉源太郎大将は頑強に自説を主張したため、話し合いはつかなかった。これが当時大磯秘密会談と称せられたものである。

加藤外相は陸軍を説得できないことに失望して、辞意を決した。しかし、外務省と陸軍との対立によって外相が辞職するのは好ましくないと考え、加藤高明は鉄道国有化問題に反対することを辞任の口実に選んだ。加藤の退陣後、外務大臣はしばらく西園寺首相が兼摂することになる。西園寺首相兼外相は、満洲の実情を視察するため、四月一五日、外務省の山座円次郎政務局長、大蔵省の若槻礼次郎(わかつきれいじろう)次官らを伴って東京を出発し、五月一五日に帰国した。

どこの国でも、戦勝した軍人は理性を失いがちである。とくに明治憲法下では、軍人は特権が与えられているという錯覚が存したため、一部軍人の横暴は常軌を逸していた。西園寺首相が奉天滞在中に奉天将軍趙爾巽（ちょうじそん）ら清国高官を招いた宴席で、奉天駐屯の日本軍司令官が趙将軍に対して無礼な態度をとったため、激怒した西園寺首相はその場で司令官の非礼をきびしく叱責（しっせき）している。

西園寺首相が満洲に向け出発した半月前、マクドナルド駐日英国大使は京城の伊藤博文統監にあてて、三月三一日付で書翰を送った。内容はさきに西園寺首相に英米両国の大・公使が出したものと同趣旨であったが、満洲の日本陸海軍による門戸閉鎖はロシアの占領当時よりもきびしいことを非難し、「もしこのままでゆけば、日本はやがて与国の同情を失う」という意味の明確な警告を行っている点で、一層注目に値する。

日本の国際的地位について、もっとも鋭い洞察力を持っていた伊藤博文は、西園寺首相の帰国をまって、首相主催の「満洲問題に関する協議会」を開催させた。一九〇六年五月二二日に首相官邸で開かれたこの重大会議には、統監侯爵伊藤博文、枢密院議長侯爵山県有朋、元帥侯爵大山巌、内閣総理大臣侯爵西園寺公望、枢密顧問官伯爵松方正義、伯爵井上馨、陸軍大臣寺内正毅、海軍大臣斎藤実（まこと）、大蔵大臣法学博士阪谷芳郎、外務大臣子爵林董、陸軍大将伯爵桂太郎、海軍大将男爵山本権兵衛、参謀総長子爵児玉源太郎の一三名が出席した。なお外務次官珍田捨巳（ちんだすてみ）と外務省政務局長山座円次郎も説明役として陪席している。

五月二二日午後二時四五分に開会されると、伊藤統監はまず立って、会議の趣旨をのべた。

本日は、余の要求により、内閣総理大臣から諸公の御会合を促したのであるから、余はまず愚見を陳述したいと思う……二月の大磯会談以後の満洲問題の経過を顧み、かかる状態にては、列国の物議を醸し、ひいては韓国の安定に悪影響を招来する惧れが大であるので、自分の職責としても等閑に附しえない。東京駐劄の英国大使からは、抗議および警告の秘信があり、なお山県侯からも本問題に関して書翰に接している。さらに袁世凱ら清国側官民の不満は憂慮せざるをえない。もし今日のままに放任したならば、ただに北清ばかりでなく、二十一省の人心は、終に日本に反抗するに至るであろう。

と前提して、伊藤博文は解決の私案を提出した後、満洲における軍政の批判に移る。

現に満洲には軍政署なるものがある。これに関する規定を見ると、清国人が不満を唱えるのは当然であろう。今日ロシアから譲渡されたものを保持するのは当然で、何人も異議をはさむはずがない。しかるに実際の事実は、この範囲外に出つつあるのだ。軍政署の綱領なるものを見ると、もしこれを実施したならば、清国人の活動する余地はさらにない。否領事といえども活動することはできぬ。

軍事当局者は、もとより相当の御考慮があるのであろうが、自分の見るところでは、軍政署なるものを、断然廃止してしまわねばいかぬ。断乎これを撤廃した上は、その地方の行政は、これを清国官憲に一任せねばならぬ。（中略）

軍事当局者は、撤兵期間は十八ヵ月であるから、明年四月までは、戦時中と同様、軍事的措置をとって差し支えないとの解釈だそうである。この解釈にもとづき、あるいは種々なる事業に着手し、あるいは租税を徴収しておらるるようである。……かくのごとき解釈をとらるるは、余のはなはだ了解に苦しむところである……。

この伊藤統監のかなり挑発的な発言の後、列席者の間で熱心な審議が行われた。平塚篤編『伊藤博文秘録』（一九二九年公刊）によって、もっとも重要な対立点を示すことにしたい。西園寺首相、山本海軍大将、桂陸軍大将、山県枢密院議長が大体伊藤侯の案に賛成の旨をのべた後、児玉参謀総長は「外国の感情は、今日においては伊藤侯ののべられたごとき悪しき状態ではない」と伊藤発言に反論した。

伊藤侯は児玉参謀総長の発言をさえぎり、猛烈な追撃に移った。「御演説中であるが、一言児玉大将に注意したい。軍人諸君の職権のことであるから、もちろん余が冗弁を弄するものとして御聞取り願いたい。満洲における軍政実施要領なるものを見ると、かくの如き規定がある。……これによって見ると名は軍政署であるが、その実は純然たる民政庁である。ことに施政の方針を云々し、満洲を目するに新占領地を以てするがごときは、徹頭徹尾、軍政以外に進出しているものといわねばならぬ」。

これに対して児玉参謀総長は、満洲軍政実施要領が不適当なことを認め、「かくのごとき規定は、領事が赴任すれば、すべて無用に帰するであろう」と反論した。

しかし、伊藤統監の追及は徹底的である。「領事は人民の保護者ではない。帝国商工業上の代表者である。人民保護の権は、よろしくこれを清国に譲らなければならぬ」。続いて伊藤侯と児玉大将の対立点は火を吹くことになる。

児玉参謀総長が満洲経営のため拓植務省のような新しい官衙(かんが)を組織することを提案したのに対して、伊藤統監の怒りは爆発した。

「余の見るところによると、児玉参謀総長らは、満洲における日本の地位を、根本的に誤解しておられるようである。満洲方面における日本の権利は、講和条約によってロシアから譲り受けたもの、即ち遼東半島租借地と鉄道のほかには、何物もないのである。

満洲経営という言葉は、戦時中から、わが国人の口にしていたところで、今日では官吏はもちろん商人などもしきりに満洲経営を説くけれども、満洲は決してわが国の属地ではない。純然たる清国領土の一部である。属地でもない場所に、わが主権が行わるる道理はないし、拓植務省のようなものを新設して、事務を取り扱わしむる必要もない。満洲行政の責任はよろしくこれを清国に負担せしめねばならぬ」

西園寺首相は、㈠大体の論は全会一致のこと、㈡右の意に基き結末の経綸を進むること、

㈢関東都督の機関を平時組織にすること、㈣軍政署を順次に廃すること、ただし領事の在るところは直にこれを廃すること、という決議案を一同に廻付し、列席元老大臣一三人が署名花押した。

これで当座は一件落着したわけであるが、問題の根は深く、大日本帝国はこのため三九年後に亡（ほろ）んだといっても過言ではない。この重要会議で、文官出身の元老伊藤博文が、武官出身の元老山県有朋の協力をえて、陸・海軍に対する文民統制を貫徹したことは立派であった。陸軍を代表して伊藤元老に反論した児玉源太郎は、恐らく明治以来もっとも優秀な軍人の一人であったと思う。しかし、残念なことに、彼はこの会議の二ヵ月後卒然として亡くなった。過労死であったことは疑いなく、陸軍は最優秀の軍人を失った。

軍国化と統帥権

古来軍人は文民から統制を受けるのを好まない。明治政府はもともと多数の陸・海軍軍人を含んでいた。軍部は、憲法の制定によって英米両国のように文民が陸・海軍の大臣に就任することを回避するために、早くから対策を立てはじめた。一八七八年には陸軍省の軍令、すなわち作戦・用兵をつかさどる部局を参謀本部として独立させている。

参謀本部から独立した海軍軍令部も、一八九三年、海軍省と対等の地位を確保した。そして陸軍の参謀総長と海軍の軍令部長（のち総長と改称）は天皇に直属し、帷幄（いあく）上奏権があるものとされた。明治憲法では第一一条に「天皇は陸海軍を統帥す」と定められており、第一二条は「天皇は陸海軍の編制および常備兵額を定む」と規定している。第一一条の天皇大権を統帥または軍令大権といい、第一二条のそれを兵制・編制または軍政大権と称することは周知の通りである。

ところが明治憲法第五五条は、「国務各大臣は天皇を輔弼しその責に任ず」と明記している。この憲法第五五条に定められた国務大臣の輔弼権には制限がなく、軍令事項にもおよぶというのが、明治憲法学界の両巨頭、穂積八束教授および美濃部達吉教授の解釈であった。この解釈通りに明治憲法が運用されていれば、陸軍大臣は陸軍の軍令・軍政大権について天皇を輔弼するわけであり、海軍大臣についても同様の輔弼が行われることになる。したがって〝統帥権の独立〟という美名の下に軍部が政府から離れて独走し、暴走する弊害は起こりえなかったはずである。

まことに残念なことに、陸・海軍の一部には、憲法第五五条に規定された国務大臣の輔弼は軍令大権はもとより軍政大権にも及ばないという解釈を主張するものがあり、〝統帥権の独立〟という大義名分を押し立てて軍部の独走・暴走を試みるものがあった。元老が健在な間は、〝統帥権の独立〟という名目による軍人の横暴は制御された。一九〇六年五月二二日の重要会議における伊藤元老の迫力はこのことを証明している。

しかし、伊藤元老は残念ながら一九〇九年に暗殺され、山県らの元老たちも明治末から大正期に入ると老衰してやがて他界する。ただ一人残った西園寺元老だけの力では、〝統帥権の独立〟の美名の下に行われる軍部の暴走を制御できるはずがない。

明治政府は一八八二年一月に、「陸海軍人に賜りたる勅諭」を太政大臣の輔弼をへずに直接天皇から軍人に下賜される形をとっている。憲法発布前のことであるが、軍人だけを特別扱いにするという慣行は次第に定着していった。これよりさき一八七三年に、皇族は原則として軍人になるという原則を、明治天皇は定めた。

陸・海軍大臣に文官が就任することを阻止するため、一八八八年六月二日には陸軍省職員定員表が改正され、大臣は将官、次官も将官ときめられた。一八九八年に大隈政党内閣が出現したのにあわてた軍部の意を受けて、一九〇〇年五月一九日、第二次山県内閣が陸・海軍省の官制に大改正を加えた。すなわち職員表中に大臣は大・中将、総務長官は中・少将と明示したばかりか、「大臣および総務長官に任ぜらるるものは、現役武官を以てす」という備考をつけたのである。

その後、何度か改正が行われ、大正民本主義の時代には、「現役武官」の項を削除したこともあった。しかし、一九三六年の二・二六事件後、五月には陸軍省官制と海軍省官制とが改正されて、「大臣および次官に任ぜらるる者は現役武官とす」と定められた。この改正は、予備役に編入された真崎、荒木らのイデオロギー将軍の復活を阻止するため、と強弁されていたが、軍部大臣の選考範囲を現役の大将、中将に限定することによって、陸・海軍に事実上の組閣権ないし組閣妨害権を与えたのは重大な失敗であった。

明治憲法第五五条に定められた国務大臣による輔弼は、本来国務の全般に及び、軍令事項も包含されるというのが、明治・大正の代表的憲法学者の解釈であったことについてはすでにのべた。

しかし、軍部は文民が陸・海軍大臣に任用されることを極度に警戒したばかりでなく、たとえ陸軍大臣や海軍大臣とが文民によって占拠されるようなことがあっても、なお〝統帥権の独立〟を死守しようとして懸命であった。さきにのべたように陸軍参謀本部と海軍軍令部とが陸・海軍省からそれぞれ独立したのは、まさにこのための布石だったのである。

一八八二年一月に下賜された「陸海軍人に賜りたる勅諭」が、さきにふれたように太政大臣の輔弼をへずに、直接陸・海軍人に与えられたことも注目に値する。この勅諭は、「日本では天皇が軍隊を直率したまうのが原則であった」という虚構を前提として、天皇と軍人との間の特別の親近性が強調されている。命令に絶対服従する精神の確立を主要な目的とし、軍人の政治活動を禁止して非政治化を強制し、軍人が特殊の身分意識を持つことを厳命した。

政治活動を禁止されたはずの軍人が、とくに昭和期に入ってさかんに政治活動を行い、経済から文化にいたる国民生活のあらゆる分野を軍人流に政治化して、遂に亡国に至ったのは歴史の皮肉としかいいようがない。

〝統帥権の独立〟という美名の下に、軍部は文民、文官が軍事に介入し発言することをひどく嫌った。その逆に軍人は平然と政治に介入し、発言した。一八八五年に内閣制度が確立してから一九四五年に大日本帝国が亡ぶまでの六〇年間に、四三の内閣が成立した。重複を差し引くと、内閣総理大臣となったものは三〇人である。このうち半数の一五人が軍人であったことは注目に値する。一五人の軍人中九名が陸軍の将軍であり、六名が海軍の提督であった。軍人一五人が首相として統治したのは二九年三ヵ月間、つまり六〇年のほぼ半分に相当する。

四三の内閣には、四九〇の閣僚ポストがあった。八六の陸・海軍大臣ポストには、すべてそれぞれの大将または中将が就任したのは当然としても、陸・海軍省以外の大臣ポスト四〇四中一一五、すなわち二八パーセントが軍人によって占められていた。時期的に比較すると、明治時代は一一二ポスト中四一を軍人が押さえ、大正デモクラシーの時代に入って一二七中一二と激減したが、昭和期には終戦までに一六五中六二と急増している。

とくに注目されるのは、内務省と外務省とであって、前者は四三内閣中一一が軍人内相の下にあり、後者は同じく四三内閣中一四が軍人外相をいただいていた。一八八五年に成立した第一次伊藤内閣では一〇人の閣僚中六人（陸四・海二）が軍人であった。次の黒田清隆の内閣は、大臣一〇人中七人が軍人となっている（*Japan and Turkey* ed. by Ward and Rustow, 1964）。

このように見てくると、日本が軍国であったことは疑問の余地もない。明治維新が薩・長の軍人によって遂行されたことを想えば、無理もない。急速な近代化を上から指導する体制としては、〝近代化寡頭制〟(modernizing Oligarchy)以外に考えにくく、もっと具体的にいえば〝近代化軍事寡頭制〟(modernizing military Oligarchy)だけがほとんど唯一の選択肢となるに違いない。

問題はそういう軍事寡頭制に、憲法制定後もしがみついたところにあったといえよう。軍人が陸・海軍大臣のポストを独占したことは、第二次世界大戦後の日本で大きな弊害ないし副作用をもたらすことになる。戦前の政党政治下では、文民は陸・海軍の大臣になれず、国防問題から閉め出されていたので、その当然の結果として文民政治家は国防、防衛および安全保障の問題を勉強しなくなった。戦後もこの残念な傾向は強く生き残り、日本の政治家は安全保障に無知のままである。

辛亥革命と満蒙独立運動

日本が日露戦争に勝利したことは、アジアの小国がヨーロッパの大国を倒したという意味で、世界史的な意義を持っていた。とくにアジアの植民地・半植民地諸国民に対する衝撃は大きかった。中国をはじめヴェトナム等から、民族の独立を志す革命家が東京へ東京へと集ってきた。そのもっとも有名なのは、中国の孫文とヴェトナム独立運動の志士潘(ファン)

佩珠（ボイチャウ）とであろう。彼らはいずれも日本の勝利に感動し、明治維新以後の日本が急速に近代化されたあとから学びたいと考えた。

孫文は満洲王朝（清）を打倒し、漢民族の独立を回復すること（民族主義）、民権を伸張して共和政体を樹立すること（民権主義）、地価の高騰による地主の増収分を租税として徴収し、大土地所有の発生を防止すること（民生主義）の三つを三民主義と称して、革命思想の基本としていた。

一九〇五年八月、すなわちポーツマス会議の直前に、孫文は東京に中国の革命運動家を集め、中国革命同盟会を結成した。その綱領は㈠清朝を打倒して、㈡中華を回復し、㈢民国を創立し、㈣地権を平均する、という四ヵ条で、三民主義そのものである。

一九一一年五月に、清朝政府が幹線鉄道を国有化して中央集権化に進もうとしたことは、粤漢（えっかん）、川漢両鉄道に投資していた広東、湖南、湖北、四川の郷紳層を激怒させ、たちまち暴動となった。とくに四川省では六月一七日、保路同志会が組織され、鉄道国有令の撤回を求めるストライキや暴動が起こった。八月には成都で、九月には広東で保路大会が開かれた。清朝は九月七日、鉄道国有化反対運動の責任者に弾圧を加えたが、一〇月一〇日、同盟会の影響を受けた革命軍が蜂起し、翌日には武昌と漢陽を制圧した。革命軍は黎元洪（れいげんこう）を都督に推し、中華民国軍政府を組織した。

清朝政府は一一月一日、袁世凱を総理大臣に任命したが、革命の勢いを止めることはできなかった。中国の各地に革命のエネルギーは伝わり、四川、広東に次いで十数省が独立を宣言した。一二月二五日、外遊から上海に帰着した孫文は四日後一七省代表会議において中華民国臨時大総統に選出される。一九一一年が干支で辛亥（しんがい）の年に当るので、この変革を辛亥革命という。

一九一二年二月一二日、清朝最後の皇帝宣統帝は帝号を保ち、年金をえて紫禁城に住むことを条件に退位した。清朝の滅亡である。一九一一年一〇月一〇日すなわち武昌で革命軍が蜂起した日は中国革命の記念日となり、双十節と名づけられた。こうして中国革命は開始されたが、一九四九年一〇月一日に中華人民共和国が創設されるまで、三八年間にわたって内戦と外国からの侵略が続くことになる。

革命中国に侵略を企図した最初の国は日本であった。さきにふれたように、日本陸軍の中には、満洲の占領地に居坐ろうと企図する勢力があった。また日露戦争中から、日本軍の軍属などとして満洲に渡り、軍隊の威力を利用しながら私欲をみたそうとするいわゆる一旗組も少くなかった。

辛亥革命によって清朝が崩壊したことは、彼らの野望に絶好の機会を提供するように見えた。すなわち、早くも一九一二年二月に、満洲や華北に派遣されていた日本陸軍の軍人と川島浪速（なにわ）らの政客は、参謀本部と連絡をとりながら第一次満蒙独立運動に着手している。高山公通大佐、桜井清助大尉らは川島浪速と結んで二月二日夕刻、粛親王をひそかに北京から脱出させた。満洲に粛親王を皇帝とする独立国を樹立して、満蒙を中国から分離しようとする陰謀にほかならない。清朝の復辟運動を〝支那分割〟に利用しようという構想である。

外務省は陸・海軍と協議した上で、日本官憲が粛親王を旅順で保護し、便宜も提供することを認めながら、できるだけ目立たないように注意させた。しかし二月六日、粛親王が旅順に到着すると、関東都督府は民政長官の官舎を親王の宿舎に提供するなどすこぶる優遇した。二月一七日には粛親王は奉天（瀋陽）に着いた。

奉天で彼らの陰謀は成功するかに見えたが、同地の落合総領事が本省に二月二一日午後一〇時発二二日午前三時着の電報で注意を喚起した結果、内田康哉外相は二月二二日午後六時四〇分の返電で、「宗社党（復辟運動）関係本邦人の行動は、政府においてもとよりこれを是認せざる次第なるを以て、彼等の行動に対しては相当取締りをなすの方針にて、一昨二十日総理大臣より、その旨都督へ訓令ありたるに付貴官においても、右御含みの上、都督と打ち合せ、これ等本邦人に対し、説諭その他なるべく穏便なる方法により、相当取締りの途を講ぜられたく……」と答えている。

こうして、総領事の努力と外務大臣の決断により、第一次満蒙独立運動は挫折した。しかし、陸軍と外務省との対中国政策に関する対立はその後ますます顕著になっている。とくに一九一三年初め関東都督府参謀長に就任した福田雅太郎少将は、日本が満洲で発展を企図するかぎり、平和的手段をもって円満に解決する見込みはないという考え方にもとづいて、川島浪速らの大陸浪人と組んで満蒙の独立運動を進めた。

これに対して外務省は阿部守太郎政務局長を中心に、都督府の軍人と川島浪速らの陰謀を阻止しようとしたため、阿部局長は一九一三年九月に四二歳の若さで暗殺されてしまった。一九一五年に川島浪速が予備役の日本軍人と結んで推進した第二次満蒙独立運動は、参謀本部の支援をえていたが、やはり失敗した。

関東都督府の東畑警視が安東領事吉田茂に面会を求め、満蒙独立をはかる日本人の活動に対しては取締りに手心を加えてほしいと求めたのに対し、吉田領事は〝浮浪輩〟の跳梁(ちょうりょう)を許してはならないと石井菊次郎外相に進言していることは注目される。

一九三一年九月一八日の柳条湖(りゅうじょうこ)事件にいたるまで、満蒙の独立運動は陸軍の公然・非公然の支援をえて、執拗に続けられた。満洲事変は決して偶発事件ではなく、日露戦争後の宿願成就だったことを忘れてはならない。

第七章　明治から大正へ

工業化の進展

さきに一九世紀末の二十年間に、日本の工業生産額が三倍増したことをのべた。日露戦争で賠償金を得ることができなかったことは、いたく国民を失望させた。しかし一九〇六年に鉄道国有化が決定して、五億円の交付公債が発行され、さらに南満洲鉄道の将来に大きな期待が寄せられたこともあり、日本経済は躍進を続けた。

一八九〇年を一〇〇とする鉱工業生産指数は、一八八五年に七〇であったのが、一〇年後の一八九五年には一三四となり、一九〇五年に一七〇に達している。一九一〇年には二二三、一九一五年には二八八にまで上った。

主要な生産品について、実数を見ると次の通りである。鉄道の営業キロ数も附記した。

	石炭（千トン）	銅（トン）	綿糸（トン）	鉄道営業キロ数
一八八五	一四七	九七三五	――	五七七
一八九〇	二七三	一七八〇一	――	二三四九
一八九五	四六八	一九七〇二	六七〇五	三七八三
一九〇〇	七七六	二五六五九	一三五七四	六三〇〇
一九〇五	一一七五	三五〇一六	一三六〇六	七七九三
一九一〇	一六一二	四九五二二	二〇三〇〇	八六六一
一九一五	二一九〇	八二一七一	三二五七九	一二〇七四

右の数字は、日清・日露の両戦争をへて、日本の資本主義が確立されたことを示している。工業力の躍進にともなって、工業技術も先進国に追いつくため、かなりの実績を示すこととなった。一九〇五年に池貝鉄工所がアメリカ式旋盤の製作に成功し、それからの五年間に新潟鉄工所、大隈鉄工所、唐津鉄工所等が工作機械の生産を開始している。官営八幡製鉄所が一九〇四年に銑鋼一貫作業に入ったことも注目される。

経済史家は、右の状況にかんがみ、日本の産業革命は今世紀初頭に一応終ったと説いている。工業化は当然ブルジョワ階級の政治的自覚をうながす。

立憲制への途

一八八九年に伊藤博文が中心となって制定された大日本帝国憲法は、本来プロイセン流の超然内閣制を前提とし、君権をできるだけ強くして、民権を可及的に弱くするようになっていた。しかし実際に運用する段になると、超然内閣では強力かつ安定的な政府を作るのが至難であることがわかった。早くも一八九八年六月には、自由党と進歩党との合同で成立した憲政党を背景に第一次大隈内閣という政党内閣に近いものが組織されている。そして元老中もっとも開明的な伊藤博文は、みずから政党の党首となって立憲政治を推進することを決意し、一九〇〇年九月一五日、伊藤を総裁とする立憲政友会が発足した。

政友会の誕生とともに山県内閣は総辞職し、政友会総裁伊藤博文を首班とする第四次伊藤内閣が組織された。しかし議院内閣制への途は決して坦々たるものではなかった。伊藤が政党の総裁に就任したことに対して、山県をはじめ元老の大部分が好感を持たなかった。伊藤貴族院に蟠踞(ばんきょ)する官僚派は、伊藤内閣を半年で退陣に追いこんだ。

一九〇三年七月、伊藤は枢密院議長に任ぜられて政友会総裁を辞任し、西園寺公望が第二代総裁となった。政友会は日露戦争中政府に協力し、講和反対運動にも加わらなかった。その結果一九〇六年一月には桂太郎内閣の総辞職のあとを受けて、第一次西園寺内閣が成立し、しばらくの間桂太郎と西園寺公望とが交替して組閣する桂園時代となる。

社会運動の発足と急進化

日本の近代化が進み工業が発達するにともなって、当然〝社会問題〟が発生した。明治の光には影があったのである。社会問題にもっとも早く着目したのは、キリスト教の信者たちであった。一八九八年、キリスト教系の社会主義者が集って、社会主義の研究をはじめた。一九〇〇年には、社会主義の実践を目的として社会主義協会が設立された。会長は安部磯雄であり、片山潜(せん)、幸徳秋水(こうとくしゅうすい)、河上清、木下尚江、西川光二郎らを中心としている。

一九〇〇年、治安警察法の制定によって労働組合運動が事実上活動を封じられたので、安部、片山、幸徳、西川、木下、河上の六人は一九〇一年五月一八日、社会民主党を結成した。党の綱領は、理想綱領として軍備と階級制度の全廃、土地資本の公有をかかげ、実践綱領として鉄道、電気・ガスの公有、公費による義務教育、労働者、小作人の保護、普通選挙、貴族院の廃止、軍備の縮小、治安警察法廃止などを列挙していた。

しかし社会民主党は届出と同時に結社禁止となり、党の宣言をのせた『万朝報』『大阪毎日新聞』は発売を禁止された。社会民主党は六月三日、社会平民党として再挙をはかったが、即日結社を禁止されてしまった。

一九〇三年一一月一五日、週刊で『平民新聞』が発行された。発行所を平民社といい、日露戦争に反対し続けたため『万朝報』を退社した堺利彦と幸徳秋水とが中心であった。非戦論の主張は臥薪嘗胆時代の国民に反発されたが、個人の自由と人間の平等をねばり強く説いたところに存在意義があったといえよう。

『平民新聞』は何度か発売禁止処分にあいながらも生き残り、一九〇五年一月二九日号を以て廃刊となった。平民社は一九〇五年一〇月に解散した。その頃平民社の中には安部、片山、木下らキリスト教系の社会主義者と、幸徳、堺らのマルクス主義系社会主義者との間に、対立・抗争が生じていた。

日露戦争が終ると間もなく、桂内閣は総辞職して、西園寺公望が一九〇六年一月、第一次内閣を組織したことはすでにふれた。

西園寺公望は青年時代フランスに留学し、民主主義と自由主義の洗礼を受けていた。彼は社会主義そのものに好意を持っていたわけではなかったが、弾圧だけでこの問題を片付けることには反対であった。西川光二郎らが普通選挙を目的とする日本平民党の結社を届け出たところ、受理された。そこで堺利彦らは日本社会党の結社を届け出て、これも受理されたので、二月二四日両党をあわせて日本社会党に一本化した。

党則第一条が「本党は国法の範囲内において、社会主義を主張す」と明記していることでもわかるように、日本社会党は穏健な合法的社会主義の政党であった。ところが一九〇六年六月に幸徳秋水がアメリカから帰国したとたんに、二〇〇名内外の党員は彼の直接行動論の影響を受けてにわかに急進化した。一九〇七年二月一七日、神田の錦輝館で開催された党大会で、次の決議案が提出された。

わが党は現時の社会組織を根本的に改革して、生産機関を社会の公有となし、人民全体の利益幸福のために、これを経営せんと欲するものなり、わが党はこの目的を持し、現時の情勢の下において左の件々を決議す、

一、わが党は労働者の階級的自覚を喚起し、その団結訓練に勉む

一、わが党は足尾労働者の騒擾に対し、遂に軍隊を動かし、これを鎮圧するに至りしを遺憾とし、これを以てはなはだしき政府の失態なりと認む

一、わが党は世界における諸種の革命運動に対し、深厚なる同情を表す

一、左の諸問題は党員の随意運動

い　治安警察法改正運動

ろ　普通選挙運動

は　非軍備主義運動

に　非宗教運動

この決議案には、議会政治（議会主義）をとるべきか、議会主義を否定すべきかをめぐって、二つの修正案が出た。議会主義尊重の立場に立つ田添鉄二の修正案は、採決の結果わずか二票をえただけであったが、議会主義を否認する幸徳秋水の修正案は、二二票をえ

て、原案支持の二八票に迫った。原案はマルクス主義に立脚していたが、幸徳秋水の修正案は直接行動を主張していたから、無政府主義に強く傾いたものといえよう。この大会は党則第一条から合法主義を削減して、「本党は社会主義の実行を目的とす」と改正した。

　一九〇七年二月二二日、西園寺内閣は急進化した日本社会党に対して、結社禁止を命じた。再建された平民社の日刊『平民新聞』も四月一四日付第七五号で発行禁止となっている。幸徳秋水の著書『平民主義』も、四月二五日、発行と同時に発売を禁止された。

幸徳秋水と赤旗事件

　幸徳秋水は本名を伝次郎といい、一八七一年九月二三日、高知県幡多(はた)郡中村町の薬種商と酒屋を経営する幸徳篤明の三男として生れた。十代の頃から自由民権運動に関心を持ち、一八八八年大阪に出て、自由民権運動急進派の指導者中江兆民(ちょうみん)の書生となった。一八九三年、中江兆民の紹介で板垣退助の『自由新聞』に入社した。つづいて『広島新聞』『中央新聞』をへた後、一八九八年、同郷の先輩黒岩涙香(るいこう)の『万朝報』に論説記者として迎えられた。

　この頃すでに幸徳秋水は社会主義へと傾斜していたが、万朝報に入ると同時に、片山潜、村井知至(ともよし)らに勧められて社会主義研究会に加わった。社会主義研究会は、すでにのべたように一九〇〇年一月社会主義協会に発展した。一九〇一年五月、幸徳秋水は安部磯雄、片山潜、西川光二郎、木下尚江、河上清らとともに社会民主党を結成し、即日結社禁止となった。

社会民主党は、主要な構成員の名前からもわかるように、キリスト教系の社会改良主義とマルクス主義との寄合世帯であった。幸徳秋水は同志の堺利彦とともに平民社を創立し、週刊『平民新聞』を発行して社会主義の宣伝に努めるとともに、日露戦争に反対したことはすでにふれた。一九〇四年に『平民新聞』発刊一周年記念号に幸徳と堺とが共訳した『共産党宣言』が掲載された。この日本最初の『共産党宣言』には、第三章が欠けていたが、わが国の官憲を驚かすのには充分であった。『平民新聞』は発売を禁止され、幸徳と堺とは罰金刑に処せられた。

一九〇五年二月、幸徳秋水は筆禍事件により禁錮五ヵ月の刑に処せられ、巣鴨監獄に入る。入獄中、幸徳秋水はクロポトキンの著作を読み、無政府主義思想の影響を強く受けた。七月に幸徳は出獄して、渡米している。健康を害していたので、療養を兼ねてアメリカで社会主義と社会運動について勉強するのが目的であった。

おりから米国ではＩＷＷ（Industrial Workers of the World）が全盛期を迎えており、一切の政治権力を認めず、議会主義を否定して、労働組合の独裁により理想社会を建設しようとしていた。労働組合中心の直接行動主義を唱える点で、ＩＷＷの思想は単なる無政府主義ではなく、アナルコ・サンディカリズムである。アナルコ・サンディカリズムはヨーロッパでもアメリカでも一時社会運動の主流を制した考え方であり、議会主義の未熟な国々においてとくに人気があった。

幸徳秋水はＩＷＷの指導者たちとの交流を通じて、彼らのアナルコ・サンディカリズムの信奉者となり、一九〇六年帰国するとただちに活動に入った。彼は議会を通じて政治の転換をはかろうとする議会主義を断乎排撃し、労働者階級の直接行動主義を唱えて、議会主義のかつての同志たちと袂（たもと）を別った。

一九〇八年六月、山口義三（孤剣）が出獄したのを機会に、同月二二日錦輝館で出獄歓迎会が開かれた。閉会の直後、大杉栄、荒畑寒村らは〝無政府共産〟〝無政府〟という赤旗二本をひるがえして、革命歌を唱いながらデモを行った。張り込み中の警官と大杉、荒畑の二人はもみあいとなり、両名ばかりでなく、止め役に入った堺利彦、山川均（ひとし）、管野（かんの）スガも加え、一五名の検束者が出た。これを赤旗事件という。

政府はこの小事件を重大視した。大杉栄は懲役二年半、堺利彦と山川均は二年、荒畑は一年半の懲役に処せられ、第一次西園寺内閣の総辞職にまで発展した。

大逆事件

当局は無政府主義者や社会主義者の行動に注目していたところ、一九一〇年五月、長野県東筑摩郡明科（あかしな）の大林区署製材所の職工宮下太吉が塩酸カリ六分、鶏冠石四分の割合で混合した薬品に、小豆大の石片二〇個を混ぜて缶に装塡した手製の爆弾を明科附近の山中で実験していたことが発覚した。宮下太吉と同志の新村忠雄、新村善兵衛の三人が検挙され、赤旗事件で入獄中の管野スガも捕えられ、次いで幸徳秋水も湯河原で逮捕された。

第二次桂太郎内閣は、この機会に一切の無政府主義あるいは社会主義などの危険人物を一掃しようとしたのであろう。東京、大阪、神戸、岡山、長野、和歌山、熊本の各府県にわたって数百名が検挙されている。一九一〇年末、二六名が刑法第七三条で起訴された。通常大逆罪と呼ばれる刑法第七三条は、「天皇、太皇太后、皇太后、皇后、皇太子または皇太孫に対し、危害を加え、または加えんとしたる者は死刑に処」すと規定している。普通の殺人罪と違って、実行と未遂ばかりでなく、陰謀、予備まで罰せられる。大審院の特別権限に属し、一審だけであり、上告は許されない。

右の二六名について、一九一一年一月まで大審院特別法廷で非公開の裁判が行われ、一月一八日に幸徳秋水以下二四名が死刑、二名が爆発物取締罰則違反により、それぞれ懲役八年と一一年の判決を受けた。

判決文を要約すると、次のようになる。

被告等は、社会主義者に対する政府の弾圧、なかんずく赤旗事件の被告に対する苛酷な刑罰、およびその後の苛烈な迫害に憤慨し、幸徳は郷里（土佐）から上京の途中、各地の同志を歴訪して、天皇の暗殺、暴力革命の必要を説いた。宮下太吉は、上京して、幸徳、管野スガ、新村忠雄らと天皇暗殺の陰謀をはかり、幸徳は奥宮健之から爆弾の製法を教えられ、これを宮下に伝えた。宮下は新宮の医師大石誠之助方に滞在中の新村忠雄に依頼して、必要な薬品を入手し、新田融、新村善兵衛の協力をえて爆弾を製造し、山中でひそかに効力を実験した後、一九一〇年の天長節の日、天皇の観兵式行幸を期して大逆を企てることに決した。

この事件の裁判は異例の迅速さで進められ、二四名もが死刑の判決を受け、半数の一二名は明治天皇の特赦によって無期徒刑に減刑されたが、残る一二名は判決の数日後に死刑を執行された。大逆事件は判決文以外が一切秘密とされ、結審後裁判所は弁護人に関係記録の返却を命じている。国の内外で暗黒裁判という批判を受けたのも無理はない。

天皇を暗殺するというのは、いかなる見地からも許されない大罪である。しかし日本政府がとった極端な秘密主義と、この機に乗じて社会主義者など〝不逞の思想〟の持主を一掃しようとする露骨な弾圧とは、日本の歴史に一大汚点を残すことになった。フランスでドレフュス事件の被告ドレフュス大尉が、文豪ゾラを先頭とするドレフュス擁護の世論の力で無罪の判決をえたわずか四年後の事件であっただけに、大逆事件は全世界の社会主義者、無政府主義者はもとより、人権に関心を持つ人々から抗議を受けることとなった。

明治天皇は当時、名君として世界中で高く評価され、〝大帝〟という呼び方も定着していた。日清・日露の両戦争に大勝した日本の国際的地位も、急速に上昇していたことはもちろんである。その日本に天皇暗殺の陰謀があったという遺憾な事実も日本に不利であったが、異例の大量処刑が強行されたことのほうが日本の国際的威信を一層大きく傷つけた。とくに幸徳秋水について奇怪なのは、彼が荒畑寒村の入獄中にその内妻管野スガと結婚したため同志から排斥され、運動から遠ざかっていたにもかかわらず、大逆事件の首魁と断定されたことである。幸徳秋水が無政府主義者の直接行動主義を、日本の社会運動に持ち込んだことは間違いないが、そうだからといって、彼を事件そのものの首魁だと断定したのは、この事件が政治裁判であったという疑問を強める。

明治天皇の崩御

日露戦争中から、明治天皇に糖尿病の兆候が現れた。責任感の強い天皇は、日露戦争で祖先から受けついだ日本国が滅亡するのではないかとの心労が重なり、眠れない夜が続いた。側近や国民に心配させてはいけないと天皇はがまんにがまんを重ねた。一九一一年頃から病勢が進み、一九一二年七月三〇日、遂に崩御された。

極東の封建制小国を世界の列強にまで強大化した大帝として、明治天皇の崩御は日本国民から惜しまれたばかりでなく、世界中から敬弔された。大葬の日に乃木大将夫妻が殉死したことも一大衝撃であった。

明治天皇は、一八五二年九月二二日に、孝明天皇と中山忠能（ただやす）の娘慶子との間に生れた。

一八六〇年九月二八日、皇太子になったが、皇室の経済的困窮のため、立太子式は行われていない。一八六六年の一二月二五日に孝明天皇が崩御されて、一八六七年一月九日明治天皇の即位となった。

幼少の頃、明治天皇は病弱で〝泣き虫〟であったと、明治天皇の研究家木村毅はのべている。山岡鉄舟、高崎正風らのきびしい帝王教育によって、明治天皇は偉大な君主に成長された。天皇はスマイルズ（Samuel Smiles）の『西国立志編』（中村敬宇訳）に次いでブルンチュリ（Johann Kaspar Bluntschli）の『国法汎論』の進講を受け、立憲君主としての修養に努めている。

天孫降臨の神話を建国の歴史的事実として国民に教え込み、日本の軍隊は歴代の天皇が統帥されたという架空の説をもとに、軍人勅諭を下付されたことは、昭和時代に入ると大きな弊害をもたらした。しかし明治天皇を中心に急速な近代化をはかるためには、そういう無理もやむをえなかったのであろう。大帝を失った日本は世界の一大変革期に臨み、方向感覚を失って漂流することになった。

明治憲法の天皇は、君臨するが統治しない英国型の立憲君主でなく、統治もしなければならなかった。尾崎行雄が明治天皇の王者としての統率力を高く評価して、各派の人物を適宜に融和統合されたとのべているのは、注目される。明治天皇の崩御によって、大日本帝国は国家意志を統合し推進する中核を失った。国民がこぞって天皇の崩御を悼んだのも無理はない。

明治天皇は外国でも高く評価され、ロシアのピョートル大帝、プロイセンのフリードリヒ大王、英国のヴィクトリア女王などと比較された。天皇の崩御を伝えたロンドンの『タイムズ』紙が「明治時代は封建の世に遠くなく、その美点が近代制度と適度にかみあった結果、あの勤勉と繁栄、礼節と戦勝があった。今後は日本も下り坂に向うであろう」と予言したのは、さすがだと思う。

明治天皇の御大葬は九月一三日青山葬儀場で行われた。

第一次護憲運動

明治天皇の崩御により、皇太子嘉仁(よしひと)親王が即位して〝大正〟と改元された。その直後、第一次護憲運動が行われた。発端は陸・海軍の軍備費問題であった。当時英国とドイツとの間に有名な建艦競争が行われ、日本海軍も時代に取り残されないためには、戦艦や巡洋艦等を新造しなければならなかった。西園寺内閣は、局や課を廃止したり統合したりして、予算の一〇パーセントを削減し、海軍の充実をはかろうとした。

その時、上原勇作陸軍大臣は、一九一三年度に陸軍の二個師団を増設することを強硬に要求した。海軍費が陸軍費を数年にわたり上廻っていたことへの抗議とも受けとれた。上原陸相は、元老山県有朋以下長州出身者によって支配されていた日本陸軍で、薩摩の勢力を代表するといわれた硬骨漢である。上原陸相の背後には田中義一軍務局長がねじを巻いており、山県有朋もにらみをきかせていた。

上原陸相は師団増設の理由として、中国革命の進展に備えるため、新設の二個師団を朝鮮に駐屯させる必要があると力説した。一九一一年の辛亥革命を発端とする中国革命が、東アジアの国際政治に大きな衝撃を与えたことは疑いない。中国革命に対してどう反応するかは、日本の将来にとって運命的な難問だったといってよい。

一九一二年一二月二日、上原陸相は突如天皇に帷幄上奏し、単独で辞職してしまった。いかにも上原らしい直情径行である。西園寺首相は後任の陸軍大臣をうるために努力したがむだであった。山県有朋も桂太郎も後任の推薦を拒否したからである。そこで西園寺公望内閣は、一二月五日に総辞職した。

後継内閣の首班を決定するため元老会議は回を重ね、結局内大臣兼侍従長として、常時天皇を補弼する任にあった桂太郎が第三次内閣を組織することになった。

陸軍大臣が単独で辞職して、後任の陸軍大臣に就任するものがえられないため内閣が総辞職するという悪例は、明治天皇の崩御の年に始まったのである。

この陸軍の横暴に対し、早くも一一月上旬から世論がわいた。日本経済の急速な発展に伴い、市民階級も力を増し、ブルジョワ自由主義がはなばなしく登場することになる。一一月下旬に東京商業会議所が師団増設に反対する声明を出したのに続いて、全国各地の商業会議所がこれにならった。

一九一二年一二月一三日、東京府下の新聞記者、雑誌記者、弁護士が憲政作振会を組織した。翌一四日午後、政友会と国民党との両党代議士の有志たちは交詢社系実業家や記者たちと一堂に会し、〝閥族政治の打破〟〝政党政治の発揮〟〝憲政擁護〟等を決議して、〝憲政擁護会〟と自称した。

一二月一九日、東京歌舞伎座で第一回憲政擁護連合大会が開催され、集会の波は全国に拡がった。桂首相は一九一三年一月二〇日、新党組織の覚書を発表し、国民党の一部はこの誘いにのって、二月七日、立憲同志会の宣言書を発表した。

これよりさき、政友会と国民党は二月五日に再開された帝国議会に、内閣弾劾決議案を提出した。ここで政友会の院内総務尾崎行雄が後世有名になる名演説を行った。尾崎行雄が非難・弾劾した要点は、桂首相が天皇の優諚を利用して政権にしがみつこうとする非立憲ぶりであった。尾崎の雄弁を要約すると次の一句になる。

「彼等は玉座を以て胸壁となし、詔勅を以て弾丸に代えて政敵を倒さんとするものではないか？」

尾崎咢堂（がくどう）につめよられて、桂首相は衆議院を解散しようとしたが、加藤高明外相の進言により議会を停会にし、政友会との妥協を試みようとした。一九一三年二月八日、桂首相と加藤外相とは政友会総裁西園寺公望を訪ね、政友会の鎮撫を求めた。翌九日、西園寺総裁に対し、諒闇(りょうあん)中を理由に、政争を中止せよという勅語が下った。

翌二月一〇日、薩摩派の代表、山本権兵衛元海軍大臣が突如桂首相を訪ねて、総辞職を求めている。この頃には数万の民衆が議会の周辺を埋めつくし、白バラをさして登院する護憲派の議員を喝采で迎えた。群衆の中には警官や憲兵と小ぜりあいを起こすものがあり、まさに物情騒然である。さすがの桂首相も、衆議院議長の大岡育造に「内乱を誘発する惧れがある」と辞職を勧告されて、総辞職を決意し、議会を三度目の停会にした。

議会を包囲した民衆は、しかし総辞職の決意を知らず、政府支持の国民新聞社、報知新聞社、二六新報社を御用新聞として襲撃した。警察署や交番も焼打ちにあい、政府党代議士の私宅まで襲われた。一一日朝、軍隊が出動して騒乱も収拾している。

同じ一一日、桂内閣は崩壊し、大阪にも騒乱が起こり、一三日には神戸、一六日には広島、一七日には京都にも波及した。二月二〇日、政友会の支持をえて、山本権兵衛内閣が成立する。

第八章　第一次世界大戦とロシア革命

世界大戦の勃発

日露戦争まで日米関係はきわめて友好的であったが、一九〇六年にはサンフランシスコで日本人学童の通学が禁止され、一九〇九年には米国のノックス国務長官が満鉄（南満洲鉄道）の中立化を提案したため、日米関係は友好から対立へと転換した。米国の極東政策は、一八九八年のハワイ併合から同年のフィリピン支配が示しているように、積極化していたが、米国のフィリピン統治と日本の韓国併合とは日米双方で認め合ったのである。

米国の圧力に対して、日露両国は一九〇七年七月三〇日に第一回日露協約を結び、一九一〇年七月四日には第二回協約を、そして一九一二年七月八日には第三回協約に進んで、日露共同の対米防衛関係が進展した。

ロシアが日露戦争で敗れ、日本と協約を結ぶようになったことは、ロシアの膨張政策をペルシャ湾と中部ヨーロッパへと向けた。一九〇七年八月三一日、ロシアがペルシャの勢力範囲を英国と二分する協商を結んだことは、世界史的な意義を持っていた。一九世紀を通じて地球的規模で覇を争ってきた英国とロシアとの協商は、一九〇四年の英仏協商とともに、新興ドイツ帝国に対する包囲網を意味したからである。

ドイツ帝国の銑鉄生産は一九一三年には一九三一万二〇〇〇トンに達し、英国とフランスの合計一五六三万二〇〇〇トンをはるかに超え、ロシアの四六三万八〇〇〇トンを加えて、ようやく均衡する状態であった。ドイツ帝国は一八九〇年に宰相ビスマルクが解任されてから気まぐれな皇帝ヴィルヘルム二世の手であちこちと暴走し、遂に英・仏・露の三国協商によって包囲されてしまった。もし日英同盟の締結当時にドイツがこれに参加していれば、ドイツは袋叩きにあうことはなかったに違いない。

なおまずいことにドイツの同盟国オーストリア＝ハンガリー帝国とトルコ帝国とは、ともに内部的に多くの弱点を蔵し、トルコのごときは〝近東の半病人〟と呼ばれていた。オーストリア＝ハンガリー帝国も国内のスラヴ系諸民族から敵視され、とくに隣邦セルビアの膨脹政策には手を焼いていた。

一九一四年六月二八日、オーストリア＝ハンガリー帝国の皇太子（皇帝フランツ・ヨーゼフの甥）がサラエヴォで、セルビアの革命家プリンツィプによって暗殺されたのがきっかけとなって、七月二八日、オーストリア＝ハンガリー帝国はセルビアに宣戦した。ロシア帝国は、スラヴの同胞を見殺しにできないというので、オーストリア＝ハンガリーに宣戦する。ドイツ皇帝は、オーストリア＝ハンガリーに白紙委任状を与えていた手前、八月一日にはロシアに対して宣戦せざるをえなかった。露仏同盟で結ばれていたフランスはただちにドイツと戦争状態に入り、ドイツがシュリーフェン作戦にもとづき、ベルギーの中立を侵害したことを理由に、英国もドイツに宣戦した。

こうしてヨーロッパ列強が世界大戦に突入した時、大隈内閣の加藤高明外相は、日英同盟を口実にドイツと戦争する心組みであった。一九一四年八月七日、英国のグリーン大使は加藤外相に英国政府の覚書を提出して、日本の援助を求めた。加藤外相は渡りに舟と喜び、八月七日午後一〇時、大隈首相邸で閣議を開き、翌八日、「英国の請求に応じ、ドイツに対し開戦することに決定したり」と英国に申し入れた。

英国はしかしながら、自治領と米国との意向を顧慮して、八月一一日日本の申し入れを正式に謝絶した。しかし日本は対独戦争の方針を改めず、八月一五日に同二三日正午期限の最後通牒を発した。八月二七日には久留米の第十八師団が神尾中将の指揮下に青島（チンタオ）攻略を命ぜられ、一〇月三一日の総攻撃により、一一月七日には青島を占領した。

二十一ヵ条の要求

渤海湾に上陸した日本軍が青島へ向け進撃する際、山東鉄道を押収したので、中国は日本に抗議した。中国は米国のウィルソン大統領に訴えながら、一一月一八日、日本軍の撤退を要求した。翌年一月七日にも中国の撤退要求が繰り返されたため、日本政府は中国に対して一八日、二十一ヵ条の要求をつきつけた。

この要求は、㈠山東省に関するもの、㈡南満洲および東部内蒙古に関するもの、㈢漢冶萍公司（大冶と萍郷および漢陽）に関するもの、㈣沿岸不割譲に関するもの、㈤その他の五項目に分れている。ヨーロッパの列強が大戦に忙殺されているすきに乗じて、弱体な中国に進出して利権を手に入れ、日本の勢力を植えつけようとする諸要求が、火事場泥棒という非難を浴びたのも無理はない。

第一号は、ドイツが山東省に関し、条約その他により中国から獲得した権利等の処分については、将来日独両国間に協定される一切の事項を承諾する旨約束すること。山東省の鉄道敷設権を日本に譲ること。

第二号は、南満洲および東部内蒙古については、旅順、大連の租借期限ならびに南満洲鉄道および安奉鉄道に関する期限をいずれもさらに九九年間延長すること。および日本国国民は南満洲および東部内蒙古において各種商工業上の建設または耕作のため、必要な土地の賃借権または所有権を取得できること。

第三号は、漢冶萍公司（製鉄所）を日中合弁とすること。

第四号は、福建省の沿岸を第三国に割譲しないこと。

——を求めている。

第五号がもっとも問題である。主要なのは第一に中央政府に政治および軍事顧問として有力な日本人を傭聘すること、次に必要な地方の警察を日中合同とするか、または日本人を傭聘すること、そしてもう一つ、日本から一定数量の兵器の供給を仰ぐか、または中国に日中合弁の兵器廠を設立し、日本から技師および材料の供給を受けること。

このような無法な要求に対し、中国が強硬に拒否したのは当然である。中国がしぶしぶ認めたのは関東州（旅順と大連）の租借期限の延長だけであって、東部内蒙古と第五号とについては、交渉に応じることも拒否した。さすがの日本政府も、中国の植民地化を意味する第五号だけは除いて、一九一五年五月七日最後通牒をつきつけた。袁世凱を首班とする中国政府は五月九日、日本の要求に屈した。それ以来五月九日は、中国の国恥記念日となった。

中国の民族主義は、軍国日本の非道な要求に対してはげしく燃え上った。日清戦争後、歴代政府の懸命な努力の結果、中国人は親日的となり、一九一五年には東京だけでも五千人の中国人留学生が学んでいた。二十一ヵ条の要求は排日運動を激化させ、多くの留学生たちは米国へ転進した。日中両国民の対立を決定的なものとしたのは、まさにこの二十一ヵ条の要求であった。

第一次大戦の影響

日本はためらう英国の意向を強引に押し切って参戦したが、ヨーロッパの主戦場に関与しなかったため、軍事面で大いに立ち遅れることになった。独墺同盟側と三国協商側とは、一九一四年八月から一九一八年一一月まで死闘をくりかえした結果、陸軍では機関銃の数が驚異的に増加し、重砲もいちじるしく増強され、末期にはタンクも登場した。海軍では潜水艦と対潜兵器とがともに顕著な進歩をとげた。

その結果、ヨーロッパ列強の軍事力と日本のそれとの間には、天地の開きができてしまった。日露戦争では日本陸海軍はロシアに比べて見劣りしない装備を持っていたが、第二次大戦では、一流の陸軍とは比較できないほど日本軍の装備は粗末なものとなった。日本の軍人が政治に関心を持ち過ぎて、専門の分野での精進を怠ったことも一因である。過剰な精神主義も無視できない。しかし、第一次大戦に本格的には参戦しなかったことが、日本陸軍を時代遅れなものとしたといえよう。

第一次大戦は、兵器の分野で革命的変化をもたらしただけではない。四年間の大消耗戦は伝統的権威を打ち倒し、いわゆる大衆社会の状況を現出した。伝統的権威が失墜したもっとも顕著な例はロシア、ドイツ、オーストリア＝ハンガリー、トルコの四帝国がいずれも敗戦とともに、帝政ないし君主制から共和制に移行したことである。そのほか暴力を賛美する傾向も長期戦の結果として注目される。

帝政の崩壊は、日本の保守主義者にとっては警鐘と受けとられ、君主制を強化するための政策が模索された。ロシア革命の衝撃は、日本の為政者に対する重大な脅威であった。どんな具体的方策が取られたかについては、後でのべたい。

第一次大戦の末期に、米国のウィルソン大統領が打ち出したいわゆる一四ヵ条は、民主主義と民族自決主義の福音として、わが国でも大正民本主義を生むことになる。

老化した元老たちはもとより、日本の保守的な政治家たちが民主主義と民族主義の激流に対して身構えなければならなかったのは当然であろう。

ロシア革命

すでに日露戦争中から帝政ロシアの各地では労働者・農民協議会（ソヴェト）が結成されはじめ、ツァーリが日本との講和を受諾する重大な一因となった点はすでにふれた。

戦争は国家構造にとって負荷試験になる、といわれる。ドイツ軍の優勢な重砲によってロシア軍は惨敗を重ねた結果、一九一六年後半にはロシア帝国は戦争を継続できないほどの打撃を受けた。鉄道の輸送力が衰えたため、都市の住民は食糧の不足に苦しんだ。農民は兵士の供給源として戦死者や行方不明者が続出したので、帝制政府への怒りを表明したばかりでなく、一歩進んで農地の分配を求めるようになった。

一九一七年三月八日（ロシア暦二月二三日）には首都ペトログラードで労働者の示威運動が起こり、三月一二日には労働者と兵士とのソヴェト（協議会）が組織され、軍隊は民衆の反乱を鎮圧することを拒否したため、ツァーリの支配はもろくも崩壊した。それから一一月はじめ（ロシア暦一〇月末）まで、国会（ドゥーマ）に基礎を置く臨時政府と、労働者・兵士ソヴェトとが対峙する二重支配が続いた。

一一月七日、レーニンの指示を受けたトロツキーがソヴェト政府の成立を宣言し、農民には〝土地〟を、そして市民・労働者には〝平和〟を約束した。いわゆる十月（ロシア暦）革命である。ボリシェヴィキ政権はドイツ軍と単独講和を結び、全世界に向かって〝平和〟を呼びかけた。当時のロシアは混沌たる状態だったので、ボリシェヴィキ党の組織力が大いにものをいった。

レーニンとトロツキーとの煽動と宣伝とは、「土地を農民へ」「平和を全世界に」という巧妙なスローガンを用いて、ボリシェヴィキ政権を勝利させてしまった。二月（ロシア暦）革命はロシア帝国が戦争の重圧に堪えず、いわば自然崩壊したに等しかった。ボリシェヴィキの勝利は、国民の厭戦気分に乗じた結果である。ドイツ軍もロシアとの戦線では、ボリシェヴィキの和平宣伝に滲透された結果、一九一八年三月から開始した仏・英・米三国軍に対する春季攻勢に東部戦線から期待したほどの大兵力を投入することができなかった。

ロシアがドイツと一九一八年三月三日に単独講和を結んでから、ボリシェヴィキ政権の平和攻勢ははげしさを加えた。ソヴェト政権が首都ペトログラードで勝利したのはクーデタに近い蜂起の結果であり、ロシアの全土を制圧したのではなかった。危険な共産党政権を双葉のうちに打倒しようと、英国、フランスなどは軍隊を派遣して、武力干渉を開始した。ロシア国内では反革命派もいたるところで立ち上り、ロシアは一九二一年末まで、外国からの武力干渉と内乱とに悩まされる。しかしこの内乱に勝ち抜くことによって、ソヴエト政権は逆に強化された。

西原借款

寺内首相に近い大陸浪人の西原亀三は、首相の特使として中国で種々画策した。「支那関税問題と日本」という一九一七年三月の一文で日中経済ブロックを構想し、続いて一一月には「東洋永遠の平和策」を書いて東亜の経済支配を説いた。要点は、第一に中国のすべての鉄道経営に必要な経費を日本が供給すること、第二には中国で銑鉄を生産し、日本でこれをもとに製鋼すること、第三には団匪（だんぴ）（北清事変）の賠償金をもとに中国で棉花、羊毛を生産し、石油を開発して日本の経済力を強化することなどを内容としたものだった。一九一八年三月には、日本興業銀行の海外貸付のため、債券一億円を日本政府が負担することが帝国議会で承認されている。

一九一八年九月二七日には、興銀債券一億の残額六〇〇〇万円が満洲、山東各鉄道と中国の参戦のための借款に投入された。

しかし西原借款総額一億四五〇〇万円は段祺瑞らによって革命派弾圧のために費われ、回収不能となった。

石井・ランシング協定

日本がヨーロッパの戦乱に乗じて中国での勢力拡大をはかったことは、米国の憂慮を深めた。そこで米国は、日本の進出に掣肘を加えるため、日本との間に協定を結ぶことになった。一九一七年一一月二日、米国に特派されていた元外相石井菊次郎と米国のランシング国務長官との間に結ばれた石井・ランシング協定は、日本の膨脹を何とか食い止めようとする米国の態度を示している。主要な内容を見よう。

合衆国および日本国政府は、領土相近接する国家の間には特殊の関係を生ずることを承認す。したがって、合衆国政府は、日本国が中国において、特殊の利益を有することを承認す。日本国の所領に接壌せる地方においてことに然りとす。

もっとも中国の領土主権は完全に存在するものにして、合衆国政府は、日本国がその地理的位置の結果、右特殊の利益を有するも、他国の通商に不利なる偏頗の待遇を与え、または条約上中国の従来他国に許与せる商業上の権利を無視することを欲するものに非ざる旨の日本国政府の保障を全然信頼す。

合衆国および日本国両政府は、毫も中国の独立または領土保全を侵略するの目的を有するものに非ざることを声明す。

かつ右両国政府は、常に中国において、いわゆる門戸開放または商工業に関する機会均等の主義を支持することを声明す。

はたまたおよそ特殊の権利または特典にして、中国の独立または領土保全を侵害し、もしくは列国臣民または人民が商業上および工業上における均等の機会を完全に享有するを妨害するものについては、両国政府は、何国政府たるを問わず、これを獲得するに反対なることを互いに声明す。

ドイツ打倒という当面の目標を達成するため、米国が中国問題に関し、日本に向かってぎりぎりの譲歩を示したのが石井・ランシング協定であった。日本側は米国が日本の中国における特殊の政治的利益を認めたものと解釈していたが、米国側は日本に特殊の地位を認めたのは経済面だけで、政治面は含まれていないと考えていた。一九二三年四月一四日、ワシントン会議後、この協定は廃棄されている。

シベリア出兵

一九一八年に入ると、英仏両国は日本に対してしきりにシベリアへの出兵を要請してきた。シベリアで苦戦しているチェコ軍を救援するためである。参謀本部の田中義一次長は陸軍の実力者にのしあがっていたが、熱心に出兵を主張した。本野一郎外相もこれに動かされて出兵に傾いたが、寺内首相は元老山県有朋に警告されて出兵に賛成しなかった。山県有朋は、四月二四日に次の警告を発している。

過日やかましかりしシベリア出兵については、自分は決して不賛成者に非ざるのみならず、あるいはその主張者ともいうべきものなれども、およそ他国に対して戦争をせんとする者は、終局の勝利を期せざるべからず。

しかるに、今日本がシベリアに出兵して、はたしてその目的を達しうるの成算ありや、自分は本野（外相）にもみずから論談し、また寺内首相、後藤内相等にも注意するところありしが、その主旨は、日本がシベリアに出兵すれば、結局ドイツを相手どらざるべからず。されば次第によりては、戦線を拡張して、深く露国に侵入するの必要を感ずるの時あるべく、かくて大兵を遠方に送らんとすれば、文明戦争の利器たる飛行機、自動車、その他鉄砲、糧食の用意をなさざるべからず。例えば現在にても、米穀の不足を感じて、非常の高値を出しおるに、これが出兵などという場合となりて、はたして食物の供給に差し支えなきや。

後に日本軍がシベリアに派遣されることになって米騒動が勃発したことを思うと、「さすがは元老山県」という感が強い。山県有朋は中国に対する二十一ヵ条の要求に対しても、反対意見を表明した。当時の外相加藤高明は元老の批判を黙殺して、中国に対する二十一ヵ条の要求を貫徹したのである。

元老が明治維新以来の苦しい経験により、対外関係ではきわめて慎重であったのに対して、加藤、本野ら新世代に属する外相は概して強硬であった。元老の勢力が老化によって衰退したことは、日本を近代的な立憲政治に進ませる途を開くものではあった。しかし新世代の指導者に対外強硬論者が多かったことは一つの危険信号でもあった。

一九一八年七月に入って、米国は日本政府に対して、チェコ軍の救援のため共同出兵を提案した。山県や原敬のような出兵反対論者も、米軍と共同ならば異存はないということになり、八月二日日本は出兵を宣言し、第十二師団がウラジヴォストークに上陸した。日本のほか米国は九〇〇〇人、カナダは五〇〇〇人、英・伊はそれぞれ一個大隊を派遣した。一九二〇年九月までにチェコ軍救援の目的は達成された。米国は早くも一九二〇年一月に撤兵を通告してきたが、日本は撤兵の機会を逸し、パルチザンと呼ばれた現地民のゲリラ活動になやまされた。一九二一年五月二五日から二七日にかけて、ニコライエフスクの虐殺事件（尼港事件）が起こっている。日本の領事館員と居留民とはパルチザンによって生命を失った。ようやく一九二二年六月一二日、加藤友三郎の内閣が成立して撤兵に決し、一〇月二五日には完全に撤兵することができた。

シベリア出兵によって、多い時には七万三〇〇〇の大軍がシベリアに駐屯し、一〇億円の戦費もむだ使いに終った。宣戦布告のない無名のいくさは、一九三七年七月からの日中戦争にはじまったのではなく、一九二〇年前後に先例が存したのである。日本以外にもソヴェト・ロシアに武力干渉した国は少くないが、一番長く居坐って、国際的に悪評を受けたのは日本であった。

ヴェルサイユ会議

ドイツ軍の一九一八年三月からの総反攻も、前年に始まった無制限潜水艦戦も、結局失敗に帰し、一九一八年一一月一一日に休戦協定が成立した。ロシアに次いでドイツとオーストリア＝ハンガリーが負荷試験に失格した。翌年一月一八日、ヴェルサイユ宮殿で講和会議が開かれた。ドイツの無制限潜水艦作戦は米国の参戦を招き、ドイツの敗北を決定した。さきにドイツの銑鉄生産が英仏両国の合計をはるかに上廻っていたことにふれたが、同じ一九一三年に米国は、三一四六万三〇〇〇トンの銑鉄を生産し、ドイツの一倍半を超えていた。米国を敵としては、ドイツに勝味はなかったのである。

日本からは首席全権として元老西園寺公望が、次席全権として枢密顧問官牧野伸顕（のぶあき）が派遣されることになり、駐英大使珍田捨巳（ちんだすてみ）、駐仏大使松井慶四郎および駐伊大使伊集院彦吉が加わった。牧野全権は出発前に、一九一八年一二月二日と八日の外交調査会で、日本外交がとかく表裏不一致のため列国の信用を失っていると批判し、講和会議では平和的な国際協調路線を推進すべきであると熱心に説いた。しかし田中義一陸相や寺内前首相ばかりでなく、枢密顧問官の伊東巳代治（みよじ）や政党政治家の犬養毅（いぬかいつよし）までが、牧野の国際協調外交に反対した。最初の本格的政党内閣の首班になったばかりの原敬だけが、牧野の考え方に理解を示している。

牧野全権に与えられた訓令は、第一に山東省のドイツの利権と赤道以北の太平洋にあったドイツ領諸島を獲得すること、第二に直接利害関係のない問題には、一切関与しないこと、第三に連合国と共通の利害関係のある問題には協調することの三点であった。

山東省のドイツ権益については、中国がドイツに宣戦したからには直接中国に還付されるべきものだと中国は主張して譲らなかった。一九一九年四月二一日、内田外相は、山東問題に関する日本の要求が通らなければ国際連盟規約への調印を見合せるよう訓電した。この日本の強硬姿勢に米国のウィルソン大統領は屈し、日本の要求は通った。

しかし、長い眼で見た場合、日本が要求を貫徹して中国の民族主義を正面の敵にしてしまうよりは、中国の主張を認めるだけの雅量があったほうがはるかによかったといわなければなるまい。中国の要求が通らなかったことを知って、三千人の学生が北京の天安門広場に集り、反日、排日の気勢をあげた。日本公使館に向かおうとして阻止されたデモ隊は、親日派と目された曹汝霖（そうじょりん）交通総長邸におしかけ、暴行を加えている。

中国に対する二十一ヵ条の要求により、日本は中国民族主義の主要な敵となったが、山東問題は反日、排日感情を一段と強化した。

第九章　軍縮と大正デモクラシー

ワシントン会議

第一次大戦中、日本は首相を議長とし、陸・海・外・蔵相と参謀総長および軍令部長を加えた防務会議で、陸軍を二五個師団に、海軍を戦艦八隻、巡洋戦艦八隻のいわゆる八・八艦隊に拡充することを決定した。

ドイツの敗北によって、日本は世界の三大強国になったと喜ぶ国民が多かった。世界大戦下に好況を続けていた日本経済は、一九二〇年三月一五日には株価が暴落して、戦後不況が始まった。

米国は日本と英国との双方を想定敵国とする大海軍の建設に乗り出し、英国も一九二一年二月、巡洋戦艦四隻の建造を決定した。三大海軍国の建艦競争が開始されたのである。その結果、軍事費の重圧は各国の財政を苦しめた。一九二〇年ごろ、軍事費は英米両国でも歳出の二割を超え、日本にいたっては四割以上となった。

このような情勢の下に、一九二一年七月一一日、米国は日本、英国、フランス、イタリアの四ヵ国に対して、軍備の制限および太平洋・極東問題を討議するため、ワシントン会議を提議した。正式の招請状は八月一一日、英国、フランス、イタリア、日本および中国に発送されている。一〇月一四日にはベルギー、オランダおよびポルトガルの三国が追加された。

日本では加藤友三郎海軍大臣を首席として、徳川家達（いえさと）貴族院議長、幣原喜重郎（しではらきじゅうろう）駐米大使が全権団を構成し、後に外務次官埴原正直（はにはらまさなお）が加わった。米国はヒューズ国務長官を、英国はバルフォア枢相を全権に任命した。一九二一年一一月一二日、開会と同時にヒューズ米国全権は爆弾提案を行った。主力艦の建造計画を一切放棄して英米両国を各五、日本三の割合で、思い切った軍縮を行おうというものである。

海軍の実力者加藤友三郎は、日本の国力が英米両国に比べて段違いに劣っていることを考慮し、一九二一年一二月一二日、太平洋の防備を現状のまま維持することを前提として五・五・三の比率を受諾することを決意した。わが全権団随員の中には、加藤寛治中将をはじめ五・五・三の比率に反対するものがおり、国内でも強硬論が強かったので、加藤首席全権は一二月二七日、海軍次官井出謙治中将あての次の伝言を加藤寛治中将に同席を求めて、随員堀悌吉中佐に口述した。

国防は軍人の専有物に非ず。戦争もまた軍人のみにてなしうべきものに非ず。国家総動員してこれに当らざれば、目的を達しがたし。故に一方においては、軍備を整うると同時に、民間工業力を発達せしめ、貿易を奨励し、真に国力を充実するに非ずんば、いかに軍備の充実あるも、活用する能わず。平たくいえば、金がなければ、戦争ができぬということなり……。

加藤海軍大臣はさすがに見識が高い。軍備の増強ばかりを考えがちな軍人の中にあって、経済力が果す重大な役割をよく理解していた。一九一九年の銑鉄生産量を比較してみると、日本はわずかに五九万六〇〇〇トンであって、米国の三一五一万三〇〇〇トンに比べると段違いに弱体である。英国の八一六万四〇〇〇トン、フランスの三三四万四〇〇〇トンと比較しても、いちじるしく見劣りがする。

日露戦争に勝ってから日本国民は増長し、第一次大戦で火事場泥棒のような手段で国威を発揚した。そういう雰囲気の中にあって、加藤海軍大臣のような政治・経済のわかる立派な軍人が存したことは賞賛に値する。

後年海軍のなかばかりでなく、一般国民の間で、ワシントン条約を屈辱条約だと非難するものが少くなかった。これは自国の力を過大視して、国際協調の必要性を認識しない暴論である。

ワシントンでは、海軍の軍縮のほか山東問題に関する日中会談が開始された。そして一九二二年二月四日には、日本が膠州湾の租借地を還付し中国はこの地を開放する、という条約が調印された。また二月二日には幣原喜重郎全権が、中国に対する二十一ヵ条の要求中もっとも評判の悪い第五号を撤回し、満蒙への投資に日本が優先権を持つという要求も撤回すると声明した。

また中国の主権を尊重し、領土を保全するとともに、中国の門戸開放、機会均等をはかるという九ヵ国条約も、一九二二年二月六日、海軍軍備制限条約とともに調印された。

海軍の定員は士官七〇〇人、准士官三〇〇人、下士官三〇〇〇人、兵一万人の減少となり、陸軍も一九二二年八月山梨半造陸相の下に五個師団分が削られ、将校一八〇〇人と准士官、下士官、兵あわせて五万六〇〇〇人の定員減となった。

ワシントン会議に関して、日本では、海軍主力艦（戦艦）の保有量が英・米・日で五・五・三の比率ときまったことばかりが注目された。しかし実は「中国に関する九ヵ国条約」のほうがはるかに重大であった。日本は満洲事変後、中国の主権と領土の保全を侵害したという理由で、国際社会に孤立し、袋叩きにあったからである。

米国は、日英同盟が日本の膨張政策を助けているとして、英国に廃棄を求めた。日英両国は、日・英・米・仏の四ヵ国条約の成立とともに、同盟関係を終了することに決した。こうして一九〇二年一月三〇日、ロンドンで調印され、何度も更新のうえ二十年間日本外交の機軸でありつづけた日英同盟は幕を閉じ、日本の国際的孤立時代がはじまる。

政党内閣制

一九一八年七月二三日、米価の高騰に堪えかねた富山県の漁民の妻たちがまず立ち上った。山県有朋が恐れていた事態となったのである。政府がシベリア出兵を宣言した八月二日の翌日、漁民の妻三〇〇人が資産家の邸宅や米屋に押しかけ、いわゆる女一揆を始めた。この事件が新聞に報道されると、米騒動は一挙に全国に拡がり、九月に入ってようやく収拾された。騒動鎮圧のため警察や軍隊が出動し、約三〇人の死者が出た。起訴されたものは七七八六名に達している。

米騒動は寺内内閣の総辞職をもたらした点で大正デモクラシーの序曲ともいえる。すなわち九月二日には寺内内閣弾劾の全国記者大会が開催され、韓国併合以来、日本の軍国主義勢力の中核となってきた寺内正毅陸軍大将は、九月二一日総辞職に追い込まれた。西園寺公望に組閣の大命が降ったが、二五日辞退した。同二七日、政友会総裁原敬に組閣が命ぜられた。

一九一八年九月二九日、陸相、海相、および外相を除く全閣僚を政友会の党員で占める、わが国で最初の本格的政党内閣が実現した。陸・海軍の大臣職が将軍か提督によって占拠されていた当時の日本では、原内閣は非常な民主化を意味していた。しかし、防衛と外交という国家のもっとも重要な機能を政党外に委ねた点に、原政党内閣の限界があった。

原敬は政友会に対して強力なリーダーシップを発揮できたから、一九二一年一一月四日に東京駅頭で暴漢中岡艮一に刺殺されるまでの三年間に、かなりの仕事をなしとげることができた。

第一は一九二一年三月三日、右翼や下田歌子にそそのかされた皇后の反対を押し切って、皇太子裕仁のヨーロッパ訪問を実現させたことである。一九四五年八月のいわゆる終戦の聖断が、昭和天皇の国際的視野にもとづいて下されたことを思えば、原首相の功績は大きい。

今一つは、一九二一年七月に米国がワシントン会議の開催を提議した時、これを受諾し、首席全権に軍縮の必要を理解する加藤友三郎海軍大臣を任命したことである。加藤全権の大局的判断が正しかったことについてはすでにふれたが、加藤が海軍部内の硬論を押えてワシントン条約に調印できたのは、すでに他界していた原敬のおかげであった。

原敬暗殺後、組閣の大命は原の同志高橋是清に降り、後継内閣を組織した。一九二二年六月六日、高橋内閣が閣内不統一のため倒れたあとは加藤友三郎海軍大将が組閣した。翌年八月二四日加藤首相が病気で死去すると、山本権兵衛内閣となった。同年一二月二七日、難波大助が摂政宮を虎の門で狙撃した。さいわい摂政宮は無事であったが、同日山本内閣は総辞職している。

一九二四年一月七日、清浦奎吾枢密院議長の内閣が成立するに及んで政友会、憲政会および革新倶楽部の三派は清浦特権内閣打倒のため立ち上った。これを第二次護憲運動という。五月一〇日に行われた総選挙では、憲政会が一五一、政友会が一〇五、革新倶楽部が三〇の議席をえて、護憲三派の大勝利となった。結局六月七日に清浦内閣は総辞職に追い込まれ、六月一一日第一党の憲政会総裁加藤高明が三派連立の内閣を組織した。これから一九三二年五・一五事件までの約八年間、憲政会（民政党）と政友会との二大政党が交互に内閣を組織する政党政治ないし議会政治が続いた。大正デモクラシーは本格化したといってもよい。

幣原外交

加藤高明内閣で外相に任命された幣原喜重郎は、一九三一年一二月第二次若槻内閣の倒壊によってその職を去るまで、田中義一大将の政友会内閣の時代を除く五年と三ヵ月間、日本外交を指導して幣原外交の時代を現出した。

幣原外交の特長は、ヴェルサイユ条約とワシントン条約とを車の両輪とし、米英両国との協調方針を堅持したところにあった。反対派からは軟弱外交と批判されたが、日本の国力を正しく認識して合法的に国益を守ろうとした点は、高く評価できる。

一九二七年一月一八日、帝国議会の外交演説で、幣原外相は中国に対する外交方針を次のように明示している。

㈠ 中国の主権および領土の保全を尊重し、その内争については、絶対に干渉しないこと。
㈡ 日中両国間に共存共栄の関係を樹立し、経済上の提携を増進すること。
㈢ 道理ある中国の国民的要望に対しては、同情と好意を以て迎え、その実現に努力すること。
㈣ 中国の現状にはできるだけ耐忍し、寛大の態度をとるとともに、わが正当かつ重要な権益は、あくまで合理的手段で擁護すること。

中国は当時内戦時代であったが、清朝の末期以来失った権益を奪回し、民族主義を貫徹しようという点で、きわめて強硬であった。南満洲鉄道に併行線を敷設して満鉄を圧迫し、日本の勢力を満洲（東北）から追放しようとする点など、日清・日露の両戦争を通じて血で購(あがな)った既得権を守ろうとする日本国民をいちじるしく脅威した。当時小学生であった私でさえ、非常な恐怖を感じたほどである。ましてや満蒙を中国本土から切り離して日本の勢力下に置こうとする日本の植民主義とは、中国の民族主義は正面衝突の危険があった。幣原外相は日中平和共存の方針で、この難局に当ろうとしたのである。

一九二五年一月二〇日、日ソ基本条約が調印されて、日ソ間の国交が回復された。日本国内では右翼や外務省の一部がソ連との国交回復に反対したが、幣原外相はソ連とも共存すべきであるという信念を貫徹した。

川崎・三菱両造船所の争議

ロシア革命とウィルソンの民族自決の宣言との影響は一九一九年には朝鮮に及び、三月一日、首都京城で数十万の民衆は独立を宣言し、「独立万歳（マンセ）」を叫んで示威運動を行った。中国では一九一九年五月四日、「青島を返せ」と叫ぶ学生が暴発したことは、すでにのべた。五・四運動のはじまりである。

東京帝大の森戸辰男助教授は、〝社会政策〟学の立場からクロポトキンの無政府主義思想を紹介したところ、学内右派の上杉慎吉教授らが危険思想として弾劾した。その結果、森戸助教授は朝憲紊乱（ちょうけんびんらん）・新聞紙法違反の疑いで起訴され、禁錮三ヵ月、罰金七〇円に処せられ、大学を追われた。いわゆる森戸事件である。

一九二〇年にはまた普通選挙を求める運動が高揚した。二月一一日に芝公園で普通選挙の演説会を開いたあと、三万人のデモ行進が二重橋前まで続いた。

五月二日、日本で最初のメーデーが行われたことも注目される。上野公園には五〇〇〇人の労働者が集まり、午後一時大日本労働総同盟友愛会の会長鈴木文治が開会を宣し、続いて同主事の松岡駒吉が大会宣言を朗読した。

一九二〇年三月一五日、株式が暴落して戦後恐慌が始まった。翌年の七月一〇日には神戸の川崎・三菱両造船所の労働者三万五〇〇〇人が大規模な示威行進を行った。すでに二日前には川崎造船所と三菱造船所とでは争議団が結成され、とくに川崎造船所では〝工場管理〟の宣言まで出たため、警察ばかりでなく軍隊も出動、八月一二日争議団は惨敗宣言を出して屈伏した。

全国水平社の発足

一九二二年三月三日には、部落解放を求める全国水平社の創立大会が行われた。明治維新の直後、一八七一年の解放令によって、いわゆる賤民の身分は廃止され、解放が実現したが、実態としては〝新平民〟という新たな呼称を生んだだけで、理不尽な差別は依然としてひどかった。創立大会では「全国に散在するわが特殊部落民よ、団結せよ」という宣言が朗読され、被差別部落の解放運動が力強く発足した。そもそも被差別部落とは、徳川封建制下に身分制を強化するために再編されたものである。民主主義思想が拡がるにつれて、差別廃止の運動が起こるのは当然である。

関東大震災

一九二三年九月一日午前一一時五八分、相模湾北西部を震源とするマグニチュード七・九の大地震が起こった。関東地方の被害は甚大で死者一〇万に近く、ほかに四万三四〇〇人の行方不明者が出ている。家屋の全壊一二万八二〇〇戸、半壊一二万六二〇〇戸のほか、焼失家屋は四四万七一〇〇戸に達した。

朝鮮人が暴動を起こしているという流言が広まったので、政府は九月二日戒厳令を施行し、軍隊を出動させた。朝鮮人に対する暴行も行われた。住民が自警団を組織し、刀剣や竹槍などで武装して、朝鮮人を虐殺したのである。政府が内閣告諭を出して鎮静に乗り出す前に、殺された朝鮮人は六〇〇〇人に達した。

きわめて遺憾なのは、九月一六日に起こった、大杉栄夫妻と七歳の大杉の甥とが憲兵隊によって殺害された事件である。甘粕正彦憲兵大尉が主犯といわれたが、戒厳司令官の命令によるもので、甘粕個人の責任でない。大杉のほか社会主義者一〇人が亀戸（かめいど）警察署で殺害された。大地震に対する恐怖感がパニック状態を引き起こし、朝鮮人のほか無政府主義者や社会主義者などが犠牲となったのである。明治末の大逆事件で、宮下太吉の爆弾事件を無政府主義者の一掃に利用したのによく似ている。

一九二三年一一月一〇日、荒廃した人心を鎮めるために「国民精神作興に関する詔書」が公布された。

日本共産党への弾圧

一九二二年七月一五日、日本共産党が結成された。堺利彦が中央委員長に選ばれ、山川均、近藤栄蔵、高瀬清らが中心であった。一九二二年一一月のコミンテルン（国際共産党）大会で正式にコミンテルン日本支部として承認されている。

翌一九二三年六月五日には共産党員八〇余人が警視庁特高課員によって一斉に検挙された。同時に早稲田大学講師の佐野学と猪俣津南雄との研究室が警察によって捜査されている。共産党員はこの事件で捕えられていたため、関東大震災直後の虐殺を免れた。

中国と朝鮮

中国では、一九二五年二月に上海、次いで四月に青島において、日本人経営の紡績工場で働く中国人労務者らが労務管理のきびしさと低賃銀に反発してストライキを起こした。五月には上海で日本資本の紡績工場に対する抗議のデモがあり、共同租界の英国人警察官によって一一人が射殺された。中国の反帝国主義運動はこの事件をきっかけとして全国的に拡大した。

一方、朝鮮では、一九二五年一〇月一五日に京城の朝鮮神宮が竣工した。祭神は天照（あまてらす）大神（おおみかみ）と明治天皇である。異民族に日本の国家神道を強制することは反感をそそるだけで、植民地統治には逆効果であることは自明の理だ。それがわからないで、朝鮮民族を〝皇民化〟しようという野望に乗り出したところに、大日本帝国の指導者たちの底知れない愚劣さがあった。大正民本主義も、このあたりに限界が感じられる。

デモクラシーを民主主義とせずに、主権在君の立場から民本主義としたところにも、やはり大正デモクラシーの狭隘さが露呈している。それだけではない。大正民本主義の進展のかげに、日本の軍国化は一段と強く推進された。その中心となったのは陸軍の実力者田中義一である。

田中義一大将と軍国主義化

田中義一は、一九一一年に陸軍省軍務局長となり、一九一五年には参謀次長に進み、一九一八年から一九二一年まで原敬内閣の陸軍大臣を務めた。一九二一年には田中は大将に進み、一九二三年から翌年にかけて山本権兵衛内閣の陸相となっている。田中大将は駐ロシア大使館付武官の時代から頭角を現し、長州軍閥の寵児となったが、原内閣の陸相時代に原首相の薫陶を受けて、政治的見識をも深めた。

日清戦争前後から在郷軍人の組織化が進んでいたが、一九一〇年一一月に陸軍省軍事課長田中義一の推進によって帝国在郷軍人会が創設された。初代総裁は陸軍大将伏見宮貞愛親王、会長は寺内正毅陸軍大臣であった。創立当時は一〇〇万人、一九三〇年代には三〇〇万人の会員を擁する一大圧力団体となった。在郷軍人会の一つの使命は、現役の兵力を低水準におさえながら、戦時には召集によって兵力を数倍に増加するところにある。

しかしもっとも重大な任務は、厖大な会員を通じて、軍国主義思想を全国津々浦々に浸透させることである。大正民本主義が花開いていた時、在郷軍人会を通じて水面下で日本国民の軍国主義化が進行していたことは注目に値する。

今一つ忘れてならないのは、学生、生徒に対する軍事教練の導入・強化である。一九二五年には陸軍現役将校学校配属令が公布され、大学・高等専門学校および中等学校に陸軍将校が配属され、教育の軍国主義化に寄与することになった。この制度もまた田中義一大将が残した業績である。

大正天皇の崩御

大正天皇は幼少時から病気がちであったため、一九二一年一一月二五日には、ヨーロッパ訪問から帰国したばかりの皇太子裕仁親王が摂政に就任された。大正天皇は一九二六年秋から気管支炎と肺炎にかかり、一二月二五日、葉山の御用邸で崩御された。ただちに皇太子が践祚されて、元号は昭和と改められた。

普通選挙法と治安維持法

明治憲法下の衆議院議員選挙法は極端な制限選挙で、一八九〇年七月一日に行われた第一回総選挙では、直接国税一五円以上を納める二五歳以上の男子だけが有権者であった。その数はわずかに四五万人、すなわち人口の一・一四パーセントに過ぎなかった。大正デモクラシーの時代に何度か納税額は引き下げられたが、一定の納税を選挙資格からはずす普通選挙は、遂に実現しなかった。

ようやく一九二五年三月二九日、普通選挙法が成立した。有権者は二五歳以上の男子に限られ、一定の居住期間を前提としていたが、普通選挙は日本の民主化への巨大な一歩であった。

しかし忘れてはならないのは、普通選挙法が帝国議会で可決される一〇日前に、治安維持法が制定されたことである。加藤高明内閣は、普通選挙法に反対する枢密院を軟化させるため、治安維持法を成立させ、「国体を変革し、および私有財産制度を否認せんとする」結社や運動を禁止し、違反者に懲役一〇年以下の実刑を科することにした。三年後、政友会の田中義一内閣は、緊急勅令によって法律の改正を行い、〝国体変革〟の罪には死刑を適用することにした。

大日本帝国の支配層が、どれほどいわゆる危険思想を恐れていたかがわかる。

第一〇章　金融恐慌と張作霖爆殺

三月恐慌と四月恐慌

昭和時代に入って間もない三月に、第一次金融恐慌が勃発した。一九二七年三月一四日の衆議院予算委員会で、若槻内閣の大蔵大臣片岡直温(なおはる)が東京渡辺銀行の破綻を口走ったことから、翌日には東京渡辺銀行とその姉妹銀行のあかぢ貯蓄銀行は休業した。たちまち恐慌は地方の中小銀行に波及し、取りつけ騒ぎとなった。

日本経済は、第一次大戦中に急膨脹した不良企業を戦後の恐慌後も整理しないで放置したことと、関東大震災で大打撃を受けた企業や銀行を四億円を超える震災手形で救済したまま放置したことのため、危険な爆弾をかかえていた。若槻内閣は震災手形問題を処理するため、震災手形二法案と銀行法案を帝国議会に提出した。その審議の過程で、片岡蔵相の失言が飛び出したのである。日本銀行が四億円余の非常貸出しを行って、三月危機は一応克服された。

ところが四月五日には、神戸の総合商社鈴木商店が新規取引き中止を発表して倒産した。鈴木商店に巨額の不良貸付けを行っていた台湾銀行も破綻に瀕し、第二次金融恐慌の段階に入った。若槻内閣は台湾銀行救済緊急勅令により事態を収拾しようとしたが、枢密院は伊東巳代治（みよじ）らの猛烈な反対によってこの勅令案を否決してしまった。こうして四月一七日、憲政会の若槻内閣は総辞職し、政友会の田中義一総裁が四月二〇日に組閣した。

田中内閣は財政・金融界の長老高橋是清を大蔵大臣に起用して事態の収拾をはかった。高橋蔵相は四月二二日、三週間のモラトリアムを施行した。モラトリアムとは、債務の支払いを一定期間延期させることである。高橋是清は一斉に休業中の金融機関に日本銀行から非常貸出しを行わせ、みごとこの恐慌を乗り切った。

枢密院が、若槻内閣に対しては緊急勅令案を否決しておきながら、田中内閣には態度を一変したのは、一見奇異に見えるが、伊東巳代治枢密顧問官の立場からすればまったく矛盾はなかった。伊東は幣原外務大臣の中国に対する柔軟な外交政策に反対だったのであり、このため若槻内閣を倒して田中内閣を作ろうとしたのである。

金融恐慌をめぐる政変の背後には、中国に対する日本の政策について根本的な意見の対立が存したわけだ。

中国革命の進展

一九二二年のワシントン会議を機として、中国の民族主義は高揚した。蔣介石の国民革命軍が張作霖に対して断然優位を保っているのを見て、田中首相はいわゆるシナ本部すなわち漢族の住む中国の本体が蔣介石の支配下に入ることは不可避と考え、満洲だけを切り離して日本の勢力下に置こうと企図した。その際、日露戦争当時処刑されそうになっていた張作霖の生命を助けたことから、田中義一は張作霖を日本のかいらいとして利用できると信じていた。

張作霖は満洲を手中におさめた後、北京に進出して大元帥と称したが、蔣介石の北伐軍に圧迫されて、奉天への引き揚げを考慮しなければならなかった。

東方会議と第一次山東出兵

蔣介石の国民革命軍は、一九二七年三月二四日南京を占領した際、列国の領事館を襲撃した。日本領事館でも館員が暴行を受け、海軍武官は無抵抗で武装解除されている。当然日本国民の世論は激高した。幣原外相は事件の解決を外交交渉にゆだねる方針をとり、一部国民から軟弱外交という非難をあびた。伊東巳代治枢密顧問官らは、こういう事件を背景として幣原外交を罵倒し、若槻内閣の毒殺をはかったのである。

田中内閣では首相が外相を兼摂していたが、政友会切っての対中強硬派の森恪（つとむ）は、事実上の外務大臣として中国に対する武断的な外交政策を推進した。そのためにまず開催されたのが東方会議である。一九二七年六月二七日、外相官邸に参集したのは、田中外相をはじめ、森政務次官、出淵勝次次官、木村鋭市東亜局長、堀田正昭欧米局長、斎藤良衛通商局長、芳沢謙吉駐華公使、吉田茂奉天総領事のほか、畑英太郎陸軍次官、南次郎参謀次長、阿部信行軍務局長、武藤信義関東軍司令官らの軍部代表も加わっていた。

田中首相兼外相が顔を見せたのは初日と最終日だけで、あとは七月七日の閉会まで、森政務次官が取りしきった。主要な議題は満蒙分離論であって、森恪と関東軍とが満蒙分離の強硬論を唱え、外務省主流はこれに抵抗した。中国に関する九ヵ国条約を重視する外務省の反対で、露骨な満蒙分離論は採用されなかった。しかし、中国が条約を破棄した場合や租借地を侵犯した場合に限って自衛策をとるという幣原外交に対し、広く日本の権益が侵害されるような不安定な状態が生じた場合、日本は断乎として〝自衛の措置〟をとることが決定された。また「万一動乱満蒙に波及し、日本の特殊地位と権益とが侵害されるおそれがあれば」自衛手段に訴えることも明らかにし、満蒙第一主義をはっきりと打ち出した。

一九二七年五月二八日、田中内閣が声明した第一次山東出兵は、蔣介石軍の北伐を阻止するためというよりは、北京に進出している張作霖との間で、日本の権益を拡大するための協定を取りつけるために時間を稼ぐことを目的としていた。六月一七日と七月五日の閣議で青島から済南に進出することを決定したが、八月三〇日には撤兵を声明し、九月八日には撤退を完了している。

この出兵をきっかけとして、中国の排日運動は一挙に燃え上り、上海には対日経済絶交委員会が結成され、綿糸の取引きは大打撃を受けた。

第二次・第三次山東出兵

蔣介石はいったん北伐に挫折して下野した後、一九二八年二月二日の国民党第二次四中全会で国民革命軍総司令と中央政治会議主席となり、政治と軍事の両面を握った。四月七日には北伐が再開され、山東省に迫っている。

済南駐在の武官酒井隆陸軍少佐は、参謀総長にあてて出兵を具申した。藤田栄介総領事も居留民の圧迫を受け、武官に同調する報告を外務省に送った。四月一七日の閣議で、白川義則陸軍大臣は出兵を説き、二日後五〇〇〇名の出兵が決定された。注目されるのは、野党の民政党（一九二七年六月一日憲政会と政友本党とが合同して結成）ばかりでなく、関西の財界も田中内閣の出兵外交に反対したことである。

四月二五日には、青島に出動した福田彦助中将の第六師団は、済南の酒井武官の要請に応じ、独断で済南に進撃した。この措置は参謀本部の追認をえたが、出先の軍が独断専行するという悪例を作ってしまった。五月一日には国民革命軍は済南に入り、同三日日中両軍の衝突となった（済南事件）。

五月三日から四日にかけて、アヘン密輸業者の日本居留民一三名が中国軍に殺害された。酒井武官は日本人三〇〇名以上が虐殺されたという誇大な報告を参謀本部に送り、陸軍省は大量虐殺と発表して国民を煽動した。五月八日、田中内閣は一個師団の増派を決定している。この間に満鉄社長山本条太郎は張作霖と交渉して、吉会・長大両鉄道の工事請負契約の調印に成功した。

北伐軍の圧倒的優位により、張作霖の敗北は時間の問題となったので、五月一八日、田中内閣は張作霖と蔣介石との双方に通告を発した。「戦乱が京津地方に進展し、その禍乱が満洲に及ばんとする場合は、帝国政府としては、満洲の治安維持のため、適当にしてかつ有効なる措置をとらざるをえざることあるべし」というのである。

田中首・外相の旨をうけた芳沢駐華公使は、張作霖に対して奉天へ引き揚げるよう説得に努めた。他方関東軍は、司令部を旅順から奉天に移して、満洲に逃げ込む張作霖軍を武装解除する事態に備えた。もっとも張作霖軍の引き揚げが国民党軍の追撃を伴わず、整然と行われる場合には、武装解除を強行しないことになっていた。

張作霖の爆殺

一九二八年六月三日、北京を引き揚げた張作霖の特別列車は、四日早朝五時二三分、満鉄線と京奉線とが交叉する鉄橋下で爆破され、四輛目の貴賓車に乗っていた張作霖は致命傷を負い、間もなく死亡した。爆破計画の主謀者は関東軍の高級参謀河本大作大佐である。直接現場で指揮したのは独立守備隊中隊長東宮鉄男（とうみやかねお）であり、二〇〇キロの黄色火薬を仕掛けたのは朝鮮の竜山工兵隊から分遣されていた桐原貞寿工兵中尉であった。

河本大作大佐は、張作霖の爆殺により東三省の権力を弱体化し、治安の攪乱に乗じて関東軍を出動させ、満洲を中国本土から切り離そうと考えていた。田中義一首相のように、張作霖を日本のかいらい政権として利用するのでは満足しなかったのである。

張作霖の長男張学良は、河本大佐らの謀略に乗ずるすきを与えないように、張作霖の喪をしばらく発表せず、〝重傷〟というままにして日中両軍の衝突をたくみに回避した。河本の思い切った謀略はみごと肩すかしを受け、張学良の反日・抗日によって、国民党の勢力は満洲に幅広く奥深く滲透した。一九二八年一二月二九日午前七時を期して、全満洲に国民党の青天白日旗がひるがえった。河本の血みどろの陰謀は裏目に出て、国民党による中国革命は東三省の〝易幟（えきし）〟という形で大勝利を獲得したのである（〝易幟〟とは旧来の国旗を青天白日旗にかえて国民政府の支配に服する意思を示すこと）。

田中首相の食言

張作霖が爆殺されたことを知って、田中首相は「親の心、子知らず」と長大息したという。関東軍高級参謀の河本大作がやったことは、種々のルートを通じて田中の耳に達した。田中首相は峯幸松憲兵司令官に調査を命じ、一切が判明した。

田中首相は西園寺公望に打ち明けて意向を聞いたところ、「直ちに公表して厳罰に処するのが、日本の名誉を保つみち」だと、たしなめられた。

ようやく一九二八年一二月二四日、田中首相は昭和天皇に拝謁して「事件には遺憾ながら帝国軍人関与せるものあるものの如く、目下鋭意調査中なるも、もし事実なりとせば、法に照し、厳然たる処断をいたします」と言明した。これに対して天皇は、「国軍の軍紀は厳格に維持するように」といましめている。

しかし、時間の経過とともに、陸軍部内では公表に反対する意見が強くなった。「内輪の恥は極力かくす」というやくざのような組織悪の論理がまかり通ったのである。軍紀を厳正に保ってこそ軍人は尊敬されるのだ、という単純な事実は無視され、仲間の罪をおおいかくすのが美徳と考えられはじめた。これは危険な兆候である。

田中首相はそういう悪い傾向を双葉で摘みとる意味からも、陸軍の長老として、断乎処罰にふみきるべきであった。しかし、予備役に退いてからの田中大将には往年の影響力はなく、とくに病気で一度倒れてからは、精気もいちじるしく衰えていた。

直接処罰の権限を握る白川陸軍大臣は、当初厳罰の意向であったが、やがて公表に反対する態度に変った。白川陸相の変心は、主として上原勇作元帥の圧力と、陸軍省内の阿部信行次官、川島義之人事局長、杉山元軍務局長らの突き上げによるものだといわれる。参謀本部の荒木貞夫作戦部長らは政友会に働きかけて、真相公表を阻止するために尽力した。こうして閣内でも久原房之助逓信大臣、小川平吉鉄道大臣、山本悌二郎農林大臣らも公表反対の線にまとまり、田中首相に掣肘を加えた。

昭和天皇に対する約束と陸軍および閣僚からの圧力とにはさまれて田中首相は苦しみ抜き、一九二九年六月二八日、天皇に「関東軍は爆殺には無関係だが、警備上の手落ちにより責任者を行政処分に付す」と前の約束とは矛盾したわけのわからない弁解を申し上げた。天皇は「首相ののぶるところ前後全く相違するではないか?」とたしなめられ、鈴木侍従長に対し、「田中総理のいうところは、ちっともわからぬ。再び聞くことは自分はいやだ」ともらされている。

田中首相はいったん逃げるように退出した後、再び参内して鈴木侍従長にとりなしを乞うたが果せず、「陛下の御信任は去った」と七月二日に内閣総辞職となった。前日付で、白川陸相が上奏した責任者への行政処分も発表された。関東軍の警備上の手落ちを理由として、主謀者河本大作大佐は停職となり、関東軍司令官村岡長太郎中将は待命、同参謀長斎藤恒中将と独立守備隊長水町少将は重謹慎に処されている。

昭和天皇は、食言した田中首相を辞任させると同時に、白川陸相の上奏した行政処分案を認められたのである。田中義一は総辞職後三ヵ月もたたない一九二九年九月二九日、狭心症で急逝した。そのころ自殺説がささやかれたのも無理はない。田中義一がもっとも尊敬していた天皇からきびしいお叱りを受け、陸軍と政友会からも見放されたのであるから、彼の失意と絶望は想像に難くない。

もう一つ注目されるのは、一致して田中首相に圧力をかけ、田中にうそをつかせた陸軍省と参謀本部との首脳が、いずれもこの後陸軍大臣や参謀総長に栄進して、日本を自爆戦争に突入させた元兇（げんきょう）たちだったことである。一九四一年一二月八日に、日本が絶望的な戦争にのめりこむ芽は、張作霖の爆殺事件の頃から伸びはじめたといっても過言ではあるまい。

不戦条約

田中内閣時代のもっとも重要な出来事の一つは、一九二八年八月二七日、パリにおいて不戦条約が調印されたことである。参加したのは日本を含めて一五ヵ国であった。第一次大戦後の軍縮・不戦の気運を反映した画期的な条約といえよう。この条約は翌一九二九年七月二四日発効し、ワシントンで宣布式が挙行された。

不戦条約が成立したからといって、戦争がなくなるわけではない。しかし、不戦条約の発効前と発効後とでは、侵略戦争に対する国際的糾弾の重みがすっかり変った。日本が満洲事変を起こした時、このことは誰の眼にもはっきりした。

ところが日本では、不戦条約の画期的な意義について深く考える人は少く、野党の民政党は、「人民の名において」という条文の一句が大日本帝国憲法に反するという愚劣な論議で、政友会内閣を攻撃するのに夢中であった。世界の国々は、日本が異様な国家であるという印象を強く持ったに違いない。

第一一章　ロンドン会議と〝金解禁〟

浜口内閣の課題

田中政友会内閣が総辞職したあとをうけて、元老西園寺公望は民政党総裁の浜口雄幸を後継内閣の首班に推した。二大政党の交替制である。浜口首相は一九二九年七月二日に組閣を終え、外相にふたたび幣原喜重郎を起用し、日本銀行総裁の井上準之助を蔵相に任命した。

浜口としては、一九二七年四月の金融恐慌以来懸案として残っている財政金融の再建を第一の課題と考えたのであろう。浜口・井上の緊密な協力によって、第一次大戦以来不健全なまま糊塗され続けてきた財政を健全化させ、金本位制を復活したいというのが、浜口雄幸の悲願であったといっても過言ではない。

張作霖の爆殺事件後緊張を続ける日中関係を改善することが、幣原外相の使命であった。一〇月七日、日、米、フランスおよびイタリアを一九三〇年一月の第三週初頭にロンドンに招き、海軍の軍縮会議を開きたいという提案が英国から届いた。日本政府は一〇月一六日に参加する旨、回答している。

井上緊縮財政と幣原協調外交とを両翼として浜口内閣は発足したが、財政緊縮のほうは一〇月一五日に、全国の官吏の俸給を一割削減すると声明したにもかかわらず、判検事や鉄道省官吏の反対運動により腰くだけになってしまった。しかし一一月九日の閣議では、一九〇七年以来はじめて一般会計で公債を発行しない緊縮予算が決定されている。

ロンドン会議

浜口内閣は一九二九年一〇月一八日、ロンドン会議への全権をきめた。元首相若槻礼次郎が首席全権となり、海軍大臣財部彪（たからべたけし）、駐英大使松平恒雄、駐ベルギー大使永井松三がそれぞれ全権として、若槻を助けることになる。一一月二六日の閣議で、補助艦は米国の七割とする方針を決定した。

英国の全権がマクドナルド首相、ヘンダーソン外相、アレクザンダー海相の三人、米国の全権がスティムソン国務長官およびアダムス海軍長官であったことから見ても、ロンドン会議の顔ぶれは揃っている。

ロンドンでは、対米七割を要求する日本と、六割台を主張する英米両国の間で激論が続き、ようやく三月一四日、全権団は次の比率で妥協したい旨のべて政府の訓令を請うた。

総括　六九・七五％
大型巡洋艦　六〇・二三％
潜水艦　一〇〇％
軽巡洋艦および駆逐艦　七〇・一五％

海軍次官山梨勝之進中将、軍務局長堀悌吉少将、先任副官古賀峯一大佐らの海軍省首脳が軍令部長加藤寛治大将と同次長の末次信正中将を交えて、対策を協議した。

大勢は、海軍省側が請訓案に賛成だったのに反して、軍令部側は反対であった。加藤軍令部長がロンドンの安保清種（あぼきよかず）大将にあてて書いた次の手紙は、反対論者の考え方を知るのに役立つ。

日本の主張たるわずかに一割の問題を聞き入れずして、決裂したりとせば、世界の同情は日本に集るべきのみならず、……たとえトップ・フリートを造り、日本に何倍する海軍を拡大すとも、その結果は日英接近となり、米国は第二のドイツになるに至らん。

日本が正当なる主張に一歩もゆずらず、逆に米国の不戦条約の精神違反を責むる態度にて決裂せば、米国の清教徒の一派と平和論者はかえって日本の人格に感じ、日本との提携を欲して、帝国主義者を抑えるごとき、雨降って地固まるの結果をうるも計りがたし。

加藤寛治軍令部長が希望的観測という幻想の世界に住んで、現実から解放されていることは気の毒なほどである。英米関係の特殊性についての認識をまったく欠き、米国に対抗するための日英両国の相互接近などを夢想しているあたりは、到底成熟した提督の言葉とは思えず、よほど未熟な青少年のものとしか考えられない。

対米七割ならば戦えるが六割では対抗できないという主張は、米国を相手に戦わなければならない場合、英国をも敵とする公算が大きいという冷厳な現実を無視している。そういう不快な要因は、加藤大将の思考過程からすっぽり消えているのである。

加藤寛治軍令部長と末次信正次長との反対意見は、二人の必死の努力によって東郷元帥や伏見宮ならびに軍事参議官たちを動かした。しかし浜口首相は、請訓案の線でまとめようと固く決意していた。

一九二九年一一月二一日、政府は金の輸出を解禁して金本位制に復帰することを声明し、一九三〇年一月一一日実施に移した。一九二九年一〇月二四日にニューヨークの株式市場が〝暗黒の木曜日〟と呼ばれる史上最大の暴落に襲われていたことから見ても、金解禁の時期は最悪といってよかった。しかし浜口内閣は自信をもって衆議院を解散し、一九三〇年二月二〇日の総選挙で四六六議席中二七三議席を獲得するという大勝利をえた。

三月一四日の請訓に対し、浜口首相は三月二五日山梨海軍次官を呼び、政府としては会議決裂の危険をおかすことはできないと言明した。

「これは自分が政権を失うとも、民政党を失うとも、また自分の身命を失うとも奪うべからざる堅き決意なり」

という浜口の言葉には、悲壮な覚悟が示されている。この浜口の決断を、元老西園寺公望、内相牧野伸顕、宮内大臣一木喜徳郎、侍従長鈴木貫太郎大将ら昭和天皇のまわりの人々はこぞって支持した。海軍の長老山本権兵衛と斎藤実（朝鮮総督）の両大将も浜口首相に賛意を表している。

しかし、後に艦隊派と呼ばれることになる反対派は、ゲリラ戦的な妨碍活動を続けた。三月一四日にはロンドンの安保大将から妥協の必要を説いた電報が軍令部に届いたが、海軍省には回覧されていない。三日後、末次軍令部次長は独断で新聞記者に資料を提供して、〝海軍当局の声明〟を発表させている。ロンドンの『タイムズ』紙が「日本軍人の政治介入」を批判したのはこの時である。〝海軍当局の声明〟の要旨は、「アメリカ案はただその外観ばかりを譲り、肝心の内容においては自説を固執している。海軍として、かかる提案は到底承認しえない」というのであった。

三月二六日、海軍は〝今後の方針〟を決定するため会議を開いた。岡田大将、加藤軍令部長、山梨次官、末次次長、堀軍務局長および矢吹政務次官が集って、兵力量の決定権が政府に存することを確認した。翌日加藤軍令部長と岡田大将とは浜口首相を訪ねている。浜口首相は二人に対してのべた。

「国家大局の上より深く考慮をめぐらし、大体の方針としては、全権請訓の案を基礎として協定を成立せしめ、会議の決裂を防止したき心持を有す」

加藤軍令部長は岡田大将に対し、「この時、私の腹は決まりました。結局飛行機に重点を置けば、国防は持てる」と妥協案への同意を表明している。浜口首相が念のため岡田、加藤、山梨の三人を招き、請訓案を基礎として閣議に臨むことを明らかにしたのに対して、岡田大将はもちろん同意し、加藤軍令部長は、「用兵作戦上からは、米国案では困ります、用兵作戦の上からは……」とつぶやきながらも、請訓案そのものには反対しなかった。

加藤軍令部長は右のようにいったん同意しておきながら、末次次長に突き上げられて帷幄上奏を決意した。参内した加藤軍令部長は、鈴木侍従長から、首相の上奏前に同じ件で軍令部長が上奏するのは不適当とたしなめられ、いったん退出して、翌四月二日ふたたび参内し、米国案に妥協することに反対である旨上奏している。

ロンドン条約は四月二二日に調印されたが、その前日、軍令部次長から海軍次官にあてて「本条約には同意することをえず」と通告した。その二日前、加藤軍令部長は海軍次官との連名で、ロンドンの財部海軍大臣にあてた感謝電報に署名しているのであるから、加藤大将の行動は精神分裂的だというほかあるまい。

浜口内閣の軍縮政策に対しては、世論は一般に好意的であった。「今回英、米に与えたわが回答の趣旨は、国民の意見を代表せる真実の言なり」という『大阪朝日新聞』の社説は文字通り世論を代表していたといってよい。

しかし、右翼団体と政友会とは猛然と反対した。有終会、洋々会、恢弘会、軍縮国民同志会、黒龍会、愛国社、建国会、学生興国連盟などは激しい調子の反対声明を出している。政友会も森恪幹事長談で反対の態度を打ち出した。

統帥権問題

一九三〇年四月二一日第五八特別議会が召集されると、いわゆる統帥権問題がにわかに重大化した。統帥権とは、大日本帝国憲法第一一条に「天皇は陸海軍を統帥す」とあるのをいう。広義には、第一二条の「天皇は陸海軍の編制および常備兵額を定む」というのまで統帥権に含ませる解釈もある。第一一条の狭義の統帥権が、憲法第五五条に定められた国務大臣の輔弼の範囲外だという解釈はあった。しかし、第一二条の「編制および常備兵額」は、帝国議会で審議され成立する予算と不可分に結びついているので、国務大臣の輔弼を受けるのは当然と考えられていた。

浜口内閣が、国防兵力量の決定は内閣の輔弼事項であると解釈したのは、至極当り前であったといえよう。ところが、加藤軍令部長が浜口内閣の決定に大きな不満を持っていることに乗じて、右翼ばかりでなく、野党の政友会までが、浜口内閣の統帥権干犯を弾劾しはじめた。

「用兵の責任に当っておる軍令部長は、回訓後、この兵力量では国防はできないと断言している」と犬養政友会総裁は声を励まして、浜口首相に質問した。政友会の大幹部鳩山一郎は、「国防計画は統帥府の責任であり、政府が変更するのは、一大政治的冒険だ」と迫った。

もともと日和見主義的な鳩山一郎は論外として、日本の立憲政治を確立するため生涯を捧げてきた犬養毅が、憲法第一二条の編制および常備兵額の決定まで国務大臣の輔弼事項から閉め出そうとしたことは、惜しんでも余りある。立憲政治とは、立憲君主の行動を国務大臣の輔弼によって立憲化することにほかならない。いくら浜口民政党内閣を倒して政権に復帰したいといっても、反対党は立憲政治の大枠を守らないと、軍部の暴走を助け軍部の独裁を招いてしまう。

はたして世論は、犬養や鳩山の目的のためには手段を選ばない手法に対し批判的であった。新聞も世論の動向を反映して、犬養と鳩山を非難し弾劾するものが多かった。

しかし、張作霖の爆殺事件に露呈された陸軍の軍国主義化は、海軍軍令部の不満と連動して、不穏な空気を醸成した。浜口内閣は「㈠軍の意見はもっとも尊重して、しんしゃくした。㈡議会に対する国務上の責任は政府が負う。㈢回訓当時における内部手続上の質問ならびに憲法上の論議には答える必要がない」という明確な立場を打ち出したので、反対党も屈服した。

枢密院でも、反民政党色の強い平沼騏一郎（きいちろう）副議長や例の伊東巳代治顧問官らが抵抗を試みたが、一九三〇年一〇月一日には満場一致で可決され、翌日条約の批准書が下げ渡された。ロンドン海軍軍縮条約は、この年末に発効した。

しかし、きわめて遺憾なことには、身命を賭してロンドン条約の成立に尽力した浜口雄幸首相は一九三〇年一一月一四日、右翼のテロリスト佐郷屋留雄（さごやとめお）に東京駅頭で狙撃され、翌年八月二六日死去した。

一九三〇年四月二二日、ロンドンのセント・ジェイムズ宮殿で調印され、年末に批准された海軍軍縮条約によると、アメリカ海軍の補助艦に対する日本海軍の比率は総計では六九・七五パーセントだったから、日本の要求七割はほぼ充足されたといってよいが、わが海軍軍令部は大型巡洋艦が六〇・二三パーセントであったことにもっとも大きな不満を抱いていた。しかし第二次大戦の経過をかえりみると、対米六割とか七割とかいう軍艦の比率があまり大きな意味を持っていなかったことは明らかである。

それよりも皮肉なのは潜水艦であって、米英両国は全廃を主張し、日本は対等を求めた。日本海軍は、優勢な米国艦隊がわが国に近づく途中で潜水艦戦により消耗を強いるつもりだったからである。ところが、日本の潜水艦の健闘にもかかわらず、米国の軍艦を多数撃沈したとはいえない。逆に、米国の潜水艦は通商破壊戦に全力を挙げ、日本を事実上海上封鎖することに成功した。いわゆる〝沈黙の戦争〟がどれほど恐ろしいものかについて、日本海軍は明らかに認識不足であった。

世界恐慌と日本

文字通り身命を賭してロンドンの海軍軍縮会議を成功させた浜口首相の功績は、いくら高く評価してもほめ過ぎにはならない。浜口雄幸は日本の国力を正しく評価し、その経済力の脆弱性を深く認識して、国際協調によらなければ日本の平和と繁栄は期待できないことを知り抜いていた。

しかし浜口雄幸内閣の経済政策は、信じられないほどの失敗をおかした。正統派経済学の古典理論できたえられた二人の秀才、すなわち浜口雄幸と井上準之助とは、古典経済学を実行に移せば第一次大戦以来まだ整理されていない不健全な要因がおのずから除去され、日本経済は本当の活力を取り戻せると確信していた。その第一着手は、金輸出の禁止を解除すること、すなわち〝金解禁〟である。

〝金解禁〟が実行されれば、当分の間金は流出を続けるが、その結果、日本の物価が下がり、輸出振興となって、円の為替相場も安定し、日本経済は国際経済と連結した形で健康を回復するものと、浜口首相、井上蔵相の二人は確信していたのである。

ところが、この両人にとっても、日本経済にとっても不運きわまる事態となってしまった。浜口内閣が〝金解禁〟を閣議で決定した直前の一九二九年一〇月二四日、さきにもふれたようにニューヨークの株式市場が史上空前の大暴落を演じたからである。〝暗黒の木曜日〟事件といわれるこの不吉な出来事は、世界恐慌の導火線となった。主要工業国の工業生産指数は半減し、失業者は激増して、物価も暴落した。当然貿易も縮小し、労働争議も激化した。

一九三〇年一月一一日に〝金解禁〟が実施されると、四月一一日には当時の日本を代表した優良企業〝鐘紡〟の株価が暴落し、鋼材、生糸、米などの価格も下落の一途をたどった。一九二九年六月からの一年間に、生糸相場は一三一五円から七九七円に、綿糸は二二四円から一二九円に、米は三〇円九六銭から一五円六〇銭に落ちた。

世界恐慌と重ならなければ、浜口・井上の緊縮財政は、日本経済の贅肉を削り、輸出の振興によって景気は好転するはずであった。

しかし正統派経済学の古典理論は、世界的規模の大恐慌下では、まったく通用しなかった。深刻な不況を克服するためには、財政が出動して需要を創出することが必要であった。ケインズ以前のケインズ派と呼ばれた高橋是清と高橋亀吉との二人は、このことをよく理解していた。

残念なことに、大蔵省と日本銀行の〝秀才〟たちは、古典理論への盲信にこり固まっていた。当時の漫画家岡本一平は、日本経済という重病人の容態を案ずる家人に向かって、浜口医師が「病気は直るが、病人の生命は保証出来ない」と答えている情景を描いた。

浜口民政党内閣は緊縮主義の信念にとりつかれ、浜口雄幸が一九三〇年一一月一四日に狙撃されて翌年四月一三日に総辞職したあとを受けた若槻内閣も、一九三一年九月二一日に英国が金本位制を離脱した後もなお金本位制を死守しようとした。間違った財政・金融政策による恐慌は深刻化の一途をたどり、社会不安を招くまでになった。ようやく一九三一年一二月一一日、若槻民政党内閣は閣内不統一のため総辞職し、政友会の犬養毅総裁が組閣した。犬養首相は高橋是清を蔵相として金輸出の再禁止にふみきっている。たちまち物価は暴落から上昇に転じ、翌年の六月頃から好況へと転換した。金本位制は疑いもなく長所を持っているけれども、金解禁が世界大恐慌と重なったことは不運というほかはない。英国がチャーチル蔵相の下で一九二五年に旧平価で金本位制に復帰し、その後長く慢性不況に苦しんだことから、浜口や井上が教訓を学ばなかったのは不思議である。

浜口・若槻内閣の金解禁と緊縮財政との経済政策は、浜口や井上をテロの犠牲にしたばかりでなく、浜口内閣の軍縮政策に対する反対と相まって、社会的危機を招いた。一九三一年の柳条湖事件に始まる陸軍の膨脹政策が、広く日本国民の応援をかちえた背景には、浜口・井上の財政・金融政策の失敗があった。そして、一九二八年六月の張作霖爆殺事件をきっかけとして、中国の民族主義が反日・抗日運動として噴出したことも、日本国民を恐怖のどん底に追い込み、軍部の膨脹政策を支持させる結果を招いた。

第一二章　陸軍の発酵

軍人の焦燥

一九二〇年代には、日本陸軍の焦燥感が次第に顕著となった。一九二一年春、ドイツの保養地バーデン・バーデンで、陸軍士官学校第一六期卒業のスイス駐在武官永田鉄山(てつざん)、ソ連駐在武官小畑敏四郎および欧米視察中の岡村寧次(やすじ)との三人が集って、日本陸軍を近代化する必要について熱心に意見をかわした。欧米の陸軍も空軍も第一次大戦を経験していちじるしく近代化したのに対し、日本の陸軍は装備と編成の近代化が遅れ、第一次大戦前の水準に低迷していたからである。

装備・編成の機械化問題以外に、日本陸軍の俊秀たちを心配させたのは、連合国の勝利に伴うウドロウ・ウィルソンの民主主義と、ロシア十月革命の結果、社会主義・共産主義の思想がわが国に非常な勢いで流入したことである。陸軍は国家の柱石と自認していたから、外来思想に対抗するため、国家主義を振興する必要を痛感した。北一輝(きたいっき)や大川周明の国家主義思想は、やがて陸軍将校の一部に熱狂的な支持者を持つようになる。

もう一つ重要なのは、中国革命の進展であった。一九二六年頃から蒋介石の国民革命軍による北伐が進展し、中国共産党も挫折を重ねた末、農村の土地革命を中心に勢力を拡大していった。

中国民族主義の挑戦

一九二八年六月四日、関東軍の河本大作大佐が張作霖大元帥を奉天の満鉄線と京奉線との交叉点で爆殺したことは、日本陸軍の一部の企図とはまったく反する逆効果を生んだ。すでにのべたように、中国国民党の勢力は満洲に浸透し、一九二八年一二月二九日には張作霖の後継者張学良は全満洲の官衙に国民党の青天白日旗を掲げさせ、国民政府への忠誠を表明した。

遼寧国民外交協会は日本に対して、満洲に根を下した民族主義を背景として次の四ヵ条の要求をつきつけてきた。

㈠ 旅順、大連の租借地を回収する
㈡ 南満洲鉄道を回収する
㈢ 領事裁判権を撤回させる
㈣ 日本による鉄道の敷設と撫順炭坑区の拡張に反対する

そして日本人と韓国人とを借家人、借地人とする中国人に対し、家賃と小作料を値上げし、契約の更新を拒否するよう圧力を加えた。

中国はまた一九二七年一二月には打通線（打虎山―通遼）を、一九二九年七月には吉海線（吉林―海竜）を開設した。二本とも満鉄（南満洲鉄道株式会社）の平行線である。北満の大豆というもっとも重要な貨物を満鉄は失うこととなり、一九三〇年には大幅な収益低下のため、満鉄は人員整理を迫られるにいたった。

満洲青年連盟の反撃

中国民族主義が満蒙の日本権益をおびやかしているという報道は、内地の日本国民をいたく心配させた。しかし、満蒙に進出している日本人はもっと直接の脅威を受けて立ち上った。一九二八年一一月、満鉄の衛生課長金井章次のもとに、満鉄の青年社員と中小企業経営者あわせて約三千名が満洲青年連盟を結成した。目的は満洲における日本の権利および利益を擁護することである。

この圧力団体の前身は、この年の五月に大連新聞社の主催で開かれた第一回満洲青年議会であった。中国民族主義の巨大なうねりに対し、彼ら日本人はみずからを弱小民族であると自認し、東京の日本政府は頼むに足らずと考えた。彼らの結論は、圧迫と搾取にあえぐ満蒙在住の諸民族と手をつないで、〝民族協和〟の精神で、満蒙の自治を提唱することだった。一九三一年六月一三日、満洲青年連盟は「満洲における現住諸民族の協和を期す」ことを正式に決定した。満洲事変勃発後の一〇月二三日、連盟は「民族協和と人民自治による満蒙自由国の建設」を説く建白書を関東軍司令官に提出している。

満洲青年連盟は、一九三一年七月下旬、五千部の宣伝文書をばらまいたほか、活発な遊説隊を内地に送り込んで、日本の軍、政府および世論に働きかけている。第二次大戦後アルジェリアの独立運動がフランス陸軍と正面衝突した時、アルジェリアに入植したフランス人たち、いわゆるコロンがフランス軍の右派と提携して強力な圧力団体を結成した。満洲の日本人コロンは、満蒙の民族協和を旗印にして、中国からの離脱を企図していたのであるから、アルジェリアの独立を阻止しようとするフランスのコロンとは正反対の方向に進撃していたともいえる。しかし陸軍の右派と結んで本国政府に圧力をかけようとする点においては、二つのコロンには酷似した点が多い。

一夕会

一九二一年の春、西南ドイツの保養地バーデン・バーデンで、スイス駐在武官永田鉄山とソ連駐在武官小畑敏四郎、欧米を視察中の岡村寧次の三人が一夕をともにして、懇談したことはすでにふれた。彼らはいずれも陸軍士官学校一六期生の俊秀で、会合を双葉会と名づけていた。永田と小畑とは後年陸軍の派閥闘争にまき込まれ、前者は統制派の、そして後者は皇道派の中心人物として、犬猿の間柄になっている。しかしバーデン・バーデン時代には、三人の気持は一つであったといってよい。第一次大戦後のヨーロッパ諸国を見れば、軍隊の近代化は長足の進歩を遂げており、日本陸軍の立ち遅れは余りにもみじめであった。三人は国軍を近代化する必要について意気投合し、双葉会という形で懇談を続けることにした。

彼ら三人よりは五期下、つまり陸軍士官学校二一期の石原莞爾（かんじ）は、かねてから日蓮宗の終末論を土台にドイツ留学中に学んだヘーゲル哲学、マルクス主義、クラウゼヴィッツの兵学などを結びつけて、独自の戦争史観を樹立していた。一九二八年二月、石原莞爾は「わが国防方針」と題する報告を一九二七年に結成された木曜会という軍人の集会で行った。木曜会には永田鉄山、岡村寧次、東条英機（とうじょうひでき）、鈴木貞一、根本博、土橋（つちはし）勇逸、山岡道武らが参加していた。

一九二九年春に木曜会と双葉会とは合同し、一夕会（いっせきかい）を結成することになる。その頃には、満洲における中国民族主義の挑戦に対処することが、これら軍人たちの当面の課題となった。

ここで〝石原構想〟を考察しておく必要がある。

石原構想

石原莞爾は山形県出身で、一八八九年一月一八日生れ、陸軍士官学校、陸軍大学校に学んだ後、ドイツに留学し、ドイツ式の演繹的な思考法を駆使して独自の戦争史観を確立した。日蓮の予言した「前代未聞の大闘諍(だいとうじょう)」が世界最終戦という形で実現し、天皇を中心とする大平和の時代に入ると説いた。その前提条件は、㈠日本が完全に東洋文明の中心たる地位を占めること、㈡米国が完全に西洋文明の中心たる地位を占めること、㈢飛行機が無着陸で世界を一周できること、の三点であるという。

ドイツに数年滞在しながら、石原はゲーテの文学にもベートホーフェンの音楽にも関心を持たなかったといわれる。それだけに独断と偏見にみちた石原構想は日本の一部軍人には魅力的であった。さしあたり満蒙を完全に占領して来るべき最終戦争に備えるという構想が、満洲問題に苦悩する日本軍人や国民の一部には、妖しい吸引力を発揮したのも当然といえよう。

石原莞爾が一九二七年に起草し、一九三一年四月に印刷し直して新設の関東軍調査班に配布した「現在及び将来における日本の国防」は、五つの部分に分けられる。第一は〝世界の大勢〟と題され、西洋文化が米国に集中し、日本が日本文化を大成し、科学者が両国戦争に必要な武器を製作するのは、同時に実現する。これは偶然ではなく神意であり、人類文化自然の大勢であるという。東西間には未曽有の大戦争が行われ、世界人類の文明は最後の統一をえて、人類共通の理想としての黄金世界への第一歩が踏み出される。日蓮が「前代未聞の大闘諍」を予言したのはこの意味であり、マルクスが「人類の歴史はその前期を終了する」と説いたのも同様の意味である、と石原は説いている。日蓮とマルクスとを終末論により結びつけているあたりに、石原の面目躍如たる感じがある。

第二は日本の使命に関している。日本の枝葉の文明は大変貧弱で、日本人でさえ日本固有の文明は存しないと称するものがいるほどであるが、あらゆる文明を生み、これを保有し、保育して、かつこれを熔解し、化合する国家のもっとも合理的なものは、世界中日本だけである。この文明、すなわち日本の国体をもって世界のあらゆる文明を綜合し、人類にあこがれの絶対平和を与えるのは、わが大日本の天業であるという。

この部分は、客観的には意味不明というほかなく、一番貧しい日本が全世界の文明を綜合し人類に絶対平和を与えるという発想は、プロレタリアが鉄鎖以外何も失うものを持たないので人類の救済者になるというマルクスの発想に似ている。

第三は「戦争の現在および将来」と題されていて、古代には殲滅戦略が行われ、フリードリヒ大王が消耗戦略を完成し、ナポレオン、モルトケ、シュリーフェンらが殲滅戦略を展開したと戦争史を要約している。欧洲大戦は消耗戦略へ逆行したが、将来戦では飛行機を中心とする殲滅戦略が行われ、世界最終戦となると説いている。

第四の「現在における日本の国防」は結論に当る。まず、日本が生きる唯一の途は満蒙開発の断行にあるという。そして満洲族、蒙古族が漢民族よりは、むしろ日本民族に近いという説をもとにして、日本の満蒙領有を正当化する。

満蒙は漢民族の領土に非ずして、むしろその関係わが国と密接なるものあり。民族自決を口にせんとするものは、満蒙は満洲人および蒙古人のものにして、満洲・蒙古人は漢民族よりもむしろ大和民族に近きことを認めざるべからず。現在の住民は漢人種を最大とするも、その経済的関係また支那本部に比し、わが国ははるかに密接なり。

満洲の人口の九〇パーセント以上が山東省などから入植した漢民族で占められていることを知りながら、石原莞爾は詭弁を弄して、日本は満蒙を領有する権利ばかりか、義務を負うかのように論じている。中国人の軍事能力を極度に軽視し、さらに中国人の統治能力まで否認して、国際管理するかどこかの一国が中国を領有するよりほかはないと結論する。つまり、日本は中国を領有すべきだというのである。

第五の「日本将来の国防」は、㈠もっとも重要な攻撃兵器ことに飛行機の研究に全力を傾注すること、㈡防御能力増進のためには㈠国民に自覚を与えること、㈡団体的訓練の必要、㈢木材耐火の研究――をあげている。

石原構想の欠陥

右に要約した石原構想はところどころに鋭い考察を含んでおり、日本が中心となって世界最終戦に勝ち抜くという主張によって、当時の多くの将校たちを魅惑した。石原の構想には、いたるところに論理の飛躍があり、事実の誤認が存した。とくにわが〝国体〟に対する盲信と、中国に対する過小評価とは、皇国史観に毒された戦前の日本人多数に共通の弱点であった。

しかし、世界征服を唱える石原構想の一番大きい欠陥は、国際法と国際政治の観点が完全に欠落していたことである。日本は一九二二年二月六日、中国の領土保全、機会均等に関する九ヵ国条約に調印していた。さらに一九二八年八月二七日、日本を含む一五ヵ国が不戦条約に調印した。石原構想を実現しようとすれば、これらの諸条約に違反することになり、日本は全世界から侵略者として非難弾劾される惧れが大きい。石原はこの危険性を次のように認めている。

故に吾人が支那中心の戦争を準備せんと欲せば、東亜に加わりうべきすべての武力に対する覚悟を要す。……すなわちわが国の国防計画は米露および英に対抗するものとせざるべからず。

石原構想は、まわりの国々すべてを敵とする絶望的な自爆戦争に突入する危険を蔵していた。石原は日本国民を日本国体の大精神に統一せしめ、「戦争により日本の商工業に充分なる根底を養い、戦争によりかえって、国家経済の急劇なる進歩を来し」と超楽観的な希望的観測をのべている。経済に暗い一部軍人たちをふるいたたせるには役立っても、経済封鎖を受ければたちまち衰弱し、枯死してしまう日本経済の弱点は、大言壮語によっておおい隠せるものではない。「戦争により、戦争を養う」ことを石原は説いているが、まったく現実離れのした妄想であったことは、第二次世界大戦が証明した通りである。

桜会と天剣党

参謀本部ロシア班長橋本欣五郎中佐と陸軍省調査班長坂田義朗中佐および東京警備司令部参謀樋口季一郎中佐の三人が中心となって、一九三〇年に桜会を結成した。橋本中佐はトルコ駐在武官として勤務中、ケマル・アタテュルクを中心とする青年トルコ党が、軍事独裁により、トルコの近代化と国力の増強に成功したことから大きな衝撃を受けた。

一九三〇年五月には一〇〇名を超える中佐以下の会員を集めることに成功した。桜会趣意書によれば次の通りである。

……吾人はまずその核心たるべき為政者の重大なる責任を指摘せざるをえず。……その大本を没却して国是の遂行に勇なく、大和民族興隆の原素たる精神的方面は恬(てん)としてこれを顧みず、唯いたずらに政権、物資の私欲にのみ没頭し、上は聖明を蔽い、下は国民をあざむき、滔々たる政局の腐敗は今やその頂点に達せり。

要するに為政者はけしからんと主張していることはわかるが、一体何をしようというのかさっぱりわからない。こういう悲憤慷慨には型があって、精神主義を高唱し、私利私欲にふける為政者を弾劾する。上は天皇の聖明をおおい、下は国民をあざむくというあたりも共通しており、腐敗が頂点に達したという点も、一致している。

何か悲憤慷慨していることはよくわかるのだが、何を変革してどういう社会を作りたいのか、さっぱりわからない。

もう一つ、天剣党を見ておこう。

天剣党は、一九二七年七月に西田税（みつぐ）が陸軍の青年将校に働きかけて組織しようとした。西田税は陸軍士官学校在学中に、満川亀太郎、北一輝らを知り、北の国家改造法案に共鳴し、一九二五年に軍職を退いて、国家革新の運動に専念した。天剣党大綱は「わが党の目的は、上は天子より統治の大権を盗奪し、下全国民の上に不義驕恣（きょうし）を働くこの亡国的一群より、国家を奪還すること」だとしている。

具体的には憲法を停止し、議会を解散し、全国に戒厳令をしき、新国家を建設しようとするもので、テロによる軍事革命をめざしている。

桜会は参謀本部、陸軍省等に勤務する三人の中佐を中心に、全員中佐以下の一〇〇名の会員を誇ったのに反して、天剣党は陸軍を去った西田税が青年将校に働きかけたもので、会員の構成には大きな違いがある。

しかし、いたずらに悲憤慷慨してみずから酔っているところは共通であり、何ら具体的な政策を持っていないところも同じといってよい。要するに一九三〇年頃、一方では金解禁政策の影響で極端なデフレーションが進行し、国民の大半が生活の基盤を奪われて前途に深刻な不安を抱いたこと、今一つは海軍の軍備縮小問題をめぐって統帥権が干犯されたという海軍の一部や右翼の主張が共鳴者をえたこと、の二つの要因が重なりあって、政治を根本的に革新しなければならないという雰囲気が濃厚に醸成されたといえよう。

三月事件

一九三一年に入ると、国家〝革新〟を求める不穏な雰囲気は一段と深刻化した。さきにふれたように浜口首相が前年の一一月一四日に佐郷屋留雄に狙撃されて重傷を負い、一九三一年の三月一〇日、幽鬼のような姿で帝国議会に登院した。しかし四月一三日、浜口雄幸は病勢の悪化のため総辞職を余儀なくされ、若槻礼次郎が後継内閣を組織した。

このような政治的危機に乗じて、桜会は橋本欣五郎中佐を先頭に〝三月事件〟と呼ばれるまぼろしのクーデタを実行しようとした。桜会は陸軍の中央でも、小磯国昭（こいそくにあき）軍務局長、二宮治重参謀次長、建川美次（たてかわよしつぐ）参謀本部第二部長らから激励を受け、運動費を入手していた。

〝三月事件〟の計画はきわめて杜撰（ずさん）なものだった。右翼の思想家大川周明が浪人を動員して東京を大混乱におとしいれ、戒厳令の公布にまでこぎつける。陸軍大臣宇垣一成に組閣の大命が降下し、軍事独裁内閣を樹立するという筋書だった。宇垣大将ははじめこの計画に賛意を表していたらしいが、三月一〇日に、大川周明らに中止を命じたため不発に終った。

十月事件

三月事件の失敗を機に、橋本欣五郎中佐は陸軍の首脳に失望し、地方部隊の尉官級将校に働きかけている。七月一七日には長勇少佐を中心に陸軍士官学校第二八期から四二期にいたる青年将校五三名が偕行社に集まり、小桜会を結成した。

九月一八日には石原構想にもとづく満洲事変が勃発する。三月事件に失敗した橋本欣五郎中佐は、満洲事変と平行して国内に国家革新を断行することを決意した。これを十月事件という。その決行計画は次の通りである。

一夜にして政府機関を倒し、これに代るべきものに大命降下を奏請するにあり、これがため、各大臣、政党首領、某々実業家、元老、内大臣、宮内大臣等を一時に殺害する。陸軍の高級者も監禁ないし殺害する。これに使用する兵力は、歩兵二十三連隊、機関銃六十丁、毒ガス、飛行機等。

このほか警視庁、新聞社も占拠する。これらの兵力は全部小桜会の中少尉が引率し、これらの部隊を大は中隊、小は小隊に区分し、その長に各々別途命令を与う。長勇が首相官邸、小原重厚が警視庁、佐々木到一が陸相官邸、野田文男が外務大臣、菅波三郎が内務大臣、大川派や北派の岩田富美夫が新聞社というように襲撃責任者を決めた。（安倍源基『昭和動乱の真相』）

決行の日時は一〇月二四日午前三時となっており、クーデタ成功後には次のような内閣を予定していた。

内閣総理大臣　荒木貞夫（陸軍中将）
大蔵大臣　大川周明（法学博士）
内務大臣　橋本欣五郎（陸軍中佐）
外務大臣　建川美次（陸軍少将）
海軍大臣　小林省三郎（海軍少将）
拓務大臣　藤田勇
警視総監　長勇（陸軍少佐）

首相に予定されていた荒木貞夫は当時教育総監部本部長で、〝革新〟的思想の持主と見られていた。その後の言動が明示しているように、荒木中将は国家・社会の革新に関するなんらの定見をも持っていず、ただ桜会などの革新派軍人に迎合していたに過ぎなかった。だからこそ橋本中佐や長勇少佐にかつがれ、首相候補に挙げられたのである。

十月事件の計画は、一〇月中旬に参謀本部作戦課長今村均大佐の知るところとなった。南次郎陸相と金谷範三参謀総長とは、クーデタ計画者の弾圧を考えないで、首相に予定されていた荒木中将に橋本中佐や長少佐の慰撫を頼みこんだ。陸軍省と参謀本部との部局長会議では、クーデタの一派を憲兵隊の手で保護検束することに全員一致したのだが、荒木中将の猛反対により、荒木に慰撫を依頼したのだという。当時の陸軍中央がまだ基本的には健全であったにもかかわらず、尊王愛国の動機さえよければクーデタ計画も罰すべきではない、という考え方が次第にはばをきかせていたことがわかる。

橋本中佐らは築地の待合〝金竜〟で遊興しているというので、荒木中将は岡村寧次大佐とともに〝金竜〟へ出向いた。橋本中佐が不在のため、荒木は長勇少佐と会った。長少佐は要注意人物として、九月はじめ北京の公使館付武官補佐官に転出したが、わずか一週間で無断帰京し、〝金竜〟亭に一ヵ月半も流連していたのである。陸軍の軍紀はそこまで腐敗していた。

荒木中将は酒を汲みかわしながら、慰撫説得に努めた結果、ようやく計画を中止するという言質をとりつけた。その後橋本中佐と長勇少佐とは、形式的に憲兵隊により保護検束されたが、憲兵隊長官舎で、隊長夫人および令嬢から酒食の接待を受けている。

テロによるクーデタを共同謀議している橋本や長を軍法会議にかけるどころか、極力慰撫説得して酒食でもてなすとは、まったく言語道断である。張作霖爆殺事件の首謀者河本大作大佐を軍法会議にかけなかった前例に従ったのかも知れない。一九二八年から一九三一年にいたる日本陸軍は、それほど無法者集団化の兆を示していたのである。

一〇月下旬に南陸軍大臣は十月事件について閣議に報告したが、「今回の事件は、単に憂国慨世の熱情から出たもので、他意はなかった。ただこれを放置しておくと、外部の策謀に利用され、また軍規を破る行為ともなりやすいので、保護の目的で収容した」という内容であった。憂国慨世の熱情から出たものならどんな犯罪もゆるされる、という考え方は、法治国のものではない。

日本陸軍の主流がここまで堕落したのは、陸軍を統帥権独立の美名の下に国法の外に位置づけ、国家の外の独立国のような特別の存在にしたからであった。第一次大戦後、世界的に暴力を賛美する風が強くなり、世界各地で暴力革命を企図する結社や団体が雨後の竹の子のように発生した。共産党もその一つであるが、多くは国粋主義の右翼系である。

敗戦国のヴァイマル・ドイツにはヒトラー運動という極右政党が発生し、一九三〇年の九月選挙では地すべり的な勝利をえている。日本ではナチスのかわりに陸軍の青年・中堅将校が桜会などを作って、陸軍そのものを無法者集団に化していった。

日本陸軍の将校を養成するため陸軍士官学校の教育は、大正時代まで高等普通教育にも重きを置いていたが、昭和初期から軍事色が強まった。とくに高級将校の多くが一般中学をへないで幼年学校に学び、視野を狭くする傾向があったことは残念である。幼年学校では英語の代りにロシア語、ドイツ語、フランス語、中国語を外国語教育の中心にしたことにも問題があった。英米両国がコモンセンスを重視し、つねに世界的観点に立っていたのに反して、ドイツ、フランスおよびロシアは、政治地理的に地球的観点を欠いていたからである。

石原構想のような、一面天才的に見えるが他面世界の広さと深さとを見失いがちな独善的理論は、石原のドイツへの傾倒なくしては生れなかったであろう。

十月事件は不発に終ったが、その政治的影響は深刻であった。翌年の五・一五事件は荒木陸軍大臣が犯人に同情的な態度をとったこともあり、日本政治の右傾化を決定づけた。一九三六年の二・二六事件にいたっては、日本が兇暴な無法者的軍人の支配下にあることを世界に示した。大部分の軍人は国法を守り、任務に忠実であったが、桜会などに属する無法者的軍人は統帥権の独立を曲解し、目的さえ愛国・尊王であれば何をしても許される、と盲信した。その結果、日本の政治家と国民の中には、軍人に脅迫され、生命の危険におびえるものがふえていった。

第一三章　満洲事変

陸軍の不穏な動き

南陸軍大臣は〝昭和六年情勢判断〟を公式に策定した。参謀本部の建川第二部長の下で、満洲の張学良政権の反日政策に対し、親日政権への転換から直接領有まで、三段階の解決案が検討された。

一九三一年六月二七日、参謀本部の中村震太郎大尉が、中国軍に殺害され、七月二日、万宝山事件として知られる、朝鮮人農民と中国人農民との間の衝突が始まった。六月末に東京で鮮鉄（朝鮮鉄道株式会社）、満鉄、参謀本部関係者による交通連絡会議が開催された時、満鉄の十河信二理事は非常時の交通輸送計画が必要なことを説き、関東軍の武力行使が近いことをほのめかした。七月一七日、偕行社で長勇ら陸軍士官学校二八期から四二期にいたる小桜会が五三名集り、檄文を元老西園寺公に送付している。七月下旬には満洲青年連盟が満蒙独立に関するパンフレット五千部を内地に配布し、遊説隊を派遣した。

一九三一年八月二日、四日の両日、臨時の軍司令官、師団長会同が催され、南陸相が重大な訓示を行った。「内外無責任の位置にあるもの、ないし国防に関心を有せざるもの」は、軍部が国家の現況に盲目で不当の要求をあえてするものとし、軍縮が鼓吹されたり、国家国策に不利な言論が宣伝されたりする現状を指摘した後、陸相はこれら「謬論を是正」することを求めた。

この陸相談が発表されると、八月五日の『朝日新聞』は「満蒙外交を軍人一流の考え通りに引きずってゆこうと焦る意図のあらわれ」であると批判した。八月二一日、若槻首相は南陸相に警告している。同じ頃、原田熊雄男爵は、住友銀行支店長から「大阪あたりを中心に満洲へ出兵の噂がしきりに話題となり、満鉄の株価は暴落した」という情報を聞いた。

柳条湖の爆破

一九三一年の九月一八日午後一〇時二〇分頃、関東軍独立守備歩兵第二大隊の川島正第三中隊長から指示を受けた河本末守中尉は、奉天駅の北方約八キロの柳条湖で、南満洲鉄道の線路を爆破した。この爆破はきわめて小規模なもので、その直後に満鉄の急行列車が無事爆破地点を通過したほどである。

独立守備歩兵第二大隊の兵営内には、極秘裡に二四センチ榴弾砲二門が用意されていた。

河本大作が張作霖の爆破事件で処分された後、板垣征四郎大佐が関東軍高級参謀に任命された。板垣は石原のような思想家ではなかったが、石原構想を高く評価し、石原作戦参謀に万事を一任する態度をとった。

新任早々の本庄繁関東軍司令官は九月一八日、遼陽の第二師団司令部の検閲を終えて、午後一〇時過ぎに旅順の軍司令部に帰着した。板垣高級参謀は二四センチの巨砲を用いて北大営と奉天城内の中国軍に猛烈な攻撃を加えた。張学良は中国軍に撤退を命じたので、独立守備隊は奉天全域を制圧することになる。

板垣高級参謀からの「暴戻なる支那軍隊は満鉄線を爆破、守備兵を襲い、かけつけたるわが守備隊と衝突せりとの報告により、奉天独立守備歩兵第二大隊は現地に向い出動中なり」という電報が旅順の本庄司令官の下に届いたのは、午後一一時四六分であった。

本庄関東軍司令官は板垣、石原両参謀の陰謀についてまったく知らされていなかったので、はじめ大いに迷った。しかし石原参謀と片倉衷（ただし）大尉らの熱心な説得によって次第に傾き、九月一九日午前〇時二八分に到着した〝戦闘拡大中〟の電報を見て、遂に決意を固めた。午前三時半、本庄司令官は幕僚をしたがえて旅順を出発し、途中在留邦人の歓呼の声に迎えられながら奉天に到着した。午後五時四〇分、本庄関東軍司令官は陸軍大臣と参謀総長にあてて「事態ここに至れる以上、この絶好の機会において、まず軍が積極的に全満洲の治安維持に任ずるは、もっとも緊要なりと信ず。これがため平時編成の三個師団の増援を必要と信ず」という電報を打った。

遼陽の第二師団は奉天に兵力を集中するように命ぜられ、午前四時四五分には奉天に到着した。一九日の午前中に鳳凰城、安東、営口なども日本軍の手に入った。これは朝鮮軍が来援する途を確保しておくためである。

石原参謀の計画には当初から朝鮮軍の来援が予定されていた。ところが、九月一九日の閣議が事件の不拡大を決定した結果、参謀本部は朝鮮軍の国外出兵を阻止する方針をとり、同日午後零時三〇分、「関東軍増援の件、奉勅命令下達まで見合されたし」という参謀総長名の電報が朝鮮軍司令官に発せられた。この命令が守られていれば、満洲事変は挫折したはずである。

朝鮮軍の越境

しかし、朝鮮軍には石原参謀らの同志がいて、林銑十郎朝鮮軍司令官を動かした。九月二一日午後一時二〇分から四時半の間に、朝鮮軍の歩兵第三九旅団は鴨緑江を渡って満洲に入り、関東軍司令官の指揮下に入った。その後も続々朝鮮軍の増援は続いた。

当時の首相若槻礼次郎は、『古風庵回顧録』の中に〝命令を聞かぬ軍隊〟と題して正直に告白している。

その年〔昭和六年〕の九月のはじめのある朝、私は驚くべき電話を陸軍大臣〔南次郎〕から受けた。それによると、昨夜九時ごろ、奉天において、わが軍は中国兵の攻撃を受け、これに応戦、敵の兵舎を襲撃し、中国兵は奉天の東北に脱走、わが兵はいま長春の敵砲兵師団と戦を交えつつある、という報告であった。これがいわゆる満洲事変の第一声であった。

そこで政府は直ちに臨時閣議を開き、事態を拡大せしめないという方針を定め、陸軍大臣をして、これを満洲のわが軍隊に通達せしめた。これはわが国が九ヵ国条約や不戦条約に加盟しているので、満洲における今度の出来事が、それに違反するかどうかを確かめる必要があるので、その間事態の拡大を防ぐのが当然であるから、右の措置をとったのであった。（中略）

満洲軍が事を起したときは、満洲のわが軍は一個師団ばかりであったろう。それで満洲軍から林朝鮮軍司令官に援兵を求め、林は直ちに二個師団を満洲に派兵した。

元来軍隊を外国に派遣するには勅裁を受けなければならない。しかるに朝鮮軍司令官は、この手続きを経ないで、派兵してしまった。そこで金谷参謀総長は参内して、事後の御裁可を仰いだ。陛下は、政府が経費の支出を決定しておらないというので、御裁可にならない。参謀総長は非常な苦境に陥った。

そこで南が私に、軍費を支出するということを総理大臣から奏上して、参謀総長を助けてもらいたいと、頼んできた。閣議を開くと、閣員たちは、南が政府の命令を承知して帰りながら、満洲軍がちっともそれを行わんといって、陸軍の態度に憤慨しているので、なかには政府の全く知らんことで、支出の責任を負うことはないと、反対するものもあった。

しかし出兵しないうちならとにかく、出兵した後に、その経費を出さなければ、兵は一日も存在できない。食うものもないことになる。それならこれを引き揚げるとすれば、一個師団位の兵力で、満洲軍が非常な冒険をしているので、絶滅されるようなことになるかも知れん。だからいったん兵を出した以上、その経費を支出しないといえば、南や金谷が困るばかりでなく、日本の居留民たちまで、ひどい目にあうに違いない。

そこで私は、閣員の賛否にかかわらず、すぐに参内して、政府は朝鮮軍派兵の経費を支弁する考えでありますと奏上した。私が退出すると、金谷が御前に出て、出兵の勅裁を受けた。しかしその御裁可の時に、陛下から、〝将来を慎しめ〟と御叱りをこうむったようである。

抜群の秀才として有名な若槻首相は、一生懸命になって弁解しているが、右の措置により、朝鮮軍出兵の政治的責任は、若槻首相が負うことになった。若槻は心を鬼にして、満洲へ無断越境した朝鮮軍を少くとも一時的に見殺しにすべきであった。もしそうするだけの勇気が若槻首相にあったとしたら、日本は絶望的な自殺戦争に突入することはなかったはずである。若槻ら政治家は、やがて十月事件という形をとる〝革新〟派軍人のテロが何よりも恐ろしかったのであろう。

事変拡大

一九三一年九月二二日、関東軍の三宅光治(みつはる)参謀長、土肥原賢二特務機関長、板垣、石原、片倉の三参謀らが瀋陽館で協議して、次の「満蒙問題解決策案」を作成した。

第一　方針

わが国の支持を受け、東北四省および蒙古を領域とせる宣統帝を頭首とする支那政権を樹立し、在満蒙各民族の楽土たらしむ。

第二　要領

一、国防、外交は新政権の委嘱により、日本帝国において掌理し、交通、通信の主なるものはこれを管理す。内政その他に関しては、新政権みずから統治す。

二、頭首およびわが帝国において国防、外交等に要する経費は、新政権において負担す。

三、地方治安維持に任ずるためおおむね左の人員を起用して鎮守使とす。

熙洽(きは)　吉林地方

張海鵬　黒竜、洮南(とうなん)地方

湯玉麟（または張宇昌）　熱河地方
于芷山　東辺道地方
張景恵　ハルビン地方
（右は従来宣統帝派にして、当軍と通信関係を有す）
四、地方行政は省政府により新政権県長を任命して行う。

この文書には、満蒙を直接占領する意見が中央に容認されないため、石原参謀が〝万斛の涙を呑んで、満蒙独立国家案に後退した〟もので、将来好機があれば満蒙領土案を実現したいと書き込んでいる。

この満蒙問題解決策案は、着々と実行に移された。若槻礼次郎の回想によって当時の政府がどんな状況の下に置かれていたかをふりかえろう。

内閣が事件不拡大方針を定め、陸軍大臣をしてこれを満洲軍に通達せしめたのに、満洲軍はなおその前進を止めない。陸軍大臣にそれを責めると、そのままにして置くと、居留民が危害をこうむる恐れがあるから、やむをえず進撃するのだと弁解する。満洲軍が吉林に進んだので、政府の方針に反するじゃないかというと、南は熙洽が大軍を擁して、吉林にいて、満洲軍に不安を与えるから、進撃はやむをえないと答える。満洲軍が鉄道線路の西側に進出したのは、嫩江の鉄橋を守らなければならないからだという。それなら嫩江に止まるかと思えば、敵が近くにあって安心できんといって、さらに進出する。それならば東支鉄道を越えてはならんぞというと、陸軍大臣は、その通り越えさせませんというが、満洲軍はチチハルにゆき、さらに黒河まで行ってしまった。このように日本の軍隊が日本の政府の命令に従わないという、奇怪な事態となった。

板垣・石原両参謀は、日本国内や朝鮮軍内にいる同志と協力して、満蒙独立案を着々と進めているのに対し、若槻内閣はすでにのべたように、九月二一日には英国の金本位制離脱という痛打を受け、経済政策が完全に行きづまっていた。閣内から安達謙蔵内相のように、二大政党の挙国一致連立内閣でなければ、危機は乗り切れないという意見も出はじめ、若槻内閣はすでに死体といってよかった。こんな弱体内閣では、統帥権の独立という美名の下に暴走する板垣や石原を抑えられるはずがない。

柳条湖事件発生の報を特務機関から受けた森島守人領事は、板垣高級参謀に向かって、外交交渉による平和的解決の必要を説いたところ、板垣参謀は語気荒く、「すでに統帥権の発動をみたのに、総領事館は統帥権に容喙、干渉せんとするのか?」と食ってかかった。軍人が〝統帥権〟の美名の下に暴走しはじめた場合、まったく手がつけられない。

同席していた花谷正少佐は、森島領事の面前で軍刀を抜き、統帥権に容喙するものは容赦しないと威嚇した。当時の革新派将校たちが、どれほど無法者化していたかを示している。

〝満洲国〟の建国へ

九月二二日の瀋陽館の参謀会議において、宣統帝を頭首とした新政権の樹立が打ち出された。宣統帝を利用する案の出所は、参謀本部から関東軍の暴発を防ぐため派遣された建川美次参謀本部第二部長であった。建川部長は板垣高級参謀のもてなしを受けて酔いつぶれ、結局板垣・石原両参謀の同調者となってしまった。関東軍は一〇月一〇日、土肥原賢二大佐を天津に派遣した。

一一月八日、土肥原大佐は天津の朝鮮人街で暴動を起こさせ、天津軍の出動にこぎつけた。清朝最後の皇帝溥儀は天津の日本租界にかくまわれながら、復辟の情熱をもやしつづけていた。溥儀は天津を脱出し、塘沽(タンクー)から満洲に向かい、一三日には営口に着いて、関東軍に保護された。

関東軍は各地の有力者を組織してゆくかたわら、満洲青年連盟が作成した地方自治指導部設置要項にもとづいて、一一月一〇日には自治指導部が創設された。一一月二四日、奉天地方治安維持委員会は奉天・吉林・黒竜江・熱河各省の代表者会議を開くことを決議している。

一九三二年二月一六、一七日には、熙洽(きはく)、張海鵬、馬占山、臧式毅(ぞうしきき)ら巨頭が建国会議を開くまでになった。この会議で東北行政委員会が組織され、満蒙新国家独立の宣言が発表された。

こうした動きの背後には関東軍の幕僚たちの指導があったことはもちろんである。新国家を帝政にするか、共和制にするかで激論がたたかわされたが、板垣高級参謀の指導で溥儀を執政とする共和制に決した。溥儀の念頭には帝位につくことしかなかったから、大いに不満であったが、板垣大佐に従わざるをえなかった。

一九三二年三月一日の清朝の紀元節当日、〝満洲国〟政府の名で建国宣言が発表された。こうして関東軍の謀略によって、一二〇万平方キロメートルの国土を有する、人口三四〇〇万人のかいらい国家が誕生した。

注目されるのは、満洲事変の軍事行動がはなばなしく展開されるにともない、多くのマス・メディアの論調は、戦時には権力者を支持するという原則に従って、関東軍を英雄視し、多数国民も関東軍の決起を支持しはじめたことである。就職難で失業状態にあった一九三一年三月の大学卒業生のなかには、満洲国に夢を求めて渡満するものが少くなかった。

国際連盟と満洲事変

ジュネーヴの国際連盟では、日本は英国、フランス、ドイツおよびイタリアとならんで常任理事国であった。九月二一日に、中国の代表施肇基が本国政府の訓令にもとづいて、国際連盟規約第一一条により、事件を正式に提訴した時には、情勢はまだ緊迫していなかった。何よりも英国が金本位制を離脱しなければならないほどの内政上の危機に直面していたからである。また国際連盟の外にあって絶大な影響力を持つ米国の国務長官スティムソンは回想記の中で、「幣原男爵こそ事件の円満解決の鍵を握る人であるから、彼の仕事を困難ならしむるような手段を採ってはいけないということは、われわれにも明瞭であった」とのべている。米国は関東軍の幕僚たちの危険性をまだ認識していず、若槻・幣原の文民政府の力を過大評価していたのである。

一九三一年九月二五日、国際連盟理事会議長レルーからの通告に対し、「日本軍隊は事件勃発の当初より、その行動を軍自身の安固、鉄道の保護および居留民の安全に局限しており、また帝国政府としても終始事件の拡大悪化を防止するの方針を堅持しおるとともに、両国間の交渉により、一日も速かに本件を平和的に解決せんことを念としおる次第にして、今後といえどもこの方針を変更する意毫もなし」と回答した。

さらに軍隊の撤退問題については、次のように方針を明らかにした。

わが軍隊は目下おおむね鉄道附属地内に帰還集結し……居留民の安全、鉄道の保護の必要の許す範囲内における最大限度の撤退を実行しおり、今後事態の改善とともに、さらにできうるかぎり附属地内に帰還せしむる方針なるを以て、この点に関する帝国政府の誠意ある態度に信頼せられんことを希望す。

九月三〇日の国際連盟理事会は、日本が満洲においてなんら領土的目的を有しないという日本政府の声明の重要なことを認め、また「日本政府はその臣民の生命の安全および財産が有効に確保せらるるに従い、日本軍隊を鉄道附属地内に引かしむるため、すでに開始せられたる軍隊の撤退をできうるかぎり速かに続行すべく、最短期間内に右の意嚮（いこう）を実現せんことを希望する旨の日本代表の声明を了承す」という条項を含んだ決議案を採択して閉会した。

この理事会決議が守られていれば、事態は収拾されたはずである。東京の日本政府は、陸軍大臣や参謀総長を含めて決議案を支持していたが、関東軍はまったく別行動をとった。一九三一年一〇月八日には、関東軍の飛行機が錦州を爆撃し、世界を驚かせてしまった。爆撃に参加したのは八八式偵察機六機と張学良軍から押収したポテー機五機とである。午後一時四〇分、張学良の東北辺防軍司令部と第二十八師兵営および軍司令官代理張作相の私邸に二五キロ爆弾七五発を投下した。

関東軍は九月末から錦州に張学良軍の本拠が設けられたことを知り、将来反撃の基地になるものと判断したので、錦州爆撃にふみきったのである。満鉄附属地から遠く離れた錦州を関東軍の航空機が爆撃して、非戦闘員まで殺したことの反響は大きかった。従来日本に対して同情的であった国際連盟の諸国は、関東軍の蛮行に驚き、かつ怒った。

一〇月下旬に米国政府からの問合せに対し、日本はチチハルには進出しないと答えた。しかし一一月四日には関東軍と黒竜江軍との衝突が起こり、激戦の末関東軍は馬占山の指揮する一万の黒竜江軍を撃破して、一九日にはチチハルを占領してしまった。

まだこの段階では、日本は国際連盟の常任理事国として、一応の敬意を払われていた。パリの国際連盟理事会は一二月一〇日、「調査し、報告する」という任務だけを与えられた五人の調査団を現地に派遣することを満場一致で決議した。日本も時間をかせぐため、この構想に進んで賛成した。

一九三二年一月一四日、英国のリットン卿、米国のマッコイ少将、フランスのクローデル中将、イタリアのアルドロヴァンディ＝マリスコッチ伯爵およびドイツのシュネー博士の五人が委員に任命され、リットン卿が委員長となった。

若槻内閣の崩壊と犬養内閣の成立

国内では井上蔵相の緊縮財政が完全にいきづまり、国外では関東軍が暴走するという政治的危機の中にあって、内務大臣の安達謙蔵は十月事件の危険な陰謀を察知した。もはや民政党の単独内閣では危機を乗り切ることができないと判断し、安達内相は二大政党の協力内閣を主張して若槻首相と対立した。閣内不統一のため一九三一年一二月一一日、若槻内閣は総辞職して、一三日政友会総裁犬養毅の新内閣が成立した。

犬養首相は、さきにもふれたように大蔵大臣にケインズ派以前のケインズ派といわれた高橋是清を起用した。高橋蔵相はただちに金輸出を再禁止し、日本の産業に活路を与えた。

高橋蔵相の登場によって、自殺を断念して再起を決意した経営者は少くなかったといわれるのも無理はない。日本の輸出は順調に伸びはじめ、景気も明るい兆候を見せた。

しかし関東軍の暴走のほうは、革新派将校たちに人気の高い荒木中将を陸相に任じ、危険な軍人たちに親しい森恪を内閣書記官長にしたが、何の役にも立たなかった。犬養首相は中国との関係が深く、中国の政府関係者の中に友人や知人がたくさんいたことに自信を持って、一二月二〇日頃、萱野長知（かやのながとも）を特使として南京に派遣した。

萱野特使は居正（きょせい）司法院副院長を通じ、孫科（そんか）（孫文の息子）行政院長ら中国政府の首脳と接触し、中国の宗主権下に自治政権を樹立する案を作成した。居正ら五名の委員からなる東北委員会を結成して満洲に送り込み、日中両国の経済的合弁による新政権の基盤にしようという萱野案が実現されていれば、日中両国の立場は両立できたはずである。後に発表されたリットン報告書は、この案と同趣旨であった。日本は国際的孤立におちいることなく、実質的には満洲における条約上の権限と影響力を強化できたはずである。

しかし、排他独占的に満蒙を日本の支配下に置こうとする関東軍とその同調者は、犬養首相の萱野工作を許さなかった。萱野特使が犬養首相に長文の暗号電報を打ったことから首相の秘密工作は暴露され、陸軍を憤激させた。森恪と首相との関係も険悪化した。

上海事変と総選挙およびテロ

一九三二年一月一八日、上海で日蓮宗の僧侶が中国人に襲われ、一人が死亡した。襲撃した中国人たちは、日本の特務機関に教唆されていたらしい。この事件がきっかけとなって、戦火は上海にまで拡大した。中国軍の抵抗は強力で、日本軍は海軍の陸戦隊も陸軍も苦戦した。中国民族主義の高揚は深い印象を与えた。他方、二月二二日突撃路を開くために〝肉弾三勇士〟が自爆したという話は美談として宣伝された。そしてようやく三月三日に停戦が成立した。

上海事変の最中、すなわち一九三二年二月二〇日に総選挙が行われ、犬養首相の政友会は不人気な民政党に圧勝した。政友会は三〇一議席をとり、民政党の一四六議席の二倍以上であったから、政局は安定し、犬養首相はこの大勝利を背景に何でもできたはずであった。

しかし日本国内では血なまぐさいテロが横行し、不吉な様相を呈していた。すなわち二月九日には前蔵相井上準之助が、そして三月五日には三井合名理事長団琢磨が射殺された。井上を殺した小沼正も、団を倒した菱沼五郎も、ともに茨城県出身で、大洗にある立正護国堂の行者井上日召に師事していることが判明した。

彼らは血盟団というテロ組織を形成して、一人一殺主義で民政党の若槻礼次郎、井上準之助、幣原喜重郎、政友会の犬養毅、財界の団琢磨、池田成彬（しげあき）、および西園寺公望、牧野伸顕、徳川家達を暗殺する予定であったという。

血盟団はテロリスト一人一人がそれぞれ担当の標的を狙うという特異な結社である。ただ殺すだけで、あとのことは考えないというところに、国家改造の捨石になろうという意気込みが示されている。殺されたのはいずれも信念の強い、立派な人物であった。金解禁以来の経済政策の完全な失敗に、国民の欲求不満は異様に蓄積されていたので、巷の声は被害者に同情してテロリストを憎む、というよりはテロリストの〝無私〟の行動に共感するものが少くなかった。

テロリストたちの教祖に当る怪僧井上日召が一九三二年三月一一日に自首したことで、血盟団事件は解決したものと信じられていた。

しかしテロはますます本格化し、現役の軍人や士官候補生までが参加するにいたる。日本は満洲事変のため国際的に孤立する一方で、国内では無法者のテロが横行し、テロリストが賛美される始末となった。明治以来、基本的には国際社会のすぐれた一員として尊敬されてきた日本国民は、理性を失いはじめた。まだ発狂したわけではなかったが、そういう傾向は次第に顕著となった。

第一四章　五・一五事件と国際連盟脱退

犬養首相の射殺

一九三二年五月一五日午後五時半頃、首相官邸の表門と裏門との二組に分れて侵入した暴徒は、首相官邸日本館食堂で犬養首相を発見し、日本間客室へ首相を連れ込み、拳銃で首相を射殺した。犬養首相の死亡時刻は五月一五日午後一一時二〇分であった。

思想研究資料特集第五十三号の『右翼思想犯罪事件の綜合的研究』によれば、襲撃の経過は次の通りである。

第一組に属する海軍側、三上卓、黒岩勇、山岸宏、村山格之、士官候補生側、後藤映範（えいはん）、八木春雄、石関栄、篠原市之助、野村三郎の九名は、午後五時頃若葉かおる九段靖国神社の神域に集合し、二輛の自動車に分乗し、三上、黒岩、後藤、八木、石関の五名は表門組として先頭の車に乗り、車内において拳銃三挺、手榴弾三個、短刀二口を各自に分配し、山岸、村山、篠原、野村の四名は裏門組としてこれに続き、車内において拳銃三挺、手榴弾三個、短刀一口を分配し、表門組は同五時二十七分頃、首相官邸表門より自動車を乗り入れ、表玄関より直ちに屋内に闖入した。裏門組はこれよりやや遅れ、同官邸裏門より邸内に進み、篠原は日本館正面玄関前方において、附近に居あわせた制服巡査に威嚇発砲し、その附近において見張をなし、その余の者は同玄関より屋内に闖入し、表門組と合した。

たちまちにして三上卓は、犬養首相が日本館食堂にいるのを発見し、これに対し、拳銃を擬し引金を引いたが、たまたま弾丸が装塡してなかったため発射せず、首相はさすがに泰然自若たる態度にてこれを制し、〝話を聞けばわかることじゃろう〟といいながら、胸のあたりに拳銃を擬す三上を誘導して、日本間客室に至った。首相は卓子の前に端座し、三上等は起立のまま、卓子を隔てて相対した。首相はこの間三、四回、〝ソンナ乱暴をしないでもよく話せばわかる〟とくりかえし、着座すると一同を見廻しながら、〝靴位脱いだらどうじゃ〟といった。三上は〝われわれが何のために来たかわかるじゃろう。何かいうことがあればいえ〟と申し、首相は何事かいい出さんとして少しく体を前に乗り出した。この時山岸は、〝問答無用射て〟と叫び、これと同時に黒岩、三上の拳銃が首相の頭部に向って火を噴いた。（中略）一同は首相を射って、直ちに官邸を引きあげた。この間、警衛の警視庁巡査田中五郎、平山八十松は、闖入者を阻まんとして、拳銃にて射撃せられ、田中巡査は死亡し、平山巡査は重傷を負うた。

この夜犬養首相の女婿芳沢謙吉外相らが徹夜していた時、森内閣書記官長は「総理も間違っているよ」と発言した。芳沢がわけを尋ねると、森は「陸軍の若い連中を三十人位首切ってしまえば統制は回復できる。それには自分が参謀総長の御諒解をえて、それを陛下に申し上げる、そういうことを総理は考えていた。これがいけないんだ」と答えた。芳沢はこれを聞いてヒヤリとしたと古島一雄に語っている。

被告を賛美する狂った世論

いわゆる革新将校の規律違反を、張作霖の爆殺事件の時も、三月事件、満洲事変、十月事件等に際しても、厳罰に処することができなかったところに、最大の禍根があった。犬養首相の考え方は正しく、森書記官長は根本的に間違っていた。

五・一五事件についても、犯行の動機が純粋であるとか、愛国の至情に出たものであるとかいう同情論ばかりが強調されて、厳罰は行われなかった。事件の一年余り後に公表された司法、陸軍、海軍三省の共同声明は次の通りである。

本件犯罪の動機および目的は、各本人等の主張するところによれば、近時わが国の情勢は、政治、外交、経済、教育、思想および軍事等あらゆる方面に行きづまりを生じ、国民精神また頽廃(たいはい)を来したるを以て、現状を打破するに非ざれば、帝国を滅亡に導くの恐れあり。しかしてこの行きづまりの根元は、政党、財閥および特権階級たがいに結託し、ただ私利私欲にのみ没頭し、国防を軽視し、国利民福を思わず、腐敗堕落したるによるものなりとなし、その根元を剪除(せんじょ)して、以て国家の革新を遂げ、真の日本を建設せざるべからずというにあり。

今日冷静な頭でこの共同声明を読めば、一九三三年頃の日本人がすでに発狂していたと断定しなければなるまい。

右の共同声明と同時に発表された荒木陸軍大臣の次の談話は、さらに驚くべき内容である。

純真なるこれ等青年が、かくのごとき挙措に出でたる心情を考えれば、涙なきをえない。真にこれが皇国のためになると信じて行なったことであるが故に、この事件を契機として、再思三省を以て被告の心事を無にせざらんことを切望する。

これではまるで、虐殺された犬養首相のほうが悪人で、テロリストは「皇国のためになると信じた」愛国の志士だということになる。

そもそも荒木陸軍大臣は、一一名もの陸軍士官学校の士官候補生が反乱罪を犯して犬養首相を襲撃し、射殺したからには、当然その責任をとって辞職しなければならないはずである。ところが、みずからの責任逃れと留任のために、荒木陸軍大臣は反乱罪の被告たちを〝純真〟とか、〝皇国のため〟とかほめたたえる醜悪な運動をした。

五・一五事件は二度の護憲運動を通じてほぼ確立された議会政治を葬り、帝国議会に基礎を置かない超然内閣時代に逆行させた。そして荒木陸軍大臣のような無責任きわまる野心家がはばをきかせる時代が到来した。

首魁の三上卓、古賀清志両海軍中尉は死刑の求刑に対して禁錮一五年という寛大な判決を受け、後藤映範ら一一名の士官候補生はわずか禁錮四年という軽い刑に処せられるにとどまった。

五・一五事件の被告をほめたたえて減刑しようという運動は、全国的規模で展開された。被告たちを義士扱いにして、全国から被告たちを激励する手紙や贈物が送られてきた。被告に結婚を申し込んだ女性も少くなかった。五・一五事件は、日本国民の少からぬ部分が精神に異常を来していることを示した。

斎藤内閣の成立

五・一五事件の後どんな内閣を作るかは、西園寺公にとっても昭和天皇にとっても大問題であった。侍従長は西園寺公爵を訪ね、昭和天皇の意向を伝えている。西園寺が作成した覚書は七ヵ条から成っていた。第一は首相が人格の立派な者であることが強調され、第二には現在の政治の弊を改善し、陸・海軍の軍紀を振粛するは一に首相の人格に依頼すとなっていた。第三は協力内閣と単独内閣などは問うところにあらず、第四はファッショに近き者は絶対に不可なり、第五は憲法は擁護せざるべからず、然らざれば明治天皇に相すまず、第六は外交は国際平和を基礎とし、国際関係の円滑に努むること、第七に事務官と政務官との区別を明らかにし、官紀振粛を実行すべし――というものであった。

これら七ヵ条には、憲法を尊重し、国際平和を主眼とすべき点が強調されている。西園寺公爵は、斎藤実がロンドン条約の締結に功績があったことを念頭において、斎藤実を推した。五月二六日、次のような内閣が成立した。

首相兼外相　斎藤実
内相　山本達雄（民）
蔵相　高橋是清（政）
陸相　荒木貞夫
海相　岡田啓介
法相　小山松吉
文相　鳩山一郎（政）
農相　後藤文夫
商相　中島久万吉（くまきち）
鉄相　三土忠造（政）
拓相　永井柳太郎（民）

高橋是清と山本達雄という政友・民政両党の長老が蔵相、内相という最重要ポストを占めた反面、青年将校や右翼に人気の高い荒木貞夫が陸相として留任したことは、斎藤内閣が妥協の産物であることを示していた。

一九三二年八月二五日に臨時議会が開かれ、困窮している農村の振興のため一億七〇〇〇万円の時局匡救(きょうきゅう)予算が提出された。一一月二五日の予算閣議では、七年度を二億九五〇〇万円上廻る二二億三九〇〇万円の予算が決定された。増加分は主として軍事費である。

満洲国の承認

犬養首相は、満洲国の承認が中国に関する九ヵ国条約にも不戦条約にも反する惧れが大きいため、満洲国の承認を避けようとした。犬養毅が陸・海軍人のテロリストに襲われた原因は疑いもなくこの点に存した。

斎藤内閣は満洲国の承認もやむをえないと考え、一九三二年七月六日、満鉄総裁内田康哉を専任外相に任命した。内田は満鉄に在職中関東軍に説得されて、満洲国承認論者となっていた。満洲国を承認するため日本の在満全権大使と関東軍司令官と関東長官とを同一人物に兼任させることとし、八月八日陸軍大将武藤信義を関東軍司令官に任命して、大使と長官とを兼ねさせた。

犬養首相が生命の危険を覚悟して満洲国を承認しなかったのは、中国に関する九ヵ国条約に違反すれば国際連盟から追放されることを知っていたからである。いまや内田外相が満洲国を承認し、関東軍の軍事力により満洲国を事実上領有したからには、日本と国際連盟との対立は必至であった。

一九三二年九月一五日に、武藤信義関東軍司令官と満洲国の鄭孝胥(ていこうしょ)国務総理との間に日満議定書の調印式が行われた。八月二五日に内田外相は、森恪の誘導的質問に対して「わが国民は、唯今森君のいわれました通りにこの問題のためには、いわゆる挙国一致、国土を焦土としても、この主張に徹することにおいては、一歩も譲られないという決心を持っているといわなければならない」と有名な〝焦土外交〟演説を行った。一九四五年には焦土外交は当然の帰結を迎えている。

リットン報告書

一九三二年一〇月二日にリットン報告書が発表された。報告書は一九三一年九月一八日の柳条湖爆破事件について、「日本軍の軍事行動は正当なる自衛手段と認むることをえず」と断じ、満洲国の成立事情に関しても、純粋に自発的独立運動の結果生れたものとは考えられず、日本人の手により着手、組織、遂行されたものとし、解決のための一〇項目の一般的原則をかかげた。その第一項は日中両国の利益を両立させることとなっていた。

満洲の特殊事情は報告書が強調したところであって、単に九月一八日以前の状態に戻ることは問題にならないとした。報告書は満洲国に代る具体策として、東三省（黒竜江省、吉林省、奉天省）自治的地方政府の設置を提案していた。

すでに九月一五日に日本は満洲国を承認していたから、新聞論調はリットン報告書に対してまったく理解を示さなかった。西園寺公爵が原田男爵に対して、「東洋の盟主たる日本」とか「アジア・モンロー主義」といった狭い気持を排して、「世界の日本」の立場にあって英米と協調してこそ満洲問題もおのずから解決する、と説いているのは傾聴に値する。残念ながらそういう理性の声は、曠野の怒声や罵声にかきけされた。

日本政府は、国際連盟理事会および臨時総会の首席全権に政友会代議士松岡洋右を任命した。松岡洋右はもともと内田外相の意中の人であったが、外務省の谷正之アジア局長と白鳥敏夫情報部長も強く推したといわれる。松岡はオレゴン大学に学んで英語をよくし、雄弁で精力的な政治家であった。一九三二年一〇月二一日夜、随員および多数の新聞記者を伴って盛大な歓送裡に東京を発ち、シベリア経由でジュネーヴに向かった。先着の佐藤尚武大使の出迎えを受けてジュネーヴに着いている。

一一月二一日開催の理事会において、報告書の審議は日本にとって不利なものであった。いわゆる一九人委員会が一二月一五日に決議した解決案は、米ソ両国が参加する和協委員会を設置するという日本政府の到底受け容れがたいものであった。一九人委員会の態度も次第に硬化し、進んで連盟規約第一五条四項の勧告の適用に進むことが予期された。

この間に日本軍は熱河に進出し、山海関を占領するにいたったので、二月一四日、一九人委員会は、総会への勧告案を採択した。つまり日本軍の満鉄附属地への撤退、満洲に対する中国の主権の承認とを含んでいたのである。

勧告案を審議すべき連盟特別総会は二月二一日から開催され、二四日、一九人委員会の勧告案を四一対一（棄権一＝シャム）で可決した。

佐藤尚武大使は、その場の光景を次のように活写している。

ここにおいて日本代表松岡は決然として立ち、日本は総会の決議に対して、深甚なる遺憾と失望を禁じえない。日本は極東の平和維持のためにあたう限りの努力を尽くしてきたのであるが、今や平和の維持上、日本は他の連盟加盟国との間に甚大なる見解の相違あることを認めざるをえない。日本はすでに連盟との協力のために最後の努力を払ったのであるが、今後ともあたう限り極東平和の維持、世界平和への寄与を尽くすであろうとのべ、最後に過去十七ケ月にわたる議長、理事会、および総会参加国代表の努力を謝し、静かに議場を去って行くのであった。長岡と私がこれに続き、他の日本代表部一同もともに議場をあとにした。

国際連盟からの脱退

松岡全権の退場は、日本国内では大変評判がよかった。しかし、原田熊雄男爵は『西園寺公と政局』の中で、「ところが実をいうと、先般来新聞の論調を不必要にというよりも、むしろ有害に硬化させて、ひいては国家の品性を傷つけさせたのは、誰あろう、ジュネーヴにいる松岡全権その人だったのである」と説いている。

松岡全権が国内向けの宣伝にばかり熱中したという宇垣大将らの非難は、松岡にとって心外かも知れないが、陸軍や右翼と組んで日本の国論を硬化させることによりみずからの国際的立場を強くしたいという松岡の計算は裏目に出た。松岡自身が自分の宣伝のとりこになってしまったからである。

日本の国際連盟脱退がどれほど重大な意義を持っていたかを、もっとも深刻に洞察していたのは、一九三三年三月二七日に発せられた昭和天皇の詔書であろう。斎藤実以下全国務大臣が副署しているが、この詔書の本当の意味をもっとも深く理解しておられたのは、昭和天皇であったと思われる。

国際社会の一員として世界各国と協力しなければ、日本には生きる途がないということは、明治以来、日本の不動の国是であった。国際連盟からの脱退が日本の孤立を意味することを、日本の為政者は皆正しく理解していたはずである。満洲で関東軍の一部が独断で行動を起こし、「満洲国」を作ったことは、中国に関する九ヵ国条約に反するばかりでなく、不戦条約にも違反する。内田外相や著名な外政家までが、満洲国を承認すれば国際連盟から脱退しなければならなくなることの意味を深く考慮しなかったことは、不思議としか形容できない。正気が失われれば、狂気が支配するようになる。
詔書のもっとも重要な部分は、次の通りである。

　今次満洲国の振興に当り、帝国はその独立を尊重し、健全なる発達を促すを以て東亜の禍根を除き、世界の平和を保つの基なりとなす。しかるに不幸にして連盟の所見これと背馳するものあり。朕すなわち政府をして慎重審議遂に連盟を離脱するの措置を採らしむるに至れり。

　しかりといえども、国際平和の確立は、朕常にこれを冀求して止まず。これを以て平和各般の企図は、向後亦協力してかわるなし。今や連盟と手を分ち、帝国の所信にこれ従うといえども、もとより東亜に偏して友邦の誼をおろそかにするものにあらず。愈信を国際に篤くし、大義を宇内に顕揚するは、夙夜朕が念とするところなり。

日本が国際連盟を脱退した一九三三年三月二七日は、ヒトラーがドイツで政権を獲得した二ヵ月後に近かった。それから七ヵ月近くたった一九三三年の一〇月一四日、ヒトラー・ドイツも国際連盟を脱退した。軍国化する日本とヒトラー支配下のドイツという二大無法者が国際連盟から外に出た。日本とドイツとが去った国際連盟には、一九三四年九月一八日ソ連が加入して、常任理事国となった。

アメリカ合衆国は国際連盟には入らなかったが、両者はつねに緊密な連絡をとりあっていた。米国は一九三三年一一月一七日、一六年ぶりでソ連を承認した。こうして日本の連盟脱退をきっかけとして、第二次世界大戦の両陣営が次第に形成されてゆく。

第一五章　ヒトラー政権

ヒトラー内閣の成立

日本が満洲事変によって国際社会から非難・弾劾され、国際連盟からの脱退へと暴走していた一九三三年一月に、ドイツではアドルフ・ヒトラーの内閣が成立した。これは単なる政変ではなく、民主主義と平和主義のヴァイマル共和国の崩壊と全体主義の好戦的政権の誕生を意味していた。軍国日本がヒトラー・ドイツと軍事同盟を結んだ結果、第二次世界大戦は不可避となった。日本の運命にとって、ヒトラーのドイツとの結びつきは命取りになったといっても過言ではない。ヒトラー政権の形成と発展を考察しておきたい。

ヴァイマル共和国は、よく知られている通り、徹底した比例代表制の選挙法を採用していた。したがって国会の勢力関係は国民の世論を忠実に反映したかわりに、政権を担当する多数派の結成は容易でなかった。ヴァイマル時代の初期には、社会民主党と中央党と民主党との三党がいわゆるヴァイマル連合として、政権を安定させた。

三党だけでは国会の過半数を制することができなくなってからは、人民党（Volkspartei）が加わって大連合を形成した。しかし一九二〇年代の終りに、ドイツが世界恐慌のため深刻な不況に襲われるにいたって、共産党と国民社会主義ドイツ労働者党（ナチと略称―ヒトラー運動）との左右両端の全体主義勢力が大いに伸びた。とくにナチの躍進は地すべり的で、一九三〇年の九月選挙では得票数を八倍増して社会民主党に次ぐ第二党となり、一〇七の議席を獲得した。

不況の深刻化に伴って、ナチ党は選挙ごとに得票数を増加した。一九三二年の七月三一日に行われた総選挙で、ナチ党は総得票数の三七パーセントを獲得した。しかし、これはナチ党の勢力の頂点であった。ヒトラーは、圧倒的な第一党になったことを背景にして権力を模索し、他方、ヒンデンブルク大統領の周辺もナチ党との取引きを考えた。シュライヒャー国防相の推薦で、フランツ・フォン・パーペンが組閣をし、反動的な有力者の内閣ができた。

パーペンは、一九三二年八月一〇日から一二日にかけてヒトラーと会談し、続いて一三日にはヒンデンブルク大統領がヒトラーを引見した。パーペンの意図は、ヒトラーという荒れ馬を飼い慣らすことにあり、これに反してヒトラーは、全権力を要求した。ヒンデンブルク大統領は、ヒトラーの要求を峻拒した。大統領は、ヒトラーを〝ボヘミアの伍長勤務上等兵（兵長）〟として軽蔑していたし、ヒトラーの対ユダヤ人政策はヴァイマル憲法に宣誓した大統領として呑めなかった。

一一月六日、再び総選挙が行われ、ナチ党は一三七〇万票から一一七〇万票へと急落した。議席一九六で第一党ではあるが、「ナチは不敗である」という神話が崩れた。他の政党を見ると、社会民主党が七〇万票を失って一二一議席、共産党は七〇万票を増やして一〇〇議席となった。再び大統領とヒトラーとの間の交渉が行われたが、一一月二四日に至って打ち切られた。そして、パーペン内閣が下野してシュライヒャー内閣が成立し、ドイツの政局は進むことも退くこともできない状況に陥った。

このような場合、ヒトラー内閣が成立する必然性はなかった。なぜならば、まず第一にナチ党は一一月選挙で著しく後退し、第二にヒトラーはヒンデンブルク大統領から信任されていない。長期の不況も、一九三三年一月に入って復調の兆しを示し始めた。したがって、可能性としてはヒンデンブルク大統領が信任する大統領制内閣をつくって、それを国会の多数が寛容するということもできたはずである。ナチ党による内乱の脅威もなかった。内乱を起こせば、国防軍が容易に鎮圧できたであろう。こういう行詰りを打破したのは、ヒンデンブルク大統領周辺の側近たちの陰謀であった。

ヒトラーは、共産党が膨脹していることを強調して、ボルシェヴィズムの脅威を力説した。パーペン前首相を中心とするヒンデンブルクの側近たちは、大統領が老化してほとんど耄碌(もうろく)しているのに乗じて、ヒトラーを「飼い慣らす」内閣をつくりあげることに成功した。この内閣の首相はもちろんヒトラーで、フランツ・フォン・パーペンが副首相、フリックが内相である。農業経済相としては財界右派の指導者フーゲンベルクが就任し、法相にはフランツ・ギルトナーが選ばれた。そして、国防大臣には陸軍の首脳の一人、フォン・ブロムベルク将軍が入り、鉄兜団の首領フランツ・ゼルテは労働大臣になった。外相にはフォン・ノイラート男爵が就任した。蔵相はシュベーリン・フォン・クロージック伯爵であった。運輸郵政相にはエルツ・ルーベナッハ男爵が就任した。パーペンの心づもりでは、これら有力な右翼政治家とともに入閣して、無法者のヒトラーをがんじがらめにすることができると信じていた。ヒトラーは、ナチ党からフリック内相とゲーリンク無任所相を出しただけである。

緊急令

ところがヒトラーは、このパーペンの包囲網を切断するために総選挙を行うこととし、三月五日と決定した。総選挙の結果、ナチ党は二八八議席、すなわち四三・九パーセントで、なお過半数に及ばなかった。ヒトラーは失望したが、二月二七日に国会議事堂に火災が起こったのに乗じて「民族と国家を守るための大統領緊急令」を、二月二八日付で出した。これはヴァイマル憲法四八条に基づくものである。この緊急令はドイツ憲法の一一四条、一一五条、一一七条、一一八条、一二三条、一二四条および一五三条の効力を停止するもので、言論・集会・結社の自由を含む自由な意見の表明権は完全に制限され、親書・郵便・電信・電話の秘密への介入も認められた。家宅捜索および財産の差押えと財産権の制限は、法律の規定にかかわらず、この緊急令によって許されることになる。

従来、ヴァイマル・ドイツでは憲法四八条に基づき「自由権・基本的人権」の制限が行われたことはあったが、その場合も、逮捕された者は二四時間以内に裁判官の取調べを受け、弁護士を依頼し、書類を閲覧し、補償を請求する権利を保障されていた。ところが、この大統領緊急令によって、〝人身保護〟を含む人権・自由権は完全に奪われ、法治国の原則は葬られた。警察はいまや誰でも勝手に捕らえ、理由も示さず、訊問もせず、いつまでも放置できることになった。こうして例外状態が恒久化され、ヒトラー・ドイツの第三帝国が滅亡するまで、この大統領緊急令がヒトラー独裁を支えたのである。

一般には、授権法が過大視されている。たしかに授権法そのものは特異なものであるが、ヒトラー独裁はほとんどの弾圧を大統領緊急令で行い、授権法はそれほど大きな役割を果たさなかった。

三月選挙の結果、憲法を改正するに必要な三分の二の多数を得ることができなかったので、ヒトラーは共産党を非合法化し、中央党を手なずけて、授権法の成立に必要な三分の二の多数を手に入れた。これから、ヒトラーは一九三七年までほぼ四年かかって、七〇〇万近かった失業者を一掃することに成功し、ドイツ国民多数の支持を得ることになる。

ヒトラーは、これ以後ナチ党以外の政党を解体し、労働組合その他のすべての団体を解体するか骨抜きにするために、全力を尽くした。政党の解体は一九三三年七月五日、中央党が解体して完了した。労働組合は一九三三年五月二日、全国の労働組合の本部および支部を突撃隊と親衛隊および警察力によって占拠し、多数の組合職員に暴行を加え、逮捕して、収容所に送った。

ドイツには、プロテスタント教会とカトリック教会という二つの強力な教会組織があったが、ヒトラーはプロテスタント教会の一部を「ドイツ・キリスト者」と称するナチ党に忠誠なキリスト教組織に改編した。カトリック教会とはバチカンのローマ教皇庁と外交交渉をして、教会の活動を許容するかわりに教会はヒトラーの支配に協力するという約束をとりつけた。

軍と突撃隊

次のヒトラーの目標は、軍、とくに陸軍をナチ党の支配に服させることであった。ドイツ軍部は、軍国日本の軍部と違って、貴族主義的な伝統を強くもっており、ナチ党のような無法者の暴力組織とは共存できなかった。

これに反してヒトラーの突撃隊は、総選挙をはじめいろいろの選挙に際し、街頭の暴力を中心にナチ党を勝たせる上で絶大な役割を演じた。しかしヒトラーが政権を取った後、突撃隊は目標を失ってしまった。彼らの中には、軍を突撃隊が、いうならば接収して、突撃隊がドイツ軍の中心になるべきだと考える者もいた。そこで、陸軍と突撃隊との間の関係は次第に緊張し、一触即発のような情勢となった。

ヒトラーは、この場合、突撃隊が強力になり過ぎることを恐れ、国防軍のみが唯一の国軍であることを明らかにし、ロェーム突撃隊長を抑えた。

一九三四年六月一七日、パーペン副首相はマールブルク大学で学生に講演した。その中でパーペンは、法の無視・伝統の無視・宗教の侵犯などに鋭く批判を加えた。この演説の原稿は、ドクター・ユンクという保守思想家の手にかかるものであり、突撃隊を主要な目標としていた。

ロェームは身に迫る危険を感知せず、一九三四年六月八日、突撃隊に七月いっぱい休暇を与えた。ヒトラーは、ヴィースゼーという保養地に突撃隊の幹部を集めた。そして、六月三〇日午前四時、ヒトラーはミュンヘン市内の空港に到着し、自動車を連ねてヴィースゼーに向かった。ロェームは何も知らないままホテルに寝ていた。ヒトラーはそのロェームの居室に入って、美少年の副官を鞭打った後、ロェームを逮捕した。ロェームの部下ハイネスは運転手と寝ているところを襲われ、抵抗したので射殺された。ロェームは自殺を拒否し、七月一日射殺された。

このような蛮行が行われているのと並行して、首都ベルリンではゲーリンクが指揮して、突撃隊の幹部のほか、パーペンの演説を書いたドクター・ユンクなどを襲った。そして、前首相シュライヒャー夫妻も射殺され、ヒトラーの元同志グレゴール・シュトラッサーも殺された。

一九三四年七月一三日、国会の演説でヒトラーは、「犠牲者は七七人」と発表した。七月三日に「国家緊急防衛の諸措置に関する法律」という立法が行われ、一九三四年六月三〇日、七月一日、二日に反逆罪的攻勢を打倒するため行使された措置は、「国家緊急防衛として正当である」とされた。こういう血なまぐさい事件を経て、ヒトラーの支配するドイツは、親衛隊を中心とする暴政に移行した。

この六月三〇日事件の一ヵ月後、七月三一日、ヒトラーはノイデックで死を前にしたヒンデンブルク大統領に会い、その二日後に大統領は死んだ。八月一六日に発表された大統領の遺言では、「ドイツの運命をヒトラーに託す」となっている。しかし、ヒトラーに宛てた付属書簡では、ヒンデンブルクは国家元首と政府首席とは兼任しないよう求め、君主制の復帰を要望している。しかし、ヒトラーはこの手紙を握りつぶした。

大統領と首相の地位とを統合する法律は、八月一五日の人民投票で承認された。ブロムベルク国防相は、憲法と祖国に対してではなくて、ヒトラー個人に対する絶対服従の忠誠を誓った。一般公務員も、八月二〇日にヒトラーに忠誠を誓った。

連盟脱退と再軍備

以上のような国内の独裁化と並行して、ヒトラーは一九三三年一〇月一四日、国際連盟を脱退した。日本に遅れること七ヵ月である。ヒトラーはそれから再軍備に専念し、一九三三年一〇月二五日に空軍について初めて指示し、三五年三月、正式にドイツ空軍が発足した。一九三五年三月一六日には一般徴兵制が施行され、ドイツの再軍備は急テンポで進んだ。

一九三六年三月七日、ドイツ国防軍はラインラントに進駐した。これは、ヴェルサイユ条約とロカルノ条約との違反であるが、フランスも英国も何の対抗措置もとることはできなかった。このラインラント進駐が日本の二・二六事件の直後に行われたことは注目される。軍国日本とヒトラー・ドイツとは、東西において相協力して、国際社会の秩序を破壊しようとしていたのである。

この年の七月には、スペインで内乱が起こった。スペインでは本国に一万二〇〇〇人の兵力があり、スペイン領モロッコには三万七〇〇〇人の兵力がいた。本土の反乱は失敗に終るところであったが、ドイツの輸送機が反乱軍を本土に輸送して、フランコ将軍の反乱を成功させた。

このような日本とドイツとの協力関係は、一九三六年一一月二五日、日独防共協定として結実している。この防共協定には秘密協定・秘密書簡がついており、攻守同盟に近い性格をもっていた。これから四年近くの間、日独双方において、この防共協定を正式の軍事同盟に高めるためにあらゆる努力が行われ、策謀が企てられ、ようやく一九四〇年の九月二七日に、日独伊三国同盟が成立した。

人民戦線

このようなヒトラー・ドイツの戦闘的な外交と軍備拡充の推進は、ソ連の指導部を慌てさせた。もともと国際共産党（コミンテルン）は、ソ連共産党の政治局の指導によって動いていたが、ヒトラーの膨脹主義がソ連を脅威するに至って、コミンテルンは一九三五年の七月二五日から第七回大会を開いて、人民戦線を決議した。これは画期的なもので、それまでコミンテルンは、「主要な敵は、社会民主主義勢力である」という誤った考え方をもっており、ヒトラーが政権を取るときも、「社会民主党を中心とした勢力がドイツを支配するよりも、ヒトラー運動がドイツを支配したほうが、共産党には有利である」という錯覚に陥っていた。

しかし、蓋を開けてみると、ヒトラー運動がいかに共産主義運動にとって致命的な危険であるかということが分かったので、おそまきながらコミンテルンは方針の大転換を行い、「ヒトラー・ドイツの脅威に対抗しファシズムの脅威を防止するためには、共産党は社会民主党はもとより、ブルジョワ政党とも協力すべきだ」という方針に転換した。フランスでは、早速、人民戦線内閣が発足した。スペインでも人民戦線内閣ができた。フランコ将軍の反乱は人民戦線内閣を打倒するためのものであった。

このコミンテルンの方針転換が、どれほど重要な意味をもっていたかをまったく理解しなかったのが日本の軍部であった。満洲国というかいらい国家をでっちあげた後に、華北までも日本の勢力範囲下におさめようとする出先軍部の膨脹政策と、これを追認する東京の政府の方針とは、結果的には中国の民族主義を鼓舞することになっていたが、コミンテルンの方針転換は長年の間、中国共産党が国民党を主たる敵として内戦を続けていたことに対する猛反省を意味した。

そこで人民戦線政策は、日本の運命に大きな影響を与えることとなり、早くも一九三五年の八月一日には、中国共産党は中国同胞に対し、抗日救国統一戦線に結集するよう、有名な「八・一宣言」を出している。その年の一二月二五日には、中国共産党中央政治局会議は広範な抗日民族統一戦線の結成を呼び掛け、富農の財産を没収することを停止する決議を行った。

人民戦線はまた、軍国日本とナチ・ドイツとが国際社会の公敵と認められ、国際社会から包囲される脅威にさらされたことを意味している。これを、軍国日本もナチ・ドイツも、ともに正しく認識しなかった。

第一六章　軍国主義化

滝川事件

国際連盟を脱退した日本政府は、その直後、京都大学の滝川幸辰教授に弾圧を加えた。前年一〇月に中央大学で行った「トルストイの刑法観」と題する講演で滝川教授が、社会は犯人に対し報復的態度で臨む前に犯罪の原因を究明すべきだ、と説いたことに対して、司法当局が文部省に処分を求めたのが発端であった。一九三三年に入ると、帝国議会で滝川教授の著書『刑法読本』が槍玉に上げられた。姦通罪を廃止すべきであるという主張が日本の国体に反するというのであった。敗戦後姦通罪が廃止されたことは、滝川教授の先見の明を証明している。

一九三三年四月一日に『刑法読本』が発売禁止処分となり、同月二二日鳩山文部大臣は小西重直京大総長に対し、滝川教授の辞職を要求した。京都大学法学部教授会は、これを学問の自由に対する侵害であると反発し、全教官三九名が総長に辞表を提出した。学生大会が開かれ、学生の退学届は一三〇〇通にも達した。しかし、卒業生などの慰留により学生はほとんど退学届を撤回し、教授、助教授の中にも辞表を引込めたり、いったん辞任してから先輩の慰留により復帰したものも多く、結局、佐々木惣一、滝川幸辰、恒藤恭、末川博ら七人の教授が辞意を貫いた。

学問の自由は現行憲法でも強調されているとおり、人間の自由のもっとも重要な一翼を構成しており、大学の自治は学問の自由を守るために不可欠であった。滝川事件後一九三九年一月には平賀粛学という形で、東京大学の河合栄治郎教授が文官分限令により休職となっている。滝川事件と河合事件とは、日本の自由主義思想家が軍国主義勢力によって追放された歴史的記念碑である。

佐野・鍋山の転向

一九三三年六月七日、市ヶ谷刑務所に収容されていた日本共産党の中央委員長佐野学と中央委員鍋山貞親とが転向を声明した。続いて七月六日には三田村四郎、高橋貞樹、中尾勝男らの最高幹部が転向を声明し、田中清玄、佐野博、風間丈吉らも加わった。一九三三年七月末まで五〇日間に、共産党関係の未決一三七〇名中四一五名、既決三九三名中一三三名が転向したといわれる。

佐野、鍋山らは、共産党が情勢の変化に適応できないのはコミンテルン（国際共産党）

の支部としてその硬直した画一的指導に従ったからだ、と考えた。一九三二年にコミンテルンはいわゆる「一九三二年テーゼ」を与えたが、これは「一九二七年テーゼ」への復帰を意味していた。来るべき日本革命の性格は、二段革命論にもとづき急速にプロレタリア革命に転化するブルジョワ民主主義革命と定義された。そして絶対主義「天皇制の打倒」と「帝国主義戦争の内乱への転化」とを中心課題とした。

天皇制打倒を共産党が高唱すればするほど、君主制に親しみを感じている民衆は党に背を向けた。満洲事変をきっかけとして日本国民が愛国心にめざめたおりから、共産党の「帝国主義戦争反対」のスローガンは共産党に対する民衆の反感を高めた。佐野、鍋山らは、コミンテルンへの盲従を批判することから一国社会主義建設の方向に進み、さらにアジアの被抑圧諸民族の先頭に立つという勇ましいスローガンの下に、軍国日本の膨脹政策に協力するにいたった。

一九三一年六月にコミンテルンから上海経由で受け取っていた資金ルートが絶たれた結果、資金作りのため婦人の党員や同調者などをカフェーやダンスホールで働かせたり、一九三二年一〇月六日には川崎第百銀行の大森支店で党員が銀行ギャング事件を起こして世人を驚かせたりした。もう一つ共産党を苦境に立たせたのは、党の中央委員にまでスパイが潜入していたことが判明し、一九三三年末には相互の疑心暗鬼から、宮本顕治らのインテリ派が大泉兼蔵、小畑達夫らの労働者派をスパイ容疑で査問中、小畑が死亡するという陰惨な事件まで発生した。

そもそも、日本共産党の指導方針はコミンテルンの指示した日本革命論にしたがって、目的のためには手段を選ばず、革命の幻想を追求しようというのであるから、官憲に逮捕されて長期の苛酷な取調べを受けた共産党員の中に、共産党理論の幻想性から解放されようとしたものが現れたのは当然であった。

ただ問題は、共産党の革命幻想を批判したとたんに右翼の革新論に同調し、当時の大日本帝国をそのまま肯定して満洲事変のような膨脹政策に同調したことである。この種の一八〇度の転向は、彼らの人間性にまで疑問を抱かせる。

天皇機関説問題

一九三五年、美濃部達吉博士に代表される天皇機関説が突如として政界の大問題となった。美濃部博士の天皇機関説は、ドイツの公法学者ゲオルク・イェリネックの国家法人説に立ち、主権は法人格を有する国家に帰属し統治権の主体は国家であるとする。天皇は国家の統治権を行使する機関として、その権力も機関の権限である、というのである。これに反して、統治権の主体は天皇であると説くのが天皇主権説で、天皇大権の神権的絶対性を力説する。一九一二年の美濃部・上杉慎吉論争後、前者の天皇機関説が勝ち残り、立憲主義の基本理論となった。

ところが、満洲事変以後右傾の潮流を背景として、狂信的な右翼蓑田胸喜らは、美濃部東大教授をはじめ天皇機関説をとる憲法学者を〝不敬〟などとして非難し、告発までしはじめた。

一九三五年二月一八日、貴族院で、菊池武夫、三室戸敬光、井上清純らの議員が美濃部博士の憲法学説を天皇機関説として非難した。これら右翼議員たちは、勢いに乗じて美濃部学説を取り締まるように要求した。右翼的革新団体はもとより、在郷軍人などの圧力団体もさかんに気勢をあげた。一木枢密院議長や金森徳次郎法制局長官も機関説論者として攻撃を受けた。

はげしい右からの圧力に岡田内閣は遂に屈服し、八月三日と一〇月一五日の二回、〝国体明徴〟の声明を出し、帝国議会の両院も〝国体明徴〟の決議を満場一致で行っている。意味不明瞭の決議が大まじめで両院の支持をえているところに、時代の狂気がもっとも鮮かに現れている。政党も立憲政治の基本を否定する決議案に賛成して、みずから墓穴を掘った。

陸軍の派閥抗争

一九三一年以来、三月事件、十月事件、満洲事変などを通して、陸軍の政治力はとみに強大となった。なかでもとくに目立ったのは、犬養内閣から斎藤内閣にいたるまで陸相の要職に居座り続けた荒木貞夫陸軍大将であった。彼は多弁な精神主義者であり、当然憲法の立憲的解釈に反対で、天皇を神格化された大元帥であると主張した。

荒木は宇垣一成の影響力を排除することに全力を挙げ、陸軍省および参謀本部の要職から宇垣系を排して意中のものに代えた。柳川平助次官、真崎甚三郎参謀次長、小畑敏四郎第三部長、山岡重厚軍務局長、山下奉文(ともゆき)軍事課長、秦(はた)真次憲兵司令官らがその代表的なものである。なかでも荒木貞夫は真崎甚三郎と親しく、皇道という言葉を連発したので皇道派と呼ばれた。

皇道派の復古主義に対して、近代的な総力戦の準備を心掛けたのが参謀本部第二部長の永田鉄山を中心とするいわゆる統制派である。統制派は、荒木陸相らが青年将校をおだてあげることに批判的で、科学的に国策を立案し、軍が統制のある一体となって国家の革新を推進してゆこうとした。永田鉄山少将は、当時の陸軍中で傑出した逸材であった。永田らにかつがれたのが林銑十郎である。彼は満洲事変に際しては越境将軍として勇名をはせたが、荒木陸相のような派手な言動を慎しんだので、中央政界にも信用が厚かった。

一九三三年七月一一日に天野辰夫、前田虎雄、鈴木善一ら大日本生産党系が中心となって決起し、閣僚全員、重臣、政党首領、財界首脳をみな殺しにし、東久邇宮(ひがしくにのみや)を首班とする内閣を樹立しようとした。しかし、神宮外苑の日本青年館に集ったところを一斉に検挙された。これを神兵隊事件という。

陸軍内の派閥争いを背景にして、クーデタ計画はいくつか進められたが、いずれも失敗している。

一九三五年三月二九日に、陸・海軍大臣が閣議で天皇機関説の排撃を要求し、四月六日には真崎教育総監が〝国体明徴訓示〟を全軍に通達した。天皇機関説問題も皇道派による煽動であるという面が強かったので、林陸相と永田軍務局長とは、八月の定期異動で皇道派を一掃しようとはかった。真崎教育総監はこの方針に反対したため、まっさきに七月一六日更迭された。

皇道派の青年将校は、統制派を非難する怪文書を作って配布した。陸軍部内の派閥闘争は完全に泥仕合の様相を呈してきた。皇道派に心酔する剣道の達人相沢三郎中佐は、八月一二日、台湾への赴任の途中、陸軍省に立ち寄って、執務中の軍務局長永田鉄山少将を斬殺した。言語道断の暴挙である。

一九三五年九月五日、林陸相は引責辞職し、川島義之大将が後任となった。翌年一月からはじまった相沢三郎中佐の公判をめぐって、皇道派と統制派の対立・相剋は頂点に達し、二・二六事件の破裂となる。

二・二六事件

安倍源基著『昭和動乱の真相』は、一九三五年末の不穏な情勢を活写している。一九三六年一月二一日、政友会の不信任案に対して、岡田内閣は衆議院を解散した。二月二〇日の総選挙によって与党の民政党が二〇五議席をえて第一党となり、政友会は一七一議席に落ちた。岡田内閣は国民の支持をえたといってよい。

しかし、皇道派の青年将校にとっては、有権者の意志などはまったく問題外であったらしい。相沢三郎中佐に対する軍法会議に彼らの注意は集中し、二月二五日午前九時半、真崎陸軍大将が証人として出廷した時、最高潮に達した。

翌二月二六日午前五時頃、第一師団の第三連隊と第一連隊を主力とし、近衛師団の一部も加わった兵力一四七三名が首相官邸、蔵相私邸、内大臣私邸、侍従長官邸、教育総監私邸を襲撃した。兵力の内訳は将校二一名、見習士官三名、准士官・下士官九一名、兵一三五八名となっている。

その結果、高橋蔵相、斎藤内大臣、渡辺錠太郎教育総監は殺害され、鈴木侍従長は瀕死の重傷を負い、岡田首相は義弟松尾伝蔵陸軍予備役大佐が身代りとなり、奇跡的に助け出された。

二月二六日午後八時一五分の陸軍省発表は、「本日午前五時頃一部青年将校等は左記個所を襲撃せり」として首相官邸以下を列挙した後次のようにのべていた。

これ等将校の蹶起せる目的は、趣意書によれば、内外重大危急の際、元老、重臣、財閥、軍閥、官僚、政党等の国体破壊の元兇を芟除し、以て大義を正し、国体を擁護開顕せんとするにあり、右に関し、在京部隊に非常警戒の処置を講ぜしめたり。

二・二六事件に際して陸軍の中央部がどれほど混乱していたかをこの文書ほど雄弁に物語っているものはない。反乱を反乱と断定することもできず、反乱軍の宣伝に陸軍省が一役買っている感じである。

翌二月二七日午前三時に緊急勅令が公布され、東京市に戒厳令第九条および第一四条が適用されることになったが、二月二九日の暁方になって、ようやく〝二月二十六日朝蹶起せる部隊〟を武力鎮圧することに決したと戒厳司令部は発表している。

この事件に際して、日本陸軍の首脳がどれほど無為無能であったかは、驚くほかはない。とりわけ一九三五年九月五日に林陸相の後任となった川島義之大将に至っては、なぜこれほど無能な人物が陸軍の最高位に昇進しえたか、まったく説明がつかない。陸軍では「一天、二表、三敬礼、四馬鹿」が昇進に役立つといわれていた。一天は陸軍大学校卒を示す天保銭に似た徽章を意味し、二表は図表などを器用に作成する能力を指し、三敬礼は厳正な敬礼が上官を喜ばせたことをいい、四馬鹿は上官の感情を害したり誇りを傷つけたりすることをいわず、愚直に徹すれば昇進の機会にめぐまれることを指す。

二月二六日朝、真崎大将が陸相官邸表門に着いた時、反乱軍の磯部浅一らから、「閣下、統帥権干犯の賊類を討つために蹶起しました。情況を御存じでありますか？」と聞かれて、「とうとうやったか。お前たちの心はようくわかっとる」と答えている。

陸軍軍事参議官荒木貞夫、真崎甚三郎、阿部信行、林銑十郎、植田謙吉、寺内寿一、西義一の各大将も宮中に集り、荒木、真崎両大将を中心に左のような陸軍大臣告示をまとめた。

一　蹶起の趣旨については、天聴に達せられあり
二　諸子の真意は国体顕現の至情にもとづくものと認む
三　国体の真姿顕現（弊風を含む）の現状については恐懼に堪えず
四　各軍事参議官も一致して、右の趣旨により邁進することを申し合せたり
五　これ以上は一切大御心に俟つ

この告示は、反乱を是認し、反乱軍に同調している。当時の陸軍首脳がいかに無能かつ臆病であったかがわかると思う。

陸軍首脳の無為無能に対し、ただ一人国軍の統帥という正しい観点から反乱軍の鎮定を命じられたのは昭和天皇であった。反乱初日の二六日午前九時、川島陸相は参内して、反乱軍の蹶起趣意書を朗読申し上げただけで、なんらの対策も上奏していない。これに対して陛下は、速やかに事件を鎮定するよう命じておられる。

昭和天皇の明快かつ勇気にみちた御発言は本庄侍従武官長の日記に残されている。昭和天皇は二六日から二七日にかけて、二、三〇分ごとに本庄侍従武官長を召して、鎮圧を督促されている。

二月二七日、本庄侍従武官長が昭和天皇に対し、「彼等行動部隊の将校の行為は、陛下の軍隊を勝手に動かせしものにして、統帥権を犯すもはなはだしきものにして、もとより許すべからざるものなるも、その精神に至りては、君国を思うに出でたるものにして、必ずしも咎むべきにあらず」と言上した。

この本庄発言に、当時の陸軍首脳の考え方があざやかに露呈されている。動機さえ君国を思うに出たものであれば、「何をしても許される」という恐るべき動機主義の害毒がここにみごとに示されている。

法治国では、動機は情状酌量の要因とはなっても、裁判の対象になるのは犯罪という行為である。大日本帝国の陸・海軍、とくに陸軍では、動機がもっとも重視された。天皇機関説を排撃したのも、現人神（あらひとがみ）としての天皇に対する絶対の忠誠心をすべてに優先させる立場では、天皇機関説は都合が悪いのである。陸軍の一部というよりは、主流に脈々と流れていたのは法治主義や立憲主義とは両立しない天皇親政の神話思想であった。第二次大戦に完敗するまで、大日本帝国は立憲主義法治国の面と天皇親政の神話国の面との相容れぬ矛盾に苦悩し続けていた。

昭和天皇は神がかりの天皇親政を排しておられたから、本庄侍従武官長の言上に対して、きっぱりと拒否された。

朕が股肱（ここう）の老臣を殺戮す、かくの如き兇暴の将校等、その精神においても、何の恕すべきものありや。

二月二八日に川島陸相と山下奉文少将とが侍従武官室に来て、「行動将校一同は、大臣官邸にありて自刃、罪を謝し、下士以下は原隊に復帰せしむ、ついては、勅使を賜わり死出の光栄を与えられたし」と懇願したので、本庄侍従武官長が昭和天皇に取り次いだところ、天皇のお答えはきびしかった。本庄武官長の日記によれば次の通りである。

陛下には、非常なる御不満にて、自殺するならば勝手になすべく、かくの如きものに勅使など以ての外なりと仰せられ、また師団長が積極的に出づる能わずとするは、みずからの責任を解せざるものなりと、未だかつて拝せざる御気色にて、厳責あらせられ、直ちに鎮定すべく厳達せよと厳命をこうむる。

二・二六事件では、立憲君主国としての日本の運命が昭和天皇御一人の双肩にかかっていたことがわかる。陸軍の首脳は例外なしに憲法上の国軍の地位を理解せず、天皇の〝親政〟というまぼろしに傾倒していたのである。

軍国主義化の推進

さいわい二・二六事件は、昭和天皇の厳然たる御命令のおかげで、一九三六年二月二九日、みごと鎮圧された。この反乱を解決したことは陸軍内の派閥抗争を一掃し、憲法秩序を確立する好機であったはずである。ところが残念なことに、岡田内閣総辞職のあとをうけて大命を受けた広田弘毅の下で、日本の軍国化は飛躍的に加速されてゆく。

准戦時体制の広田内閣

二・二六事件が鎮圧された時、日本としては進むべき途が二つあった。一つは、このような前代未聞の不祥事を起こした軍閥を徹底的に処罰して、日本を軍国主義の癌から解放する途である。今一つは、巨大なテロを背景として日本の軍国主義化を徹底し、全面戦争へと突入する途である。

第一の途のほうがよいにきまっている。しかし、二・二六事件の経過が示しているように、陸相、軍事参議官らの陸軍首脳は例外なしに腰抜けであった。荒木、真崎の両大将は反乱軍の指導者気取りで、形勢が悪くなると神妙になるいわゆるダラ幹である。その他の将軍たちも確固たる信念を欠き、右往左往するばかりであった。

御自分の信念にもとづいて断固鎮圧を命ぜられたのは、昭和天皇ただ一人である。側近の侍従武官長本庄大将も、反乱軍の動機が純粋だとか、愛国だとかいって、昭和天皇のお叱りを受ける有様だ。思うに、日本の陸軍には日露戦争に勝利した頃から、将軍はほとんどすべて大山元帥気取りとなり、万事を幕僚に任せるという弊風が顕著となった。

満洲事変でも、一切を取りしきったのは板垣・石原の両参謀であって、本庄司令官はたじろぎながらも幕僚の強引な説得に従った。しかも満洲事変が一段落すると、本庄司令官は〝功績〟によって男爵に列せられている。

二・二六事件が武力で鎮圧された時、軍法会議を開いて荒木・真崎ら同調者を含む反乱軍関係者全員を厳正に処罰することを考えたものはいなかったらしい。反乱軍に直接参加した将校と、彼らに思想的影響を与えた北一輝、西田税らはたしかに軍法会議にかけられ、厳重に罰せられたが、彼らに同調する数多くの陸軍将校は、軍法会議にかけられるどころか二・二六事件に便乗して、日本の政治から自由主義と国際協調主義の勢力を一掃し、日本を一挙に准戦時体制に躍進させようと考えた。

一九三六年三月五日、広田弘毅に組閣の大命が降下すると、ただちに軍国主義化を求める便乗勢力の暗躍がはじまった。

そういう不吉な動きを少しも知らない広田弘毅は、外相官邸を組閣本部とし、まず外務省同期の吉田茂を招き、外相就任の内諾をえて組閣参謀を引き受けるよう頼んだ。三月五日の午後五時半には文部大臣川崎卓吉が、その一五分後には司法大臣小原直が広田に会って、それぞれ留任を承諾した。

午後六時一五分、大角岑生（みねお）海軍大臣が広田を訪ね、後任に永野修身（おさみ）大将を推した。午後七時には近衛の推薦によって藤沼庄平が内閣書記官長にきまった。続いて二時間足らずで馬場鍈一（ばばえいいち）が招かれて大蔵大臣に就任するよう交渉を受けた。九時五〇分には川島陸相の推す寺内寿一大将が陸相就任を求められた。

広田次期首相の代理として、吉田茂は政友会と民政党の各総裁を訪問し、両党から二名ずつの入閣を求めた。六日午前〇時五五分には永田秀次郎が、午前三時には下村宏が組閣本部に招かれて、入閣の交渉を受けた。三月六日の明方には、その日のうちに組閣が完了するという楽観的気運がみなぎっていた。

広田も、吉田も、陸軍の動きをまったく知らなかった。陸軍省では三月六日早朝、寺内大将を中心に西教育総監、古荘幹郎次官、杉山参謀次長、今井清軍務局長らが首脳会議を開き、陸軍のとるべき態度について協議した。村上軍事課長を組閣本部に派遣して広田の組閣方針と入閣内定者につき聴き取らせた結果、「広田後継首相の時局認識は軍部と著しく相違しており、到底同調しがたいものがあるから、寺内大将の入閣は辞退するほかはない」という結論に達した。

寺内大将は偕行社で林、阿部、荒木三大将を訪ねて意見を求めた後、三月六日午後二時四〇分組閣本部を訪ね、「軍部は広田氏の対時局認識につき疑義を有する故に、その組閣方針に同調し難い」旨をのべて、入閣を辞退した。寺内大将がその際発表した談話には、「この未曽有の時局打開の重責に任ずべき新内閣は、内外にわたり、真に時弊の根本的刷新、国防充実等積極的強力国策を遂行せんとする気魄と実行力とを、有することが絶対に必要であって、依然として自由主義的色彩を帯び、現状維持または消極的政策により、妥協退嬰(たいえい)をこととするがごときものであってはならない。積極政策により国政を一新することは全軍一致の要望であって……」とのべてあった。

具体的に提示された陸軍側の横槍は次の通りである。

一、牧野の女婿吉田茂を外相に起用せんとすること。

一、自由主義の急先鋒である朝日新聞の下村宏を入閣せしめんとすること。

一、川崎卓吉のごとき党人を内相に据えんとすること。

一、小原直のごとき国体明徴の観念に疑義あるものを法相に留任せしめんとすること。

一、中島知久平（ちくへい）のごとき軍需工業に関係あるものを入閣せしめんとすること。

最後の一点だけはもっともであるが、他の四点は、自由主義者を排して軍国主義者を入閣させようというにつきる。この陸相の脅迫に対して広田がもし屈すれば、陸軍のかいらいになってしまう。それがいやならば広田に残された途はただ一つしかない。すなわち昭和天皇に拝謁して「陸軍の横槍により、思うように組閣はできません。大命を拝辞するよりほかなくなりました」と率直に申し上げることである。

二・二六事件という未曽有の不祥事件をおこしておきながら、陸軍の首脳はみずからの責任を痛感して謹慎するどころか、テロを逆用して軍国主義政権の樹立をたくらんでいるのであるから、広田がもし率直に昭和天皇に窮状を上奏すれば、天皇は二・二六事件下における毅然たる御態度と明快な御判断とから見て、ただちに寺内大将を呼んできびしく叱責されたはずである。そこに日本の唯一の活路はあった。昭和天皇は広田からの正直な上奏がなければ、立憲君主として、陸相候補者を直接叱るわけにはゆかない。

第一七章　広田内閣

広田准戦時内閣

広田弘毅は結局屈服の途を選んだ。一九三六年三月九日に成立した広田内閣は、次のような顔ぶれであった。

首相兼外相　広田弘毅
内相兼文相　潮恵之輔
蔵相　馬場鍈一
陸相　寺内寿一
海相　永野修身
農相　島田俊雄（政）
商相　川崎卓吉（民）
逓相　頼母木（たのもぎ）桂吉（民）

鉄相　　前田米蔵（政）
拓相　　永田秀次郎
法相　　林頼三郎

この内閣は、基本的な点でことごとく陸軍の意向に沿っていたから、准戦時内閣と呼ぶにふさわしい。陸・海軍はしきりと〝一九三六年の危機〟を高唱して軍備の充実を求めた。一九三六年の危機は米国や中国から日本に迫ってきたのではなくて、日本の中国に対する軍事的膨脹が原動力となっていた。陸軍はみずから国際的危機を醸成して、軍備の飛躍的増強を要求したのである。馬場蔵相は、軍部のどのような要求にも応ずる用意があった。

高橋是清前大蔵大臣は、国力の限界を超えた軍事費の膨脹がインフレーションをもたらし、国防にも有害であることを説き、軍備の拡充に枠をはめようとして殺された。馬場財政は軍の要求に対する迎合を本質としており、日本経済の過熱と国際収支の悪化とを当然もたらした。この広田准戦時内閣が、戦争へ戦争へとがむしゃらに猛進するのを見る前に、何がそういうエネルギーをもたらした源泉であったのかを考察しておきたい。

下剋上・幕僚集団

広田内閣の組閣が難航に難航を重ねていた一九三六年三月八日の深夜、組閣参謀藤沼庄平が語っている。

広田さんが、〝それではこれでよろしいでしょうな〟とだめを押そうと致しますと、その瞬間、真に一呼吸の間でした。寺内大将が〝ちょっと〟といって席を立ち別室に控えていた軍務局員と三十分ばかり何事か話しあってから帰来し、〝先刻政党よりの入閣者は二名ということに決まりましたが、軍部はやはり一名でなくては承知できません〟というのです。この時、今まで本部にいた馬場さんはじめ多くの人は帰宅してしまい、誰もいませんので、大いに困惑致しました。私はこのままでは流産するほかないと考えましたが、それでは余りに遺憾千万だと思いましたので、十二時過ぎだと思いますが、広田さんの諒解をえて、寺内大将に直接電話をかけました。

〝組閣遂に成らず、軍部組閣を阻止するということを明日の新聞に発表致しますが、どうか御承知願います〟と伝えましたところ、寺内さんは、〝君、ちょっと待ってくれ〟というのです。そしてしばらくすると、大将から〝今から特使に持たせてやる一文に賛成してくれるなら、明日の組閣に同意する〟といって参りました。

待つほどもなく、九日午前一時半頃、武藤章中佐が声明文を持ってやってきました。

この声明文は、藤沼庄平によると「軍部は悪くない、政治が悪いのだ、庶政の改革をしろ、政党は出直せ、反乱はやむをえん」という趣旨だったという。軍部の責任を棚上げして、もっぱら政党を悪者扱いにした幼稚きわまる考え方である。二・二六事件直後の日本陸軍の無責任なものの考え方を正直に反映しており、陸軍の権力構造を暴露している。陸軍は下剋上の軍国幕僚集団に支配されていたのである。

石原計画

満洲事変の首謀者石原莞爾は、一九三五年八月、参謀本部の作戦課長に昇進した。彼は中国の征服よりもソ連軍を粉砕することに関心を持っていた。しかし石原課長は、日ソ両軍の兵力の間に余りにも大きな格差が存することを見抜いた。彼は精神主義者ではなく、日本の重化学工業力を飛躍的に向上しなければソ連との対決は不可能であると断定した。一九四一年までにソ連に対する戦争準備を整える、という構想の下に、石原大佐は満鉄経済調査会の宮崎正義を中心に日満財政経済研究会を作らせ、生産力の飛躍的向上を計画した。一九三七年から一九四一年までの五年間に自動車の生産能力を年産三万七〇〇〇台から一〇万台に、鋼材生産能力を四八五万トンから一三〇〇万トンに、アルミニウムを二万一〇〇〇トンから一〇万トンに躍進させようというのである。

石原大佐は第一次案を政・財界の有力者に提示して、彼の構想の実現を期待した。近衛文麿、池田成彬、結城豊太郎らが関心を示したという。

対ソ戦争を前提とすれば、石原構想はよくできている。しかし、もしこの構想を日本の国策として採用するのならば、まず第一に外交面で米英両国との友好を強化しなければならない。中国の民族主義とも相互理解に努めるほかはない。そうした前提条件は一切なく、ただ石原構想が独走していただけである。

石原構想ほど雄大かつ精緻なものでなくても、当時の軍部には各種の構想が百鬼夜行していた。これらの軍人に共通していたのは、膨張主義という一点のみである。陸軍の組織にもとづく統制はまったく存しないのも同然であった。

日本軍の華北侵入

日本が国際連盟から脱退した直後の一九三三年四月一〇日に、関東軍は万里の長城線を越えて華北に侵入を開始した。このときは軍の中央部も反対したので、四月一九日、いったん長城線へ復帰したが、五月七日には陸軍の中央（陸軍省と参謀本部）は、関東軍の圧力に負けて、華北侵入を認めた。五月二一日には、日本軍は通州（つうしゅう）を占領し、北京（北平）城外に迫った。翌日、中国の何応欽（かおうきん）将軍が中国軍に北京からの撤退を命令し、五月二五日から日中両軍間に停戦交渉が行われ、五月三一日、「塘沽（タンクー）停戦協定」が成立した。この協定は、長城線以南に非武装地帯を設定することになっており、中国軍の撤兵に続いて日本軍も撤兵した。

そして、一九三三年七月三日、関東軍の岡村寧次少将と中国の駐平政務整理委員会代表とが大連で会談し、七月五日には非武装地帯の処理、満洲と中国との間の鉄道通車問題についで交渉がまとまった。これを、「第一次大連会議」という。同じ年の一一月七日、関東軍の岡村少将は何応欽らと北京で会談し、非武装地帯を駐平政務委員会が接収することについて合意した。これを「北平会議」という。

こうして、関東軍の華北への侵入はかろうじて阻止されたが、日本陸軍の中には、満洲に次いで華北をも日本の事実上の領土にしようとする膨脹主義の熱が冷めなかった。出先の軍が既成事実をつくれば、東京の陸軍省も、参謀本部も、政府そのものも、これを追認する。そして、「自分たちは国民的英雄になれる」という信念が、もはや抜きがたいものになっていた。

他方、中国ではそのような日本の膨脹政策に対して、反日・抗日運動が激しくなった。一九三五年の五月二九日、天津駐屯の日本軍は国民政府軍事委員会北平分会長何応欽に、河北省から国民党勢力を撤退させるよう要求した。

直接のきっかけとなったのは、五月二日に天津の日本租界で親日的な新聞社の社長が暗殺された事件である。六月九日、天津駐屯軍は何応欽に対して、期限付きの最後通牒を発した。翌日、何応欽は河北省に関する日本軍の要求を全部承認した。その内容は、「国民党の組織を撤去すること、藍衣社(らんいしゃ)を解散させること」などである。この日中間の合意を「梅津・何応欽協定」という。協定とは名ばかりで、武力を背景に押しつけたものである。

続いて一九三五年六月二三日、関東軍の土肥原賢二少将は、チャハル省主席代理秦徳純に対して、チャハル省北中部から宋哲元軍を撤退させるように要求した。四日後、中国側はこの要求を呑んだ。これを、「土肥原・秦徳純協定」という。軍事力による脅迫に基づく点は、「梅津・何応欽協定」と同じである。

九月二四日、天津駐屯軍司令官の多田駿(はやお)は、「国民政府から独立した華北政権を樹立する」という声明を発表した。これは、出先軍の司令官が出したもので、日本の政府および軍を代表した発言ではなかった。しかし、多田司令官の声明は、事実を先取りしたものであった。

中国の幣制改革

この頃、英国は中国の貨幣制度を改革するため、援助する目的で経済使節リース＝ロスを派遣した。リース＝ロスは日本を訪れて当時の広田外相、高橋蔵相らと会い、日本の協力を求めた。もしリース＝ロスが推進する中国の幣制改革が実現すれば、国民政府による中国の統一が促進される。日本は、英国から協力を求められ、日・英・中三国の合作によって、中国経済の近代化に大きな役割を果たす機会を与えられた。しかし、中国を分割して徐々に日本の支配下におさめようとする軍部にとっては、英国が指導する幣制改革を認めるわけにはいかなかった。

一一月九日、日本の外務省は、中国の幣制改革とこれを実現するための中国に対する共同借款に反対する声明を発した。日本はこのため、中国の公敵となった。英国などとともに中国の国民国家への脱皮に協力することを拒否して、むきだしの軍事力で中国に侵略を続ける道を選んだのである。北京の日本大使館付き武官、磯谷廉介少将は一一月八日、「幣制改革に反対するため軍事力を行使する」とまで言い切った。中国の幣制改革は、その後、大成功をおさめ、中国は国民政府のもとに統一・強化されていくことになる。

冀東委員会と冀察委員会

一九三五年一一月二五日には、日本軍の指導下に、万里の長城以南の非武装地帯に冀東（きとう）防共自治委員会が成立した。委員長に就任したのは、悪名高い殷汝耕（いんじょこう）であった。この冀東政権は日本商品の密輸出の拠点となり、中国は巨額の関税収入を失うことになる。この年の一二月一八日には、天津駐屯軍の圧力で北京に河北、チャハルの二省を管轄する冀察政務委員会が成立して委員長には、宋哲元が就任した。

一九三六年一月一三日、日本政府は「北支処理要綱」を決定して、天津駐屯軍司令官に指示した。その内容は、華北の民衆を中心とする自治の完成を日本軍が援助し、その生活を安定させるという点にあった。その自治の範囲は北支五省を含んでいる。河北、チャハル二省と、北平および天津の二市の自治を完成して、これを五省に広げていく狙いであった。これによって、二・二六事件よりも前に、河北を中国から切り離して、日本の勢力下におさめる方向がかなり明確に打ち出されていたことがわかる。

「国防方針・用兵綱領」と「国策の基準」

二・二六事件後、この方向はいよいよ強く推進されるわけであるが、一九三六年六月八日、広田内閣の下に「帝国国防方針・用兵綱領」の第三次改訂が裁可された。その内容は、米ソ両国をわが国の想定敵国とし、陸軍は五〇個師団と航空一四二中隊、海軍は戦艦および航空母艦各一二隻、航空六五隊を所要兵力とすることになっていた。

陸軍はソ連を仮想敵国とし、海軍はアメリカ合衆国を仮想敵国とするというのでは、貧弱な日本の経済力では耐えられるはずがない。おまけに、中国からは満洲をすでに切り離し、華北にもその侵略の魔手を伸ばそうとしていたのであるから、この調子でいけば日本は米・中・ソ三大国に包囲されることは免れ難かった。

広田内閣は、一九三六年八月七日、首相、外相、陸相および海相の四大臣で「帝国外交方針」を決定し、次いでこれに大蔵大臣を加えた五相会議で「国策の基準」を決定した。国策の基準は、「帝国内外の情勢に鑑み、まさに帝国として確立すべき根本国策は、外交、国防あいまって東亜大陸における帝国の地歩を確保するとともに、南方海洋に進出・発展するにあり」と書き出して、「具体的には陸軍軍備はソ国の極東に使用し得る兵力に対抗するを目途とし、特にその在極東兵力に対し、開戦初頭一撃を加え得るごとく在満〔朝〕鮮兵力を充実す。海軍軍備は、米国海軍に対し、西太平洋の制海権を確保するに足る兵力を整備、充実す」となっている。

先にもふれたように、このようにソ連と米国とをともに想定敵国とすることは、冷静な頭で考えれば自殺行為に等しい。しかし、当時の日本は、物事を冷静に客観的に考察する能力を失っており、強い酒に酔っぱらったように世界最大の陸軍国と海軍国とを同時に想定敵国とするという、途方もない妄想に自己満足していた。これから五年間、大日本帝国は急な坂をころげ落ちるように、周りの国々すべてを敵とする自殺戦争ないし自爆戦争へと突入していく。

日独防共協定

「帝国外交方針」の中に、ヒトラー・ドイツとの接近、友好を説いた次の部分がある。

ドイツは、対ソ関係において概ね帝国と利害を等しくし、仏ソの特殊関係に鑑み、国防上ならびに赤化対策上、我との協調を便とすべきをもって、同国との友好関係を増進するとともに、必要に応じ日独提携の実をあぐるの手段を講じ……。

やがて、この年の一一月二五日には、秘密協定と秘密書簡を含む「日独防共協定」がベルリンで調印されている。先にふれたヒトラー・ドイツの横紙破りの外交、国防政策は、必ずしもドイツ陸軍の伝統に沿うものとはいえない。ドイツの膨脹主義は、ヒトラーのナチ党が推進したものである。

ドイツ陸軍は、貴族主義的な伝統をもつ将校団を中心としていた。無法者集団であるナチ党とドイツ陸軍との間には常に不協和音が存在した。これに反して日本陸軍は、貴族主義的な伝統を欠いており、とくに一九三〇年代の不況の進行に伴い、青年将校の間にはナチ党まがいの無法者的膨張主義が育っていた。東の軍国日本と西のヒトラー・ドイツとが事実上相協力して国際秩序を揺さぶったことはすでに述べたが、日本の陸軍はヒトラー・ドイツのナチ党からかなり強い影響を受けており、ドイツでナチ党が果たした役割を日本では陸軍が演じたといってよかった。やがて、この日独防共協定は四年後日独同盟に格上げされ、日本の運命を左右することになる。

内蒙軍の敗退

一九三六年一一月一四日、内蒙古軍は関東軍の指導と援助を受けて、綏遠地方に進出した。中国の傅作儀将軍の率いる部隊が内蒙軍を撃砕した。この中国軍の大勝利は中国の抗日運動を勢いづかせ、日中両軍の衝突を避け難いものにした。

一一月二五日に、日本の須磨弥吉郎総領事が当時の有田八郎外務大臣に送った電報によると、「綏遠問題に対するシナ側の空気は、予想外に日々に激化し来たりつつある。……二十五日、須磨を来訪の際、高宗武の談によるに、高が本使と張群との会見を渋りおるは、会見の上は張より綏遠問題に言及せざるを得ざることとなり、自然、交渉を決裂に導く恐れあるがためなる由にて」とある。

抗日民族統一戦線

一九三五年八月一日に中国共産党が中国同胞に抗日中国統一戦線を提唱したことはすでに述べた。また同年一二月二五日、中国共産党中央政治局会議は広汎な抗日民族統一戦線結成を決議し、同時に当分の間、富農の財産没収を停止することも決めた。これは、国内の統一戦線のため、中国共産党の政策を部分的に停止したことを意味している。

それでもなお、蔣介石の国民党と中国共産党との合作は成立しなかった。そこで一九三六年一二月一二日、張学良らは、督戦のため西安に来ていた蔣介石を監禁した。中国共産党は蔣介石を含む和平会議の招集を提案し、その結果、蔣介石は南京に帰還することができた。中国国民党と中国共産党との国共合作が、この西安事件を機に実現に向かったことは明らかである。

第一八章　自爆戦争へ

馬場蔵相の役割

一九三六年八月七日に広田内閣の首相、外相、陸相および海相の四相会議が開かれ、「帝国外交方針」を決定したこと、この四人に馬場大蔵大臣を加えた五相会議で「国策の基準」が決定され、陸・海軍の軍備を、陸軍はソ連を目標に、海軍は米国海軍を想定敵国に、大幅に増強するという決定が行われたことはすでにのべた。大蔵大臣は予算編成に関して絶大な権能を持っており、大蔵大臣が反対すれば、軍備の増強にもブレーキがかかる。ところが馬場大蔵大臣の場合は、ブレーキの役割を果たさなかった。

前任の高橋是清蔵相は、陸・海軍の予算に国民経済の立場からブレーキをかけようとして、二・二六事件で虐殺された。高橋の前任者で、その愛弟子でもあった藤井真信(さだのぶ)大蔵大臣は、一九三四年一一月七日、陸・海軍の予算復活要求に対し断固として削減を要求したが、五日後、軍部は強硬に復活を主張した。藤井蔵相は一一月二七日に病気のため辞任し、やがて亡くなっている。

馬場鍈一蔵相は、高橋蔵相や藤井蔵相とは根本的に違っていた。馬場蔵相には、陸・海軍のゴリ押し的な予算要求に対して、これを阻止する意志がまったくなかった。単に命が惜しかったからではあるまい。陸・海軍の予算要求に対して、基本的には共鳴していたのであろう。この意味で、二・二六事件の結果成立した広田内閣は、それまでの内閣とは根本的に違った準戦時内閣であった。

馬場蔵相は、準戦時財政の基本原則として、増税、公債の増発、低金利を打ち出した。一九三六年一一月に決定された一九三七年度予算案は、総額三〇億円を超え、そのうち陸・海軍の軍事費だけで一四億円を上回った。まさに準戦時予算である。

陸・海軍とくに陸軍が非常時に対応する必要を力説したのは、軍国日本を戦時体制に移行させるためであった。そのため、日本経済の実力を超えた予算案を推進すれば、とどまるところを知らないインフレーションと、国際収支の悪化とによって、日本経済は破滅するに違いない。そういう事態を回避するために、日本の憲法秩序は軍事予算の実力不相応な拡大に対して、大蔵大臣にブレーキをかけさせていた。その憲法秩序のブレーキを破壊して日本を準戦時体制に移行させたのが馬場蔵相であった。

広田内閣は、馬場蔵相による準戦時財政と、「国策の基準」と、そして日独防共協定の、三つの命取りになる決定的な一歩を進めた。広田内閣の末期には、寺内陸軍大臣と政党政治家が正面衝突することになる。

広田の退陣

一九三七年一月二一日、政友会の浜田国松代議士は、衆議院で寺内寿一陸軍大臣といわゆる「腹切り問答」を行った。浜田代議士の陸軍に対する批判が、陸軍に対する侮辱であると寺内陸相は主張し、これに対して浜田代議士は、「速記録を調べて、自分の発言の中に陸軍に対する侮辱が含まれていれば、自分は腹を切る。もし含まれていなければ、陸軍大臣が腹を切れ」と、述べたわけである。衆議院はこの事件の結果、二日間停会し、一月二三日、寺内陸軍大臣は衆議院の解散を主張した。これに対して政党出身の閣僚は陸相の主張に反対したため、広田内閣は総辞職する。

広田内閣の退陣の後、組閣の大命を受けたのは宇垣一成大将であった。しかし、宇垣大将は陸軍大臣の推薦を受けることはできず、結局、一月二九日に大命を拝辞した。二・二六事件の直後、一九三六年五月一八日に、「陸・海軍大臣および次官は、現役の大将または中将を当てる」という勅令が交付されていたので、宇垣は涙を呑んだのである。

そのあと、満洲事変の際、朝鮮軍を独断で越境させたことで勇名をはせた林銑十郎大将が組閣の大命を受け、短期の内閣をつくった。林大将は、陸軍大将にこれほど無能な人がいるものかと世間を唖然とさせるような政治を行い、行き詰まるといわゆる「食い逃げ解散」を行った。与党を持たない林内閣は、衆議院の総選挙の結果が明らかになると、総辞職をするほかなかった。

近衛の登場

その結果、長年、各方面から期待されていた近衛文麿公爵が一九三七年六月四日、第一次内閣を組織した。近衛文麿公爵は、青年時代から英米を中心とした国際秩序に批判的な考えをもっていたが、その結果、いわゆる「革新」の希望の星になってしまった。

あとでわかるように、近衛文麿公爵は優柔不断で定見がなく、まったく気紛れな素人政治家であった。しかし、彼はとどまるところを知らない陸軍の暴走に対して、陸軍という〝虎〟を乗りこなすことによって先手をとるという方針をもっていた。これを「先手主義」という。もちろん、虎を乗りこなすことなどできるはずがないので、近衛公爵の先手主義は予想通り完全な失敗に終った。そして、近衛公爵の先手主義は、日本が周りの国すべてを敵とする自爆戦争に突入する上において、決定的な責任を負うことになる。

軍国日本には、二・二六事件までは大日本帝国憲法に基づく憲法秩序が支配していた。もちろん張作霖の爆殺事件や満洲事変以来、この憲法秩序は揺らいだけれども、基本的には健在であった。しかし、二・二六事件はこの憲法秩序に致命的な痛打を与えた。

陸軍が軍国日本の暴走に主役を演じたことは疑いないが、その陸軍も内部的には種々雑多な流れが存在しており、決して一枚岩ではなかった。そういう陸軍の主導下に、日本は近衛内閣の成立後一ヵ月あまりで日中戦争へのめり込んでゆく。しかし、一枚岩の陸軍の膨張政策によって、日本が蔣介石の中国と正面衝突したわけではなかった。互いに矛盾対立した傾向を内に秘めながら、陸軍は中国を相手とする全面戦争へとよろめき込んだのである。政治家のほうでも、このような陸軍の暴走を抑制する意志も能力もなかった。したがって、軍国日本は中国との戦争へよろめきながらのめり込んで行ったのである。

盧溝橋事件

一九三七年七月七日、盧溝橋で、日本の天津駐屯軍の小部隊が演習中に中国軍の小部隊と衝突した。これを「盧溝橋事件」という。最初の一発が、日中両軍のどちらによるものかは、いまだに明らかでない。しかし、この盧溝橋事件を拡大することなく現地で解決しようという空気は日中双方に強かったから、七月一一日の午後八時に現地で停戦協定が成立した。

ところが同じ七月一一日、東京では、華北の治安維持のため五個師団の兵力を中国に派遣することが閣議で決定された。その内訳は、関東軍から二個旅団、朝鮮軍から一個師団、そして内地から三個師団であった。しかし、ただちに内地から出兵されたわけではなく、さしあたり満洲と朝鮮から現地に兵力が出動した。

この頃、日本陸軍では現地解決派と拡大派とが激しく対立、抗争していた。七月八日の朝、事件の第一報が参謀本部と陸軍省に届いたとき、参謀本部戦争指導課長、河辺虎四郎大佐に対する電話の中で、二つの対立的な意見が表明されている。一つは陸軍省軍務課長の柴山兼四郎大佐のもので、「やっかいなことが起こったな」というのであった。これに反して参謀本部作戦課長、武藤章大佐は「愉快なことが起こったね」と、語った。

参謀本部の作戦部長石原莞爾少将は、対ソ戦に備える必要から、不拡大方針を堅持していた。陸軍省の柴山軍務課長は、参謀本部の河辺虎四郎戦争指導課長などとともに、不拡大派に属した。

これに反して、この盧溝橋事件を利用して日中両軍の対立を拡大し、この際、一挙に日中間の懸案を解決しようとしたのが拡大派である。拡大派は、中国の民族主義のエネルギーと抗戦力を甚だしく過小視しており、満洲事変を起こした石原作戦部長が盧溝橋事件に関してはその拡大を阻止しようとすることに対して、これを激しく批判した。

石原莞爾少将は、「満洲事変と、華北の支配を目指す拡大派の見解とは、まったく関係がない」と主張したが、説得力を欠いた。戦略の専門家として、石原莞爾は「勝利の極限点」というクラウゼヴィッツの考え方を尊重し、「一九三七年七月の段階で、中国と全面衝突することは、勝利の極限点を越える暴挙である」としたのである。

拡大派の武藤作戦課長は「千載一遇の好機だからこの際やったほうがよい」と説き、田中新一軍事課長は、戦争指導課が提示した用兵規模を、日本と中国の軍隊を混同したものとして、一笑に付した。参謀本部支那課の永津佐比重課長は、「上陸せんでもよいから、塘沽附近まで船を回して持って行けば、それで北京とか天津はもうまいるであろう」と述べたという。拡大派も中国との全面戦争を希望したわけではなく、出兵という武力の威圧によって中国は屈伏するものと楽観視したわけである。

最後の関頭

これに対して中国では、反日・抗日の声が高まった。一九三七年七月一七日、蔣介石は有名な「最後の関頭演説」を行っている。その要旨は「たとい弱国たりとはいえ、もし不幸にして最後の関頭にたちいたるならば、われわれがなすべきことはただ一つ。即ち、わが国民の精力の最後の一滴までも傾倒して、国家の存立のため抵抗し、抗争すべきである」というのである。

ここで日本は、西安事件に際し国民党と中国共産党との間に暗黙の妥協が成立したことを想起すべきであった。そして、蔣介石の国民党政権が幣制改革によって急速に力をつけ、国民的統一に向かって進んでいることを洞察すべきであった。

残念ながら日本には、国民党と共産党との抗日統一戦線がどんなに恐ろしいものであるかを予測する能力が欠けていた。また、中国を相手にする戦争に深入りすれば、米英両国を敵に回す惧れが大きいのに、気がつかなかった。こうして、日本は盧溝橋事件という些細な出先の揉め事をきっかけとして、中国との全面戦争に深入りすることになった。

ドイツの和平調停

しかし、この「支那事変」と呼ばれた日中戦争は、南京陥落の前後に双方が妥協によって鉾を収める機会があった。すなわち一九三七年一〇月二一日、近衛内閣の広田外相は、ドイツの調停斡旋(あっせん)によって支那事変を解決しようという陸軍の要望に応じて、駐日ドイツ大使ディルクゼンに和平の意向を伝えた。

そのとき提示された日本側の条件は、「一、内蒙古に自治政府をつくること。二、満洲国の国境から天津―北平間に非武装地帯を設けること。三、上海の非武装地帯を拡大すること。四、排日政策をやめること。五、日中共同しての反共」などであって、ディルクゼン・ドイツ大使も、「この条件ならば、和平の見込みあり」と考え、トラウトマン駐華ドイツ大使に伝達した。その結果、一二月七日にはトラウトマン駐華ドイツ大使から「中国側は日本側の条件で交渉に応ずる用意がある」という回答があった。

広田外相が陸・海両大臣にその旨を伝えたところ、二人とも賛成の意を表した。ところが翌日には陸軍大臣から広田外相に、「ドイツの仲介を断わりたい」という申し出があった。これは、杭州湾の上陸作戦が成功して以来、日本軍が進撃の速度を速め、南京の陥落が目前に迫っていたので、陸軍は強気になり、中国との和平条件を釣り上げようと考えたのであった。

一二月一三日に南京が陥落し、その翌日、すっかり強気になった陸軍は、中国に対する和平条件を拡大して、「第一に華北を特殊地域化すること。第二に、華中の占領地を広げること。第三に、戦費を賠償すること」等の条件を加えた。これを見て、ディルクゼン大使も、トラウトマン大使も、「これでは中国は応じないだろう」と考えたが、果たして中国からは何の回答もなかった。

「国民政府を相手にせず」

そこで、一九三八年一月一一日、日本政府と大本営は「支那事変処理根本方針」というものを御前会議で決定した。その要点は、「支那現中央政府が和を求めて来たらざる場合においては、帝国は爾後、これを相手とする事変解決に期待をかけず、新興支那政権の成立を助長し、これと両国国交の調整を協定し、更生新支那の建設に協力する。支那現中央政府に対しては、帝国はこれが壊滅をはかり、または新興中央政権の傘下に収容せらるるごとく施策す」となっている。

そして、この決定に基づいて一九三八年一月一六日に「国民政府を相手にせず」という政府声明が発表された。これは、歴史上も稀に見る対外政策の失敗であって、現に交戦している相手国の政府を相手にしないということは、戦争の終結を考えずドロ沼戦争に巻き込まれることを意味している。

近衛首相も後にこの声明を発したことをおおいに後悔したが、遅かった。日中戦争が長期化するにしたがって、国民党軍の抵抗も意外に強靱であった。それよりも日本軍を苦しめ日本を追い詰めたのは、中国共産党の指導する人民戦争であった。

遊撃戦と持久戦

毛沢東は一九三六年一二月に『中国革命戦争の戦略問題』を書いた。そして、中国革命戦争の特徴として、四点を挙げている。

第一は、中国が政治的経済的に発展の不均等な半植民地の大国であり、また一九二四年―二七年の第一次国共合作時代の革命を経験していること。第二は、敵は強大であるのに対して、第三に、紅軍がまだ弱小であるということ。第四番目に、共産党の指導下に土地革命が進行している――の四つである。

この四つの条件の下で、共産軍は遊撃戦から始めるよりほかはない。「敵が攻撃してくれば退却し、敵が駐屯すれば攪乱し、敵が疲れれば攻撃をかけ、敵が退けば追撃する」というゲリラ戦の四原則は、要するに敵を疲労困憊させながら人心を獲得するための前提条件である。人民の心を獲得するため、毛沢東は三つの規律を共産軍の兵士たちに決議させている。その第一は命令に服従することであり、第二は農民から針一本、糸一筋といえども奪わないこと、第三は没収したものはすべて提出すること——となっている。

毛沢東は、一九三八年の五月末から六月初めにかけて、延安の抗日戦研究会で行った「持久戦論」という講演の中で、日中戦争を三つの段階に区分した。第一は日本側の戦略的進攻・中国側の戦略的防御の時期、第二番目は日本側の戦略的守勢・中国側の反攻準備の時期、第三番目は中国側の戦略的反攻と日本側の戦略的退却の時期——である。

日本軍が進撃して蔣介石の指導する国民党の統治組織を破壊していくに伴って、中国共産党の勢力はその地下で伸びた。日本は蔣介石の国民党軍を打倒することによって、中国共産党の中国全土に対する支配を準備したようなものであった。

日中戦争が長引くに伴って、米英両国と日本との間の関係は悪化した。一九四一年四月一六日、野村吉三郎駐米大使とハル国務長官との会談において、ハル長官はいわゆるハル四原則を強調した。第一にはあらゆる国家の領土保全と主権尊重、第二は内政不干渉、第三は通商の機会均等、そして第四は平和的手段によらないかぎり太平洋の現状不変更——となっている。

七ヵ月後の一一月二六日、野村、来栖(くるす)三郎両大使に手交されたハル・ノートはこの四原則を明記した上で、「日本国政府は、中国およびインドシナより一切の陸・海・空軍兵力および警察力を撤収すべし」「合衆国政府および日本国政府は、臨時に首都を重慶に置ける中華民国国民政府以外の中国におけるいかなる政府もしくは政権をも、軍事的・経済的に支持せざるべし」という強硬な要求を突きつけた。

近衛文麿のあとをうけた東条英機内閣は、ハル・ノートを最後通牒だと受けとめた。「満洲事変前の状態へ、日本を逆戻りさせることはできない。撤兵しては、英霊にあいすまない」として、東条内閣は一二月一日の御前会議で、米英両国およびオランダに対する開戦を決定した。

当時の日米両国の国力には、気が遠くなるほどの格差があった。日清、日露両戦争のように、戦争を終らせる成算が存したわけではない。一一月一一日に開かれた大本営・政府連絡会議において、軍部は〝ジリ貧〟を避けるために、開戦がやむをえないことを次のように説いている。

わが方の重要資材の消費状態から計算すると、米・英・蘭等の経済封鎖が持続する場合、日本は当然〝ジリ貧〟におちいることとなる。特に石油についてこれを見ると、民需方面においては、極度の戦時統制をなすも、昭和十七年（一九四二）六、七月頃には、貯蔵皆無となり、軍需方面にありても、一ケ年をいでずして、日本海軍は全くその機能を喪失するに至るであろう。

しかして、南方諸地域における米・英・蘭の軍事的準備が急速に強化せらるる状勢とあわせ考うると、交渉決裂の場合、英米よりの圧迫は、ますます増大するものと覚悟しなくてはならない。かくして日本が物資にはなはだしく難渋する後において、米英よりの圧迫を排除するの力なく、戦わんとするも、戦うに非ずして、かれに全面的屈服をなすのほかないことになるから、わが方がなお有力なる態勢にある間に、決意する必要がある。なおまた作戦遂行の必要上から見れば、十一月末には開戦することを決定しておく必要がある。

〝ジリ貧〟を避けるために開戦するというのは、きわめて乱暴で、無責任な論理だ。その結果は空前の惨敗となった。米内光政元首相の表現を借りれば、〝ドカ貧〟にほかならない。日清、日露の両戦争をみごと指導した元老や文武の高官たちの緻密な計算と合理的判断と比較すれば、〝大東亜戦争〟という美名の下に始まった戦争は、自爆戦争としか名づけようがない。

ハル四原則を盛ったハル・ノートを読むと、日露戦争直後の一九〇六年三月に英米両国の大・公使が当時の西園寺首・外相にあてた二通の書翰を想起させられる。その内容は、本書の第六章でのべたとおり、日本軍占領下の南満洲で通商が妨害され、門戸開放・機会均等の原則が侵犯されているという抗議であった。

一九二二年二月六日ワシントンで調印された「中国に関する九ヵ国条約」は、中国の主権と独立、領土的および行政的保全の尊重、門戸開放と機会均等を定めていた。一九〇六年三月の英米両国の大・公使書翰から一九二二年二月の九ヵ国条約をへて、一九四一年一一月のハル・ノートまで、アメリカ合衆国の対日・対華政策は、息長く一貫している。日本が中国の主権と独立、領土の保全を侵すことを、米国は決して許していない。

満洲事変から日中戦争まで、中国の主権と領土を侵犯し続けた日本は、ハル・ノートに接して、自爆せざるをえなかったのである。大東亜戦争あるいは太平洋戦争と呼ばれる戦争は、自爆戦争以外の何ものでもなかった。

軍国日本が自爆したのは、軍に立憲国家を超えた特権的地位を与えた結果である。日露戦争に勝ってから、日本の軍人におごりが生じたのは、無理もない。しかし満洲を中国から切り離して日本の支配下に置こうとする野望に対しては、一九〇六年五月の〝満洲問題に関する協議会〟で、元老伊藤博文がきびしく児玉源太郎参謀総長を叱ったように、文民統制を貫徹するべきであった。

軍人の野望を制御できないと、日本は二つの強敵によって、はさみ討ちにあうことになる。一つは中国の〝門戸開放〟という原則から、日本の中国への侵略を絶対に認めないアメリカ合衆国の圧倒的な力である。いま一つは、半植民地化の危機に直面して、ようやくめざめた中国民族主義の巨大なエネルギーにほかならない。

一九二二年二月六日、ワシントンで、「中国に関する九ヵ国条約」に調印し、一九二九年七月に発動した不戦条約に前年調印して参加しながら、軍国日本は、一九三一年から中国への露骨な侵略を開始した。中国に対する日本の侵略を、一八、一九世紀に英国が行った侵略と単純に比較して、日英同罪論を説くものがある。英国がインドや中国を侵略したころ、不戦条約はもちろんのこと、中国の主権と独立、領土の保全を約した九ヵ国条約も存在しなかった。侵略は美徳でないまでも、悪徳とは考えられていない。侵略をはっきりと非難し、戦争を排撃するようになったのは、第一次世界大戦の惨禍を経験した後である。

中国への日本の侵略行為が国際社会のきびしい非難にさらされた背景には、戦争、平和、侵略などに関する人類の価値観がはっきり転換したという重大な変化があった。

軍国日本の自爆はもちろん、一部軍人だけの暴走によるものではない。広田内閣も、近衛内閣も、国際社会で日本を孤立化させるのにすこぶる寄与したし、浜口、若槻内閣は、間違った財政・金融政策に固執して、日本国民を未曽有の不況に追い込み、一部軍人の暴挙を支持する狂気を生んだ。

国際協調主義を堅持していたかぎり、日本の軍事力は国民からも外国からも信頼されて、わが国の興隆の原動力となった。軍事力が暴走しはじめた時、わが国は国際社会に孤立して、自爆ないし自殺に追いこまれたのである。

付録　軍国日本に生きる　猪木正道回顧録

1　開戦前夜

私が東京帝国大学経済学部を卒業したのは、一九三七年（昭和一二年）三月だった。大学での研究生活を断念したものの学究生活への思いは断ち切れず、夜に独学で研究生活を続けるため、できるだけ「忙しくない会社」に入りたいと思った。

そんな気持ちで選んだのが三菱信託株式会社（三菱信託銀行の前身）だったが、予想に反して、三菱信託は大変に忙しい会社だった。私は三菱信託に入社する直前の三月一六日に結婚した。妻倉子は、旧姓藤井。すでに亡くなっていた義父は陸軍獣医将校だった。

私は軍国主義が嫌いである。軍人にもあまり好感を持っていなかった。しかし、倉子と話をしているうちに父上が大変にリベラルな考え方の持ち主だったことが分かった。一度も家庭内で怒鳴ったことがなかったという。

四月一日から三菱信託に通勤した。初任給は月七〇円であり、半年間は見習いだから夏のボーナスは出ない。一二月にようやく一ヵ月、そして翌年六月に二ヵ月のボーナスが支給された。その次のボーナスは一人前に近く三〇〇円以上になった。

すでに父を亡くしていた私には財産らしいものはなく、月給だけで生活しなければならない。倉子はできるだけ生活費を切り詰めて五円くらいの不足分は実家から借り、きちんと翌月に返していた。三八年（昭和一三年）一二月に一人前のボーナスをもらった時は「助かった」と思った。

しかし、私たちが結婚した四ヵ月後には「支那事変」という得体の知れない消耗戦争が始まり、物価がじりじりと上昇していた。

私の大嫌いな広田弘毅内閣の馬場鍈一蔵相は、公債漸減主義放棄・増税・低金利などのいわゆる「馬場財政」を、三六年（昭和一一年）三月九日の声明で明らかにした。これは大規模な戦争に備えて、陸海軍を思い切って増強するための準備である。

陸軍部内の指導権を握ったいわゆる統制派は、皇道派の実力行使が失敗に終わったのに乗じて、軍事力の恐ろしさを背景に大衆課税によって軍備を拡充しようとしたわけである。

日米戦争経済の研究

三六年六月八日、広田内閣の下で、「帝国国防方針」、「用兵綱領」の第三次改訂が行なわれ、米国とソ連とを主要想定敵国とする、驚くべき軍備拡充の方針が決定されたことを知って、私は驚愕した。大体、ほとんど資源らしいものがない小国日本が、陸の巨人・ソ連と海の超大国・米国とを同時に想定敵国とすることは、狂気の沙汰である。

ソ連を想定敵国とするならば、米国とは全面的に友好関係を深め、できれば日米同盟を結ぶ必要がある。逆に米国を想定敵国とするならば、悪魔とでも手を結ぶ気持ちでソ連に接近するほかはない。

米ソ両国を想定敵国とすること自体が日本の精神分裂を示している。陸軍はソ連を敵とし、海軍は米国との戦いに備えているというのでは、日本国民がいくら努力をしても駄目に決まっている。

広田内閣はこの精神分裂的な「帝国国防方針」を改訂した二ヵ月後、三六年八月七日に首相、外相、陸相、海相の四相会議で「帝国外交方針」を、そして、蔵相を加えた五相会議で「国策の基準」を決定した。大陸と南方へ進出するために軍備を充実するという内容である。

四日後、日本政府は大陸進出の具体的な内容を決めた。「第二次北支処理要綱」と名付けられ、華北の五省に防共親日満地帯を作ろうというのである。中国民族主義との対決は避けがたい。

そんなことを念頭において、一一月二五日にドイツ・ベルリンで調印された「日独防共協定」や、一二月一二日に蔣介石が張学良に監禁された「西安事件」など、内外の緊迫した事態に注目していると、三菱信託での地味な仕事はなかなか取得できなかった。

とくに苦手だったのはそろばんである。一所懸命に努力をしたのだが、五度そろばんをはじくと五度とも違う結果が出る始末である。見かねた上司が私を調査部に移してくれた。資金の貸し付け先の信用調査が主要な任務である。私は経済学部在学中に経営学を少しかじり、経営比較に興味を持っていたから、ようやく会社の仕事に打ち込むことができるようになった。

　調査部に移ってしばらくすると、取締役会長の山室宗文さんから特別調査を命じられた。三九年（昭和一四年）七月二六日に、米国が日米通商航海条約の廃棄を通告してきたのに鑑み、「日本経済がその結果どれほどの影響を受けるのか」を調査して「報告せよ」というのである。

　三六年の夏ごろから、東京帝大経済学部時代の恩師・河合栄治郎教授（学部長）の演習ＯＢたち一〇人くらいと、日本の戦争経済を勉強していた。私は鉄鋼業を担当することになり、銑や鋼を生産する技術もかじった。そんな勉強を背景に、私は勇躍して日米通商航海条約の廃棄がどんな影響を日本に及ぼすのか、という問題と取り組んだ。

　まず、日米貿易から調べようと、私は三菱経済研究所へ行って、貿易統計を貸し出してもらった。一見して、私は衝撃を受けた。

　明治の開国後、日米貿易は日本の輸出および輸入の三分の一を占め続けている。品目別に見ていくと、さらに私は打ちのめされた。日本の対米輸出は絹製品とか雑貨が中心で、日本からの輸出が仮に止まったとしてもアメリカは大きな打撃を受けない。

　これに反して、日本が米国から輸入しているのは、当時、鉄鋼生産の主要な原料であった屑鉄であり、戦争遂行に不可欠な航空機用の発動機、石油製品、機械工業に不可欠な治具、工具類である。これらの輸入が止まれば、日本の陸軍も、海軍も、航空兵力も、活動できなくなる。

八月中旬に私は調査報告をまとめて山室会長に提出した。会長は「やはり決定的だな」という意味のことを漏らされたと記憶している。この調査を引き受けたおかげで、私は日本経済が米国にどれほど決定的に依存しているかを理解することができた。対米強硬論に賛成できなかったのも同じ理由による。

ノモンハン事件と親友の死

三九年五月ごろから、満州国とモンゴルとの国境地帯で始まっていた日ソ両軍の衝突は「八月二〇日に日本軍の大敗で終わった」という噂が聞こえてきた。いわゆる「ノモンハン事件」である。後で知ったことだが、関東軍の悪名高い参謀たちがソ連の意図や実力を見くびって挑発したらしい。

当時、スターリンはヒトラー・ドイツのソ連進撃は不可避だと判断していた。ドイツをまず、フランスと英国と戦わせ、時間を稼ごうとスターリンが考えたのは当然である。それには、ドイツと不可侵条約を結ぶのが得策だが、ヒトラーと有利な条件で交渉するためにはまず、ソ連の東部を脅かしている日本に痛撃を加えなければならない。スターリンはソ連でもっとも傑出した将軍ジューコフを呼んで、必要な戦車や重砲、航空機をソ連中からかき集めて、ノモンハンの日本軍を粉砕するよう命じたと、ジューコフ元帥は回顧している。

日本の陸軍は、数百台の戦車の集団的使用など考えたこともなかったようだ。陸軍はソ連を想定敵国にすると、三六年六月の「帝国国防方針」第三次改訂で決定しておきながら、日本陸軍の首脳は内政の〝革新〟にばかり熱心で、ソ連の軍事力について研究することを怠っていたのだ。

このノモンハン事件で、東京帝大時代、河合ゼミでともに勉強した、親友の木村大次郎君が戦死した。木村君という優れた人物がソ連に文字どおり蹂躙(じゅうりん)された情景を思い浮かべるごとに、愚劣で、傲慢(ごうまん)な日本軍国主義への怒りに、私の全身が震えた。

実は、この年（昭和一四年）の五月、木村君が三菱信託で勤務中の私を、突然訪ねてきた。少尉か見習士官の軍装のままで、大きな軍刀を持っていた。

「いよいよ出征するよ」

と、彼は告げた。しかし、どこへ行くとも彼は言わなかった。だが、彼の部隊は旭川から満州国へ派遣されたに相違ない。

その時、二人はもっぱら河合栄治郎先生が東京帝大を追われた事件について語り合った。

河合栄治郎と出版法違反事件

三九年一月三一日、河合先生は土方成美(ひじかたせいび)教授とともに派閥抗争の責任を問われ、休職処分になった。派閥抗争がひどかったことは事実だが、河合先生としては、土方教授と二人でその責任を問われたことには、大いに不満だったに相違ない。

この粛清が法学部の田中耕太郎教授らの入れ知恵によるという噂はおそらく真実であったろう。この処分に抗議して多数の経済学部教官が辞表を提出した。だが、結局、山田文雄教授（退官後、東京都副知事などを歴任）と木村健康(たけやす)助手（同じく旧制一高を経て後に東大経済学部教授として迎えられる）とが辞意を貫き、残り（免官になったものを除き）は、皆辞表を撤回した。

河合先生は大学を追われた直後、出版法違反事件で起訴された。それから五年間、河合先生の法廷闘争が続く。東京地裁での第一審を私は三菱信託から休暇をもらって二回傍聴することができた。第一回は公判の途中、第二回は判決の日である。

第一回目はたしか七月の暑い日だったと記憶している。裁判長が河合先生に、

「被告の『就職に際して学生に与う』という講演を読むと、被告は真理や美を追求する学者、芸術家と経済界で活躍する実務家とを区別している。それは職業に貴賤あり、ということか？　士大夫と庶民とを区別するように被告は身分により差別があると考えている

か?」と、尋問した。

この講演は三六年に、当時三年生だった私たちにされたものだったから、私はよく覚えている。たしかにそういう誤解が生じても仕方がないところである。

これに対して、河合先生は「そのとおりです」と答えた。

私は「これはまずい」と痛恨した。学者や芸術家を一般の社会人より上位にあるものとする考え方は、裁判長に河合先生の思想への疑問をもたらすのではないかと心配したからである。その瞬間に、特別弁護人の木村健康さんが発言を求めた。

「裁判長が指摘されたとおり、被告のこの講演は、誤解されるおそれがあります。しかし、講演の真意は、客観的に職業に貴賤があると説いているのではありません。これから就職する卒業予定者に対して『真・善・美』に奉仕する職業に諸君は憧れるだろうが、すべてが学者や芸術家になれるわけではない」

「反社会的な職業、すなわち泥棒などはもちろん問題にならないが、経済界、官界等社会生活に不可欠な職業に、諸君の大半は就くことになる、というのが、この講演の本旨であります」

「大学を出て、職に就く者の立場から見れば『真・善・美』に奉仕する職業に憧れるかもしれないが、卒業生の大半は普通の職業に就いて、会社員になり、官公吏になる、というのが被告が学生に説いた真意であります。すなわち学生の立場から、主観的に職業を区別したのでありまして、客観的に職業に貴賤の別があると申したのではありません」

私は木村特別弁護人の発言を聞いてほっとした。裁判長が納得した、という表情をされたのを見て木村特別弁護人の凄腕に脱帽するばかりだった。冬のモーニングに身を固めた木村さんが命がけで恩師を弁護したのだから、顔ばかりでなく全身から汗が噴き出していることは傍聴席からもよくわかった。

裁判長は木村さんの弁護の論理よりも、流汗淋漓（りゅうかんりんり）たる木村特別弁護人の気迫によって説得されたに違いない。河合先生は、もちろん木村さんの献身的な弁護に感謝しておられた。しかし、先生は木村さんを中心とする弟子たちの努力により無罪になるのを、好ましくないと考え続けられたようである。

「軍国日本に罰せられなければ米国の信頼を得られない」

その論理は三七年秋に華北戦線を視察されて以来、一貫していた。

「日本が中国との宣戦布告のない戦争を続けていけば、米英両国との戦争は不可避だ」と、先生は説かれた。

「日米両国の国力には雲泥の隔差があるから、わが陸・海軍がどれほど力戦奮闘しても、日本の完敗は火を見るよりも明らかだ」と、先生は言われた。

「米国という国は中途半端な勝ち方では満足しない。米国は日本を征服するに違いない。

つまり、日本は米軍によって全土を占領される」と、先生は予言された。

そして、先生は「その時、わが国には、米国が信頼する人間が少なくとも一人いなければ、日本国民はひどい目にあう。それは自分以外にいない」と、自信を持っておられた。米国民から信頼され、日本を占領する米軍の最高司令官と、わが国益を守りながら交渉するためには、

「私は禁固刑に処せられなければなりません」と、先生は明言された。

「無罪の判決を受けたり、罰金刑に処せられたりしたのでは、米国民も、米軍の最高司令官も、私を日本軍国主義に抵抗した人間としては信頼してくれません」と、河合先生は胸中を漏らされた。

この決意は大変なものである。自国の敗戦を促進することによって、革命を遂行しようとしたレーニンの立場とは、まったく違う。

河合先生は日本国民の一人としての義務を忠実に果たされた。私たちに対しても、「国民の義務を怠ってはならない」と厳命された。

四二年（昭和一七年）後半から、日本軍の形勢が悪化するごとに河合先生は黙って涙を拭（ぬぐ）っておられた。やがて判決が下される日となった。

私は傍聴席で裁判長の発言に耳を傾けていた。最初に「被告は無罪」であるという嬉（うれ）しい結論があって、かなり長い判決理由を述べた後に、裁判長は一段と声を励まして、

「かくの如き学究を刑事被告人として罪に問うのは、東洋道徳の精神に反する」と、結ばれた。

半世紀を経た今日でも、私の耳にははっきりと残っている。同胞の一部が発狂したのではないかと懸念される状況の下で、司法権の独立が厳存していたことが何よりも嬉しかった。国体明徴（めいちょう）運動（美濃部達吉（みのべたつきち）教授の天皇機関税を排撃した軍部や右翼などを中心とする政治運動）などにより、明治憲法は押し曲げられ、満身創痍（そうい）になっていたけれども、この一審判決は明治憲法がはっきりと健在であることを証明した（結局、この裁判は検事局の控訴などによってその後も争われ、最終的には河合氏の罰金刑が確定した）。

ヒトラーに潜む「悪魔の異能」

河合先生の裁判が続いているうちに、中国との宣戦布告のない戦争はますます泥沼化していった。

欧州でも、ヒトラー・ドイツが三三年以来、軍国日本と連携プレーをするかのように相次いで国際連盟を去り、三五年三月一六日にベルサイユ条約の軍備制限条項を一方的に破棄して再軍備を強行した。

その後も、ドイツ軍はラインラント非武装地帯に進駐したほかオーストリア国境を越え、オーストリアを併合。さらに図に乗ったヒトラーは三八年九月一二日、ニュルンベルクの党大会で、チェコスロバキアのズデーテン地方に住むドイツ人の自決権を主張した。チェコ政府は抵抗する姿勢を示したが、英仏がヒトラーとの妥協に傾き、同年九月三〇日、英仏独伊の四カ国がミュンヘン協定に調印、ヒトラーの野望は達成された。

ヒトラーはミュンヘン会談で、ズデーテン地方以外の領土を要求しないと約束したにもかかわらず、三九年三月一六日、チェコのボヘミア・モラビア地方を占領して「保護領」とした。これでチェコは解体された。

譲歩に譲歩を重ねた英国のチェンバレン首相はついに宥和政策を一擲し、ポーランドの独立を守るための援助を保障し、本格的な軍備拡充政策に着手した。

ヨーロッパ大戦は不可避であり、これに日中戦争が結びつけば、第二次世界大戦となるという状況の下で、私はヒトラーを研究する必要を痛感した。

幸い、東京・本郷界隈の書店にヒトラーの『わが闘争（マイン・カンプ）』が一冊置いてあったので、四〇年（昭和一五年）九月五日に入手した。

『わが闘争』は小活字のドイツ語文七八二ページの大冊であり、文章も達意の名文とは言いがたいので、読了するまでに長時間を要した。

私の読書日記によると「この年の一〇月ごろから読み始め、翌年の三月二二日午前二時半に読了した」と書いてある。また、読書日記にはこうも書いてある。

「数ページを読んで、なぜもっと早く読み出さなかったかを後悔し、数十ページを読んでは、深く考えさせられ、数百ページにして、ほとんど総統の論理のとりこになるほどであった。一読後、今これを回顧して、比類なきすばらしい書物を読んだという感じを受け、その強烈なる印象にほとんど打ちのめされそうになる」

私がどれほどヒトラーの『わが闘争』から強烈な印象を受けたかがわかる。

しかし、私はもちろんヒトラーのとりこになったわけではなかった。彼の徹底した反ユダヤ主義は、私にとっては不可解というほかなかった。

ヒトラーがウィーンでユダヤ人への憎悪に目覚めるあたりは、『わが闘争』の第二章にきわめて具体的に描かれている。

彼は、ユダヤ人のシオニズム（流浪のユダヤ民族が母国・パレスチナに民族国家建設を目指した運動）に猛烈な反感を持っただけでなく、彼らの服装や臭気も、ヒトラーを反ユダヤ主義者にしたらしい。社会民主党の指導者にユダヤ人が多いこと、ジャーナリズムや演劇の世界でもユダヤ人が幅をきかせていることは、ヒトラーを怒らせた。

ヒトラーはまた、少数の最良者、いわばエリートが支配しなければならないと説く、そして、「われわれが今日、文化、科学、技術として評価するものは、ほとんど例外なくアーリア人が創造的に造り出したものである」と説く。これはひどい独断である。

ついでにヒトラーが日本人をどう見たかに触れておくと、日本人はアーリア人ではないから文化創造者ではありえない。日本人の任務はアーリア人の創り出した文化を運ぶこと、と説いている。


これほどの侮辱を受けながら、駐ドイツ大使の大島浩中将ら親ヒトラー派は、なぜヒトラーを崇拝し、日本の運命をドイツ第三帝国の凶運に結びつけたのであろうか。

　私は『わが闘争』を読んで、ヒトラーを憎悪すると同時に、悪魔に近い異能の持ち主であることを認めた。

現状維持国家と現状打破国家相互の譲歩見られず

　四一年（昭和一六年）七月末、私は家内と幼い娘たちを連れて、東京駅を午後九時半に出発する寝台急行に乗り込んだ。支店が開設されたばかりの福岡に転勤となったためだ。福岡支店は私を含めて店員が一〇人ばかりだったが、日々、お客に深々と頭を下げて、信託預金を受け取った。

　ちょうどそのころ、四一年八月一日に米国は日本に対する発動機燃料と航空機用潤滑油の輸出を禁止した。七月二五日、米国は在米日本資産の凍結を発表したから、八月一日に米国の日本に対する経済断交は完結したと言っていい。

　山室会長から三九年七月二六日の米国の対日通商航海条約の廃棄についての調査を命ぜられて以来、私は日本の脆弱（ぜいじゃく）性を嫌というほど認識していた。

　一連の措置で、いよいよ米国は対日戦争を決意したに相違ないと、四一年八月早々、私は痛感した。

米国の対日経済断交に慌てた日本政府は、「近衛・ルーズベルト会談」などの妥協案を米国側に示したが、対日戦争をほぼ決意していた米国は、日本側が具体的な譲歩案を示すのが先決である旨回答した。

そこで、四一年九月六日には御前会議が開かれ、一〇月下旬を目途として、対英・米・蘭戦争の準備を完成するという「帝国国策遂行要領」を決定した。一〇月二日には米国は日本に対して、フランス領インドネシア（仏印）と中国からの撤退を要求した。

四一年一〇月一二日に、近衛文麿首相は、荻外荘に陸・海・外相および企画院総裁を招集して、米国の要求にどう対応するかを問うた。

東条英機陸相は「英霊に相すまない」という理由で、撤兵に絶対反対を表明した。

しかし、これは不思議な論理である。英霊は祖国のためと思って勇戦し、戦死した。日本の撤兵が祖国の永続的利益のために必要ならば、英霊はあえて撤兵に反対しないに違いない。責任を英霊に転嫁した東条大将は卑怯極まりない。

一〇月一六日には第三次近衛内閣は総辞職し、二日後、東条陸相を首班とする新内閣が成立した。昭和天皇は、既存の御前会議決定にとらわれず、再検討するよう命ぜられたが、これはできない相談といってよかった。

もし、私が東京に住んでいたら各種の情報を耳にする機会があったかもしれない。しかし、福岡支店に勤務していたのでは新聞とラジオを通じて日米関係の緊張を感得するほかなかった。

一二月八日の真珠湾奇襲までに、E・H・カー教授の『二十年の危機』（オリジナル邦題）などを読了している。

この本はいわゆる現状維持国家群の歴史家、E・H・カーが、現状打破の国家群、すなわち日本、ドイツ、イタリアの立場に深い理解を示し、労資の対立同様、交互の示唆と相互の譲歩からのみ戦争に訴えない変化を期待できると論じたところに顕著な特徴を持っている。

カーの論旨は、ヒトラー・ドイツや軍国日本に極度の理解を示したので、これらの国家群では大いに歓迎された。しかし、これはあくまで少数意見であって、持てる国家群の世論を動かしたり対外政策を宥和的にするような影響力はまったく存しなかった。

「大詔下る。三菱人は戦争遂行に協力すべし」

「日本大勝利」を報ずる号外やラジオニュースを見たり聞いたりして、福岡市の住民は日本全国の同胞と同様に熱狂していた。

日本海軍の機動部隊の驚くべき戦果を聞きながらも、私は数年後にはわが国の主要都市が焦土と化するのではないかと懸念した。全身で喜びを表す同胞の中で、私は深い孤独をかみしめていた。

わが国にはハワイを占領して保持する能力はない。いわんやアメリカ本土に上陸して首都ワシントンへ進撃することは問題外である。時間の経過とともに戦勢はわれに不利となり、日本本土は徹底的に空襲されるほか敵の上陸作戦も避けられまい。

国民の一人として「自国の戦争遂行に協力せよ」と河合先生は常に教えられていた。私も日本国民として義務を果たす。

しかし、全力を尽くして国家に協力しても完敗の運命は免れない。こう考えると、私は真珠湾やマレー沖海戦の大勝利や、陸軍のマレー半島快進撃に酔ってはいられなかった。

ちょうどそのころ、福岡支店に出勤すると、三菱各社に配布される社報の冒頭に、岩崎小弥太社長（三菱本家三代目当主、初代弥太郎の甥）の訓示が載っていた。

当時、岩崎社長は全三菱におけるただひとりの社長であった。三菱社（旧三菱財閥の持ち株会社）社長の岩崎小弥太男爵を除いては戦前の三菱各社には社長はひとりもいなかった。

岩崎社長の訓示は、四一年一二月一〇日午前一〇時に三菱直系会社の部長級以上を三菱本社の講堂に集めて行なったものを、印刷したものである。

まず、岩崎社長は「米英との戦争に対しては、吾人は一貫して反対し来れり」とはっきり述べた後、「しかれども大詔一度下る。何をかいわんや」と説き、この上は、「三菱人は生産を経済の分野において戦争遂行に協力すべし」と諭している。

「米英の旧友に対する心得」という末尾の部分はそのまま引用する。

「在来わが三菱と事業において相提携せるものに幾多の英米人あり。彼等は今日に至るまで我等の友人として、同一の事業に提携し、同一の利害に終始し来れるものなり。今や不幸にして、干戈相見ゆる両国籍に分属す」

「国家が彼等の事業ならびに資産に対して合法的の措置あるべきは当然なれども、旧誼はこれによりて滅すべきに非ず。されば国法の許すかぎり、彼等の身辺と権益とを擁護すべきは、これまた道義に立脚せるわれ等日本人の情義にして、かつ責務なるべし」

「他日平和克復の日来らば、彼等は過去において忠実なる好伴侶たりしがごとく、将来においてもまた忠実なる盟友たるべく、かくて両者相提携して、ふたたび世界の平和、人類の福祉に貢献するの機至るべきなり」

私はこの訓示を読んで、「これだ」と思った。

たとえ自爆戦争だと私が判断していても、祖国日本が米・英・蘭など世界の主要国との戦争に突入したからには、日本国民としての私は国民の義務を果たさなければならない。そのことを河合栄治郎先生から教えられていた。今また三菱社長の岩崎小弥太男爵から同じ趣旨を訓示された。私の考え方は河合教授、岩崎男爵という二人の巨人によって固まった。何の迷いもなく、私は生きてゆこうと、決心した。

河合栄治郎教授と岩崎小弥太男爵との間にはまったくなんのつながりも存しなかった。しかし、この二人がおられたことは日本国民の誇りであると思う。

2　大死一番猛省すれば……

模擬スパイ演習事件

私は国民的な熱狂の中にあって、一九四二年（昭和一七年）一月から五月ごろまで静かに読書生活に励んでいた。歴史、哲学の両分野が多かったが、伝記や文学書のほか経済学も含まれていた。昼間、会社で働きながら、夜、読書を楽しむという生活は私の夢だったが、この年の春、ついに限界が来た。そこへ一つの事件というほどではないが、私にとっては忘れられない出来事が起こった。福岡市内の中小企業を訪ねた時のことである。「三井さんも住友さんも来てくれるが、三菱さんは都合悪いか？　今度の日曜日は、うちは大掃除なんや」と、取引先に大掃除の手伝いを頼まれた。私は「上司と相談してお返事します」と返答してなんとかその場を逃れたが、心中では「大掃除の手伝いをやらされてはたまらない」と思っていた。

しかし、これを機にいろいろと考えた末、この生活を続けることは私にとっても会社に対しても有害だという結論に達した。そこで、支店長に「辞めさせて下さい」と頼み込んだ。支店長は「大掃除の手伝いは断りなさい」と明快に指示された。私はそろばんがどうしても上達しないことなどを理由に「社損を来しますから、辞めさせて下さい」と繰り返した。

やがて、山室宗文会長から支店長に宛てて「貴方事務イノキマサミチを上京セシメラレタシ」という電報が来た。私は寝台特急に乗って東京へ向かった。

下関港で関門連絡船を下船して、東京行きの寝台特急へ急いでいると、私は突然、腕をしっかりとつかまえられた。「挙がった。挙がった。犯人をつかまえた。万歳!」といった声に私は取り囲まれた。東部軍司令部が模擬スパイを逮捕する演習をしていたらしい。模擬スパイの手配書に書かれた人相、年齢、その他の特徴に、私はピタリと一致していたという。

私は大変なことになった、と思った。眼前二〇メートルほど向こうに停車している特急に乗り込まないと、明日、東京で山室会長にお目にかかれない。私は寝台券と特急券を示し、大声で、必死の抗議をした。私の抵抗があまりにも激しいものだったから、ようやく釈放された。私が寝台特急の最後尾車両に飛び乗った時には列車はすでに走り始めていた。

翌日、東京駅に近い八重洲ビルに直行した。会長室で、山室さんから「会社を辞めて、調査・研究方面の仕事をやりたいということだが、日本銀行から特殊銀行、六大銀行、四信託に対して、昭和二年から一四年までに入社した行員・社員のうちから一人ずつ供出するよう求めてきた。ちょうどいいから君が出向してくれないか？　仕事の内容は今度新設された全国金融統制会らしい」。

山室会長は一息ついで、ちょっといたずらっぽい調子で続けられた。「会社としては、あまり恥ずかしいようなのは供出できない。さりとてどうしても必要な人材も出せない。君は適任だと思うよ」。

全国金融統制会とは何をするところなのか。私にはまったく見当がつかなかった。

全国金融統制会と中小企業論

全国金融統制会は日本銀行内にあった。結城豊太郎日銀総裁が会長、渋沢敬三副総裁が副会長、一万田尚登考査局長が担当理事という顔ぶれだった。私は産業金融課に配属された。数日出勤しているうちに、私はだんだん日銀が嫌いになった。日銀の連中は何となく〝御殿女中〟のようなタイプが多く、野人の私とはそりが合わなかった。やがて、全国金融統制会とは日銀が金融機関を上から統制するための道具にすぎないことがわかってきた。出向者が昼食に集まると「辞めたい」という声が次第に強くなった。私もこんな不愉快なところに我慢している理由はない、と思った。

この機会に、私は山田文雄さん（元東京帝大経済学部教授）から頼まれた中小企業論を書き上げようと決心した。三八、三九年（昭和一三、一四年）ごろ、日本学術振興会から、山田さんは『中小企業の経済理論』という本を書くことを依頼され、月給五〇円で助手を雇うことも認められた。そこで山田さんは私を助手に採用された。私は中小企業についてあまりにも無知なので、この機会に勉強したい、と考えた。同時に薄給でインフレーションに悩む私にとって、月五〇円の手当はありがたかった。

ところが、四〇年（昭和一五年）八月二八日に小林一三商工大臣がオランダ領インドネシア（蘭印）特派大使に任命され、山田さんも随行することになった。山田さんは私に「自分は書けそうにない。すまないが、君がやってくれ」と懇請された。私は断りかねて引き受けてしまった。数日後、私の自宅に山田さんからたくさんの資料や文献のたぐいが届けられてきた。私は中小企業についての主要な参考文献から読み始めた。そして、繊維を主とする伝統的中小企業と機械工業関係の下請工業とに大別して、経営規模に関する経済学の理論的枠組みを適用していけば何とかなりそうだという見通しが立った。

中小企業についてそれまでまったく無知、無関心であっただけに、私は日本社会の未知の分野に踏み入ったかのように新鮮な知的好奇心を味わうことができた。全国金融統制会では何もすることがなかったので、私は『中小企業の経済理論』を四二年（昭和一七年）九月ごろから一二月ごろにかけて書き上げた。出来上がった原稿には山田さんが「猪木正道氏に負うところが大きい」という前書きをつけて、四三年（昭和一八年）、有斐閣から山田文雄著として公刊された。河合栄治郎先生はこれを知って山田さんを叱責された。私もお叱りを受けたのは言うまでもない。

この代作は、私の日本研究の第一歩であったと言っても過言ではない。大阪周辺のブラシ工業ひとつをとってみても、大工業によって打倒されてしまうものではない。マルクスは中小零細企業の衰滅と工業の大規模化を説いた。たしかに「大量生産の利益」は厳存するけれども、新しい分野に新しい中小零細企業がどんどん育成されていく。経済学も、政治学も、中小零細企業の分析なしには空論に終わってしまう。河合先生には叱られたけれども、私にとって大変な勉強になった。

三菱経済研究所での経済戦力研究

四三年に入ると、戦況はにわかに日独両国にとって不利になってきた。二月一日にガダルカナル島から日本軍は撤退を開始し、一週間で一万一〇〇〇人が撤退した。戦死者と餓死者を合わせて二万五〇〇〇人に達した。大本営は「転戦」などと言って誤魔化そうとしたが、国民は事態の深刻さをよく知っていた。同盟国のドイツはもっとひどい目にあっていた。四二年一一月一九日、スターリングラードでソ連軍の大反撃が始まり、翌年一月三一日には、ドイツ第六軍の総司令官パウルス将軍は部下全員とともに降伏して捕虜となった。ガダルカナル島の敗北も、スターリングラードの降伏も、どちらも日独両国統帥部の大失敗に起因している。

日本海軍がこんなに遠い、したがって、補給が困難なところに航空基地を建設しようとしたこと自体が、緒戦に大勝したことからくるうぬぼれの結果である。ミッドウェー海戦であれほどの大損害を受けながら、ガダルカナルへ進出しようとしたのは狂気の沙汰と言うほかはない。ヒトラー・ドイツもソ連と戦うならばモスクワ街道を一直線にモスクワへ殺到し、モスクワを占領することによって、広大な各地方を孤立させ、ソ連を実質的に解体する他に方策はない。ヒトラーは対仏戦や対ソ戦初期の成功に目がくらみ、スターリンの名を冠したボルガ河の地方都市を攻撃することにこだわりすぎた。

四三年（昭和一八年）三月一八日、東条英機首相は国民の間に広がる動揺を防ぐため、内閣顧問を置くことにし、藤原銀次郎（旧王子製紙社長、軍需相などを歴任）、郷古潔（ごうこきよし）ら七名を任命した。郷古潔さんは当時、三菱重工業の社長であった。ところが、郷古さんは即日、社長を解任された。この一件は注目される。

私は五月初め、全国金融統制会の一万田理事に辞意を表明し、五月二八日に渋沢副会長から辞令を受け取った。私は直ちに三菱信託に帰って山室会長に会い、財団法人三菱経済研究所への出向を認められた。佐倉重夫常任理事は、ドイツについての大きな研究テーマがくるはずなので、それに参加して頑張ってほしいと激励してくれた。

六月中旬だったと記憶する。二人の陸軍将校が佐倉理事を訪ねてきた。一人は参謀本部第二部（情報）の第五課長、もう一人は主計中佐である。やがて私と同僚二人が常任理事室に呼ばれ、第五課長が話し始めた。

参謀本部は、ドイツに関しては従来、ドイツ班の判断に任せてきた。しかし、昨年末以来のドイツ軍の敗北ぶりに衝撃を受けている。ドイツは日本の陸軍が明治の初期にフランスからドイツに乗り換えて以来、日本陸軍にとっての先生であり、模範であった。とくに大島浩武官が駐独大使に任ぜられて以来、在独日本大使館と参謀本部ドイツ班とは、まるでヒトラー・ドイツの出先機関のようになってしまった。そこで、参謀本部はドイツ班を解体して、ソ連担当の第五課（ロシア課）に吸収した。

ところが、第五課でドイツの情報、とくに継戦能力を判断しようとしても、まったく手掛かりがない。ドイツに留学した人と、ドイツと商取引をしていた人々、その他ドイツに関係の深い日本人にはすでに漏れなく接触したが、皆、ただドイツの力を誉め称えるばかりで信頼できない。そこで、長年にわたってお世話になっている佐倉理事に相談したところ、すべてを任せてくれるならば、三菱経済研究所の総力を挙げて協力すると約束して下さった。必要な資料、大使、公使や総領事らからの電報は、全部見ていただきます。その他必要なことは何でもしますからどうか助けていただきたい。

大体以上のような内容だったと記憶する。

岩崎小弥太男爵の猛烈な叱責

私は正直なところ、内心、「救われた！」と感じた。開戦以来一年半余り、私は自分の国が一直線に破滅への道を邁進(まいしん)するのを見ながら何もできないことに悩み苦しんでいた。もちろん、国民の一人としての義務を遂行するのは当然のことである。しかし、いくら私が国民の一人としての義務に忠実であっても、祖国の破滅を阻止することは何ひとつできなかった。急坂を転落するように突進する祖国を救出することはもとより、同胞の苦痛を和らげるようなことも何ひとつできなかった。

「軍国日本」の必勝を信じている人には、どんなに苦しくても救いがあったに相違ない。だが、必敗の運命を認めざるをえない者にとっては、傍観者として祖国の敗亡に立ち会うのは筆舌に絶する地獄である。ドイツの継戦能力を調査研究して「いつまでヒトラー・ドイツが戦えるか。どんな形でドイツは敗れるか。ドイツとソ連との、あるいはドイツと連合国との単独講和はありえるか」といった第五課長の問いには、私が三一年（昭和六年）に旧制第三高等学校文科乙類に入学して以来、一二年間勉強してきたことを土台に、参謀本部から提供される資料を分析・考慮すれば答えられる、という自信を持っていた。そしてその答えが日本の戦争指導に好ましい方向で影響するならば、私は傍観者という地獄から解放されよう。そう思った。

私たち三人がこの重要な任務を引き受けるに当たって、佐倉理事はきわめて適切な助言を与えて下さった。「機密資料の提供を受けるからには参謀本部の嘱託にならなければならないでしょう。しかし、あくまで君たち三人は三菱経済研究所の所員として参謀本部に協力するのですから、一切の報酬を受け取ってはなりません。無給嘱託ということで、参謀本部のほうもご了解願います」。

私はこの時、佐倉理事の助言と岩崎小弥太三菱社社長の訓示との間の深いつながりに気づいた。それというのも、三菱経済研究所に勤務するようになった時、郷古潔三菱重工業社長が同郷の東条首相に懇請されて内閣顧問を引き受けた際、岩崎社長が猛烈な叱責の訓示を、三菱社報の冒頭に発表しておられるのを読んでいたからである。

岩崎社長の訓示を要約すると、

「われわれ三菱人は経済と生産の分野において国家の戦争に協力せよ。政治には絶対に関与してはならないと、私は開戦以来厳しく指示してきた。経済・生産の分野だけでも、私たちの手に余る困難に直面している。政治などに口を出す余裕などはまったくないはずである。しかるに、最近、三菱社員の中に、政治によろめき込むけしからぬ者が現れた。諸子は政治に関与するなど愚かなことを決してしないよう、自らを戒めよ」というものである。

この訓示のすごさは内容だけではなかったことだ。この三菱の社報は訓示の他は数え切れないほどの辞令で埋まっていた。ことごとく郷古潔さんを罷免する辞令である。三菱重工業の社長を解任されたほか、すべての関係会社の役職から郷古さんは追放された。二ページにわたって解任の辞令が続いていた。郷古さんが岩崎社長の開戦直後の厳命に反して、内閣顧問という政治活動に入ったことに、岩崎社長は烈火のごとく怒りを爆発されたらしい。

私は郷古さんが内閣顧問を引き受けた時の模様を漏れ聞いていた。郷古さんが鎌倉の病院に入院していた時、ガダルカナル島撤退後、戦時宰相としての名声がとみに落ちた東条首相が見舞いに駆けつけた。そして、四三年（昭和一八年）三月一八日の勅令に基づき、郷古さんらを内閣顧問に任命したいから是非、引き受けてほしい、と懇請された。

郷古さんは岩崎社長から政治に関与することを厳禁されているという理由で謝絶した。しかし、東条首相は必死である。この国家の危機に、現職の総理がわざわざお願いにきているのだから引き受けてもらいたいと食い下がった。郷古さんは押し問答の末、ついに承諾したという。郷古さんは東条首相の強引な懇請に負けたのである。明らかに社長訓示違反である。だから私は、郷古さんが解任されたのもやむをえないと思った。そして、岩崎社長の郷古さんに対する「叱責の気迫」には頭が下がった。

参謀本部から委託研究を引き受けるに際して、あくまで三菱経済研究所員が無報酬で参謀本部の委託研究に参加するという立場を貫け、という佐倉理事の脳裏には、おそらく、郷古さんの内閣顧問事件に関する岩崎社長の厳しい叱責があったのではないかと思う。

河合栄治郎の死

私がドイツの継戦能力の研究に夢中になっている間に、河合栄治郎先生は新しい研究所を設置する計画を進めておられた。

四二年（昭和一七年）春、全国金融統制会への出向問題で福岡から東京へ行った際、私は久しぶりに河合先生のお宅を訪れた。先生のひどいやつれ方に、私は衝撃を受けた。あの頑丈な、松の巨木にも似た先生はすっかりやせてしまわれて、見る影もなかった。先生の健康が著しく悪化しているのに驚いた私は、徹底的な治療をお願いした。糖尿病とのことだったが、私は「先生は軍国主義に殺されてはいけません」と激励した。

それからしばらくして、河合先生から東京都内の料理屋に集まるようご指示があった。先生はそこで、今後の自分の研究計画を明かされ「石にしがみついてでも思想体系を完成する」と宣言された。先生の気迫には鬼気迫るものがあった。また、先生はこの時、ある篤志家の支援を得て、戦後日本の再建を研究する研究所を設立する意向を示された。先生の構想によると、研究所は原理部と国際部に分かれ、原理部は、日本再建の原理を哲学、歴史などの研究と考察を通じて確立する使命を担い、国際部は、国際社会の動向に新日本はどう対応していくか、を研究することになっていた。重点はもちろん、原理部にあった。

河合先生は毎日、朝から書斎にこもってカントの著作集を次々と読破されていた。昼食も夫人がおにぎりをそっと差し入れるという徹底ぶりだった。この時すでに先生は〝人間離れ〟されていたらしい。そうした河合先生の日常も、ある日突然、断絶する。四四年（昭和一九年）二月中旬のことだったと思う。三菱経済研究所で仕事をしていると、大学の先輩から電話が掛かってきた。「河合先生が亡くなった」というのである。私はご自宅へ急行した。先生は前夜遅くまでカントを勉強しておられたが、突然、気分が悪くなり、医者が来た時にはすでに心臓が停止していたという。

先生の机の上にあったカントの著作集を見て、死の直前まで、哲学の勉強に没頭しておられた、先生に対する尊敬の念を新たにした。そして、私は、河合先生を殺した日本軍国主義に対する怒りと憎しみに震えた。

「日本の指導者たちはなぜ、これほど愚劣なのか」

日本の戦況は悪化の一途を辿（たど）っていた。そもそも四四年六月一九日のマリアナ沖海戦で日本海軍は大敗し、航空母艦も、練度の高い航空機の乗員もほとんど失ってしまった。それから後は日米戦争は圧倒的に優勢な米軍の〝日本征伐〟になったと形容する人もいる。陸軍も惨敗の連続であった。四四年一月七日に大本営陸軍部がインパール作戦を決意し、二ヵ月後、無謀きわまる作戦を開始したのは正気の沙汰ではない。七月四日に大本営がインパール作戦の失敗を認め、作戦中止を命じた時には、途方もない大損害を受けていた。作戦に参加した日本軍一〇万人中、戦死者三万人、傷病者四万五〇〇〇人にのぼったという。

さすがの東条内閣も七月一八日に総辞職を余儀なくされ、後継内閣は、小磯国昭陸軍大将と米内光政海軍大臣との〝協力〟内閣である。私は新内閣に何の希望も見出せなかった。米内さんは戦争の前途に希望がないことをよく知っていたはずだが、小磯首相のほうは、古手の軍人というだけだ。日本国民も、軍人も、米国の〝日本征伐〟を甘受するほかはなかった。

戦争というのは敵と味方との双方で戦い、叩き合うものだ。日本がもはやまともに戦う能力を失い、ほとんど米軍のなすがままに進行していたのは、やはり戦争と言うより征伐である。しかし、征伐の段階において、沖縄本島に四五年（昭和二〇年）四月一日に上陸した米軍を迎え撃って、日本軍が九万人の戦死者、民間人一〇万人の犠牲者を出しながら、六月二三日まで頑張ったこと（守備軍全滅）は特筆されるべきだと思う。

もし、悪名高い長勇参謀長が首里の陣地から無謀な突撃をさせなかったとすれば、八月一四日のポツダム宣言受諾まで日本軍は持久できたはずだ、という有力な見解を、私は六〇年（昭和三五年）に初めて沖縄を訪問した時、信頼できる軍事専門家から聞いた。沖縄と硫黄島での日本軍の勇戦敢闘と、四四年（昭和一九年）一〇月二五日に始まった海軍神風特攻隊の攻撃のすさまじさは、連合国の首脳に「できれば日本本土への上陸作戦を避けたい」と思わせた三大要因だったと私は今、考えている。

私は四五年七月二六日に出されたポツダム宣言を、その直後の段階で読んでみて、連合国はポツダム宣言受諾という形で降伏の機会を与えようとしていると思った。それだけに、七月二八日に鈴木貫太郎首相が「ポツダム宣言黙殺」と発表したことは、不注意によるものとは言え、大きな失態であった。その二日後に、駐ソ大使がソ連政府に条件付き和平の斡旋を依頼したことは、信じられないほどの愚行である。

日本政府がポツダム宣言を即時受諾したとすれば、広島、長崎への原子爆弾投下も避けられただろうし、何よりもソ連の参戦を回避できた公算が大きい。

なぜ、日本の指導者たちはこれほど愚劣なのか。思えば、三九年（昭和一四年）八月二三日に独ソ不可侵条約が調印された時、平沼騏一郎首相が「欧州情勢は複雑怪奇」という〝迷文句〟を残して五日後に総辞職したことも、日本の指導者たちの低脳というよりは痴呆ぶりをもっとも雄弁に物語っていた。

四五年八月一五日のいわゆる「玉音放送」は、たしかに雑音のため聞き取りにくい部分もあった。しかし、昭和天皇が〝一億玉砕〟などという暴論を排して、ポツダム宣言受諾という秩序ある和平の最後の機会をみごとに捕捉されたことは、明確であった。

河合先生が支那事変の初期から、日本はこのまま行けば世界中を敵とする、世界大戦に突入する、と予言しておられたことはやはり正しかった。私はこの時、先生の言葉を思い出した。

「米国はローマに似た大帝国ですから日本は征服されるでしょう。その時、日本を占領する米国の政治家や軍人が信頼できる日本人が少なくとも一人いないと、大変なことになります。私が信頼されるためには、軍国日本で、私は禁固刑に処せられていることが必要です。罰金刑では米国は信頼しないでしょう」

これを何度も繰り返した先生は終戦の一年半前に急逝された。河合先生に代わって、米国から信頼されるのは一体、誰だろうか。日本を再建するために「全力を挙げる時が来た」。私はこう思った。私の読書日記の九月二日のページには、大東亜戦争の総括のようなことが記されている。その結びには、「上に聖天子あり。下に鈴木、米内両海軍大将と東郷外相の誠忠あり。わが国は全的崩壊・滅亡の一歩前に救われた。負けることによって、非常な屈辱を受け、手足をもがれたが、ここで大死一番猛省すれば、少なくとも精神的には再生しうる」と。

3　三高・東京帝大時代を振り返る

わが生涯の最良の三年間

一九三一年（昭和六年）四月、私は多年憧れていた第三高等学校文科乙類に入学した。父も二人の叔父も学んだところであり、何よりも〝自由〟な学校として知られていた。三高は、私が期待していた以上にすばらしかった。上級生とか下級生とかいう区別はまったくなく、のびのびと学ぶことができた。私は水を得た魚のように勉学に励むはずであった。しかし半年間受験勉強に打ち込んだ反動が来て、私は毎晩、京都市内に出掛けていった。それだけならまだよい。学校へ通うことを怠ったのである。

夏休みには、一高・三高戦の応援に全力を上げた。八月二六日に浜口雄幸（おさち）首相が、前年一一月に狙撃された傷が悪化して亡くなった。そして九月一八日には柳条湖（りゅうじょうこ）事件があり、満州事変が始まった。

一〇月下旬だったと思う。学校から、九月末の前期試験の結果を報せてきた。文科乙類だから、ドイツ語はとくに重要なのだが、すべて六〇点未満の不成績である。「これはいけない」と私はようやく眼が覚めた。それから三高の授業に追いつくべく毎日ドイツ語の勉強をした。

学年末には、進級する者の名前だけが張り出される。いよいよその日が来た。下宿の朝食ものどを通らないような状況で出掛けていった。

私の名前は幸い見つかった。

二年生になると、一年の時に私と遊び回り、飲み歩いた悪友たちは、退学や落第させられ、一人もいなくなっていた。

私は畏友斎藤誠君に勧められて、弁論部に入った。弁論部ではマルクス・レーニン主義の書物を読むことは、義務に近かった。私は、ブハーリンやタールハイマーの弁証法的唯物論とか唯物史観とかいう本を読んでみた。内容があまりにも幼稚で、公式的なのに、私はすっかり失望してしまった。マルクスやレーニンを神格化するような卑屈さを、私は軽蔑した。

こんなつまらない〝理論〟にのめり込んで、「マルクス主義でない者は、人に非ず」という思い上がった態度をとる左翼かぶれの連中には到底ついていけなかった。私の公式的マルクス主義拒否症のもとは、小学生の頃からの科学的なものの考え方にあったと思う。中学二年生の時病死した、父の遺訓と言ってもよい。私は当分の間、日本語の書物は一切読まないことにした。ドイツ語の本ばかり読むことによって、ドイツ語をわがものにし、かつ効率的に学べると私は考えたのである。

三二年（昭和七年）五月一五日に、海軍の青年将校と陸軍士官学校の生徒らが、七七歳の犬養毅（いぬかいつよし）首相を射殺したことは、私に衝撃を与えた。このようなテロは断じて放置すべきではないと私は痛感した。弁論部の活動も、テロ排撃の方向に進んだ。五・一五事件の被告たちが厳罰されなかったことに、私は不満だった。荒木貞夫陸軍大臣が留任したことに私は大いに腹を立てた。荒木陸相が京都帝国大学へ来て講演をした時、私は出掛けていったが、その内容は話にならないほどお粗末だった。

三一年はヘーゲルの没後一〇〇周年であった。ヘーゲルをものにしたいと考えていた私は、三三年（昭和八年）の夏休みに、信州野尻湖で勉強することにした。三高の図書館から『大論理（ロギーク）』三巻を借り出し、これと取り組んだ。この三冊本は、一九世紀の前半に出版された旧い版で、西田幾多郎（きたろう）さんが令息を失った供養として三高に寄贈されたものだった。七月一〇日過ぎから八月末まで五〇日近く、私はヘーゲルの『ロギーク』を毎日七、八時間かけて読み進んだ。頭が疲れると、ヨットに乗ったり、野尻湖の周りを一周したりして気分を転換した。しっかり理解するため、私はノートをとった。

八月末に全三巻を読了した時、私は天にも昇るほど嬉しかった。

この頃から、私の頭の異変に気が付いて心配になってきた。頭がぼーっとして働かないのである。多分、私の大脳はヘーゲルの弁証法的論理学に消化不良を起こしたのだろう。このため、九月から予定していたカントの『純粋理性批判』は断念して、三高入学当時にも読みふけっていたドストエフスキーで頭を休めることにした。ドストエフスキーが大変深い人間洞察の作家であることを、当時の私はまだ理解していなかった。『罪と罰』も、『カラマーゾフの兄弟』も、単なる探偵小説ではないことに気がつくまでには、第二次世界大戦という地獄を体験しなければならなかった。

三四年（昭和九年）の一月に私はマルクスの『経済学批判』を読んだ。マルクス主義者は嫌いだったが、マルクスはやはり大物であった。とくに『経済学批判』のあっさりとした、しかも論理的な文章は、私の気に入った。

進学先を東京帝国大学にするか京都帝大にするかという問題は、滝川事件が解決してくれた。東京帝大を受験することにした。法学部にするか、経済学部にするかという問題は、役人や裁判官にはなりたくなかったので、法学部を捨てた。社会科学を勉強したいという気持ちが固まり、結局経済学部を選んだ。

私の三高生活は、〝わが生涯の最良の三年間〟と言っても過言ではないほど楽しかった。しかし入学の年に始まった満州事変は、政府の不拡大方針にもかかわらず、拡大の一途を辿った。浜口内閣から若槻礼次郎（わかつきれいじろう）内閣にかけての緊縮政策のデフレーションは、デフレーション独自の猛毒を日本経済の隅々にまで浸透させた。

三三年（昭和八年）一月三〇日、私が三年生に進む二ヵ月前に、ドイツではヒトラー内閣が成立した。私はドイツ社会民主党に憧れており、ワイマール共和国を愛好していたので、ヒトラーが政権獲得後、独裁体制を固めてゆくのには大いに失望した。

三四年（昭和九年）三月早々、私たち三高文科三年乙組の一〇人余りは、そろって特急のつばめに乗り込んだ。東京帝大の入学試験を受けるためである。

学問的立場に自信を持つ

東京帝大経済学部は、低能教授と噂される先生が多いのにがっかりした。しかし救いもあった。三四年四月中旬に行なわれた新入生歓迎の講演会で、河合栄治郎教授と矢内原忠雄教授との熱弁に接したことである。河合教授は大変な雄弁である上、内容も感動的だったので、私はたちまち河合党になってしまった。講演を聴く新入生の中に、涙を流している者がたくさんいたことは印象的だった。

二、三日後、河合教授の「日本におけるマルクス主義の功罪」というテーマでの社会政策開講の辞を聴きに行った。

講義の内容は、大きく分けて三つの部分からなっていた。第一は、社会科学の伝統を欠く日本で、マルクス主義は社会科学全般の代役を務めたという点である。第二は、マルクス主義が社会科学の全分野を独占的に制圧した結果、日本の社会科学の健全な発展は不可能に近くなったという点である。そして第三点は、多数の前途有為な若い学生が、マルクス主義という麻薬的教義のとりことなった結果、共産主義運動の実践に乗りだし、悲惨な境遇に転落したという事実である。

私は三高生活の末期に、図書館から『新評論（ノイエ・ルントシャウ）』というドイツの雑誌を借り出して、ドイツ人のソ連紀行文を読んだ。ちょうど第二次五カ年計画に突入した頃のソ連の国民生活が活写されていた。〝社会主義競争〟というスローガンを採り入れ、ソ連では極端な出来高払い賃銀制が導入されていた。そういう具体的なソ連像は日本ではほとんど紹介されておらず、ソ連を地上の天国のようにあがめるマルクス主義者が多かった。

ソ連の実像について予備知識を持っていた私には、河合教授の社会政策〝開講の辞〟は大変理解しやすかった。また、これも三高時代に読んでいたヴェルナー・ゾンバルトのマルクス主義批判と河合教授のそれとの間には、似た点が少なくなかった。こうして東京帝大経済学部の一年生の頃、私は自分の思想的立場にいくらか自信を持てた。二年生になって演習に入ることが許されるようになれば、躊躇することなく河合教授の演習に参加しようと私は決意を固めた。

それまでに、マルクスの主著『資本論』を読破しなければならない。

再び野尻湖へ行き、外国人村の隣にあった坂口昂（たかし）先生（『概観世界思潮』の著者）の別荘を又借りした。高見沢女史という日本語学校の先生が坂口家から借りて、外国人村のアメリカ人女子大生らに日本語を教えていた。私たちは高見沢さんと交渉して二階の二間に住んだわけである。

そこへほとんど毎朝やって来る米国の女子大生メアリ・アームストロングさんに英会話を教えてもらうことになった。初対面の時、私は女性過敏症のせいか、精神がすこぶる不安定になった。そこでたまたまポケットに紙巻煙草があることを思い出し、一本にマッチで火をつけてしまった。

「ユー・マスト・ノット・スモーク！」

という甲高いメアリさんの声が聞こえた。彼女は文字どおり烈火のごとく怒っていた。レディの前で、あらかじめ許しを得ないで煙草を吸うのは、大変な失礼であり、大きな侮辱であると、彼女は説いた。彼女はアメリカ映画が日本人のアメリカ観をひどくゆがめていると説いた。ハリウッドのアメリカは、本当のアメリカではない。『若草物語』を見れば、アメリカを見直すに違いない、などなど、彼女の説教は一時間近く続いた。私はおとなしく拝聴した。

彼女は牧師のお嬢さんであり、少しピューリタン過ぎたかもしれない。しかし、アメリカ合衆国の少なくとも有力な一面を教えてくれたと思う。アメリカは物質主義でもあるが、ピューリタニズムの伝統も軽視できない。私は一本の煙草のお陰で、アメリカの多様性に目覚めた。

さて、午後は、アドラツキー版の『資本論』第一巻と取り組む。

最終章「資本家的生産の一般的傾向」を読み終わった時は、さすがに嬉しかった。

満場一致の決議に時代の狂気を見る

この頃日本では、軍国主義化の巨大な圧力が〝国体明徴〟という形で加えられていた。三五年（昭和一〇年）二月一八日に、男爵菊池武夫予備役陸軍中将が、貴族院の本会議上で、貴族院議員の美濃部達吉博士の天皇機関説を、わが国体に反するものだとして、攻撃を加えた。衆議院では予備役陸軍少将江藤源九郎代議士が、同様の理由で美濃部博士を槍玉にあげた。

美濃部達吉博士は長年東大法学部で憲法講座を担当し、その名著『憲法撮要』と『逐条憲法精義』とは、大日本帝国憲法の標準的参考書とされていただけに、右翼議員たちの真っ向からの攻撃は、たちまち政治問題化した。

美濃部博士は、二月二五日、貴族院で発言を求め、彼の学説を堂々と擁護して拍手を受けた。しかし右翼の攻勢は執拗に続く。貴族院は、三月二〇日〝政教刷新に関する決議案〟を満場一致で可決した。衆議院も政友会、民政党、国民同盟の三派共同提案の、〝国体明徴決議案〟を満場一致で可決した。戦前、戦後を通じて、議会・国会の満場一致の決議案は、ほとんど例外なく愚劣である。

とくに注目されるのは、衆議院で鈴木喜三郎政友会総裁が提案理由の説明に当たったことである。美濃部博士の天皇機関説は、議員内閣制の政党政治の理論的基盤であった。天皇機関説を否定すれば、議会政治は成り立たない。政友会の鈴木総裁は、政党政治の自殺を提案していたのである。

四月六日の軍司令官、師団長会議において、教育総監真崎甚三郎陸軍大将は、天皇機関説と日本の国体とは、絶対相容れないという訓示を行なった。在郷軍人会はこれを受けて、天皇機関説排撃運動を全国に展開した。

軍人は一八八二年（明治一五年）一月四日に、明治天皇が陸軍卿大山巖に下付された軍人勅諭をもっとも尊重している。〝朕の股肱〟という天皇に対する特別の親近感が、軍人の天皇観の基盤となっていた。だから、天皇を国家の一機関とする美濃部博士の学説は、天皇と軍人の特別な親近感を傷つけるものと考えたのであろう。

そういう軍人の特別な天皇観が、全国民に押しつけられたところに、軍国日本の特異性があった。私は〝国体明徴問題〟が、日本の右傾化を促進している状況を見て、天皇陛下はきっと大いに迷惑がっておられるに違いないと想像していた。

戦後いろいろな史料のたぐいが公刊されるにつれて、私の想像が当たっていたことがわかった。『西園寺公と政局』の第四巻によると、西園寺の秘書・原田熊雄は鈴木貫太郎侍従長から、昭和天皇の次のようなご意見を聞いている。

「主権が君主にあるか、国家にあるかということを論ずるならば、まだ事がわかっているけれども、ただ機関説が良いとか悪いとかいう議論をすることは、すこぶる無茶な話である。…中略…今日美濃部ほどの人が一体何人日本におるか。ああいう学者を葬ることはすこぶる惜しいもんだ。」

思わず国体明徴問題に踏み込んだが、私は幼少時から国体という言葉に過敏になっていた。恐ろしい時代に日本は入ってゆくのではないか、と私は心配した。

愛国的な世論が戦争政策に賛成させた

私は河合教授の演習には、「ドイツ社会民主党と世界大戦」というテーマのほかに、「再生産論を中心とした理論経済学」というテーマをつけ加え、そのどちらかで参加したいと申し出た。自分の読書歴を要約することも求められた。河合演習は志望者が多く選考となり、講師と二人の助手の面接を受けた。

その翌日、私の下宿へ「ドイツ社会民主党のテーマで演習に参加されたし」という先生からの電報が到着した。私はお礼を言うため大学に駆けつけたところ、河合教授に路上でばったり会ってしまった。個人的にお目にかかったのはこの時が初めてである。先生が意外に小柄であられること、お顔が老松の木の肌のように精悍であること、の二点に驚いた。いよいよ演習が始まると、まず参加者十余人の研究テーマが決まる。発表は九月以降ということで、七月までは、いろいろな問題について討論する。

四月末から七月初めまで、私は経済学部の研究室へ毎日通い、第一次——当時はそうは言わなかったが——大戦勃発に際しての、ドイツ社会民主党の混乱と挫折とを勉強した。幸い東京帝大経済学部の研究室には、第一次大戦関係の史料や著作が充実していた。第一次史料によって、第二インターナショナルの崩壊を研究することは、実に楽しかった。

夏休みは、前半をマルクスの『資本論』第二巻を読むことにあて、八月半ばから九月半ばにかけて、演習の発表を準備した。

ドイツ社会民主党が、一九一四年（大正三年）の七月末に戦争勃発の危機に直面した時、「帝国主義戦争絶対反対」「労働者階級の国際的団結」という従来の公約を破って、忠良なドイツ国民として政府の戦争政策に賛成し、戦費支出の予算案に賛成したのは、レーニンなど共産主義者の説くような「労働貴族化した党幹部の裏切り」によるものではなく、ドイツ国民の愛国的な世論に引きずられた結果である、というのが私の結論であった。私の発表が終わると、河合教授は内容を褒めてくださったばかりでなく、「猪木君がドイツ語だけでなく、日本語も立派にできることがわかった」という奇妙な評価をつけ加えられた。

この勉強を通じて、私は発表したこと以外に、もう一つ重要な問題を学んでいた。それはドイツのぐらぐらとした国内体制に比べて、英国とフランスの民主主義的な戦争指導が断然優越していたことである。ロイド・ジョージも、クレマンソーも民主主義左派の出身であったればこそ、恵まれない勤労大衆を戦争遂行のために動員できた。ドイツの保守的な支配層は、ドイツ社会民主党と平時から協力することができず、国家総動員態勢はうわべだけに終わった。

師の生命がけの一文が私を支えてきた

演習の発表を前にして、私が珍しく伊賀上野の自宅で勉強していた時、三五年（昭和一〇年）八月一二日、相沢三郎陸軍中佐が、陸軍省で執務中の軍務局長永田鉄山少将を斬殺したということを号外で知った。隣に住んでおられた聖公会の牧師さんと、「大変なことになりましたね。陸軍は狂っていますよ」と慨嘆し合った。

相沢中佐はもちろん逮捕されて、軍法会議にかけられたが、皇道派と呼ばれるいわゆる革新将校たちは、露骨な公判闘争を開始した。そして真崎甚三郎大将が相沢の弁護のため出廷したのをきっかけに、三六年（昭和一一年）二月二六日、陸軍第一師団の歩兵第一連隊と第三連隊の兵一四七〇余名を率いて、皇道派青年将校は、岡田啓介首相、高橋是清蔵相、斎藤実内大臣、渡辺錠太郎教育総監、鈴木貫太郎侍従長らを襲撃した。幸い岡田首相と鈴木侍従長は奇跡的に助かったが、このクーデターは、軍国日本の暴走を決定的にした。

たしかに犯人の皇道派青年将校たちは銃殺され、陸軍の要職から皇道派は一掃されたが、皇道派と対立していた統制派が、このクーデターがもたらした恐怖心を利用して、悪行を働いた。すなわち中国への軍事的圧力を強化し、ヒトラー・ドイツとの防共協定を結ぶなど、四五年（昭和二〇年）のポツダム宣言受諾まで続いた自爆戦争への道は、この段階でほぼ決定されたと言っても過言ではない。

二・二六事件が起こった時、私はほとんど絶望的になっていた。ところが帝都の心臓部を占拠していた反乱軍が降伏した直後に発行された『帝国大学新聞』に、河合栄治郎教授は二・二六事件を真っ向から批判する一文を発表された。

その頃まで、東京帝大では一部の河合党を除いて、多くの学生は河合教授を反動教授、ご用学者と悪罵（あくば）していた。マルクス主義者でなくても、マルクス主義に好意的な発言をする教授は、進歩的と評価された。

事件直後の三月九日付の『帝国大学新聞』を、私は今日まで六二年間大切に保存してきた。河合教授の「二・二六事件の批判」の全文をここに引用したいのだが、あまりに大きい紙幅を要するので、ごく一部の、もっとも重要と思われる部分を引用するにとどめたい（当時検閲が厳しかったから伏せ字が多い。手を加えないでそのままにした。仮名遣いだけは改めた）。

「ファッシストの何よりも非なるは、一部少数のものが……力（註　軍事力）を行使して、国民多数の意志を蹂躙するに在る。国家に対する忠愛の熱情と国政に対する識見とに於て、生死を賭して所信を敢行する勇気とに於て、彼等のみが決して独占的の所有者ではない。

……中略……

彼等の吾々と異なる所は、唯彼等が……力（註　軍事力）を所有し、吾々が之を所有せざることのみに在る。だが偶然にも……力（註　軍事力）を所有することが、何故に自己のみの所信を敢行しうる根拠となるか。吾々に代って社会の安全を保持する為に、一部少数のものは、武器を持つことを許され、その故に吾々は法規によって武器を所持することを禁止されている。然るに吾々が晏如として眠れる間に、武器を持つことそのことの故のみで、吾々多数の意志は無の如くに踏付けられるならば、先ず公平なる……力（註　軍事力）を出発点として、吾々の勝敗を決せしめるに如くはない。……中略……

此の時に当り、往々にして知識階級の囁くを聞く。此の……力（註　軍事力）の前に、いかに吾々の無力なることよと。だがこの無力感の中には、暗に暴力讃美の危険なる心理が潜んでいる。そしてこれこそファッシズムを醸成する温床である。暴力は一時世を支配しようとも、暴力自体の自壊作用によりて瓦解する。眞理は一度地に塗れようとも、神の永遠の時は眞理のものである。この信念こそ吾々が確守すべき武器であり、之あるによって始めて吾々は暴力の前に屹然として亭立しうるのである。」

この河合教授の文字どおり生命がけの一文を読んだ時の興奮と感激とは、その後六〇余年間、私を支えてきたと言っても過言ではない。この日本型ファシズムに対する教授の宣戦布告は、右傾化した日本陸軍の首脳や中堅のもっとも痛いところを衝いたからこそ、三年後に先生は東京帝大を追われ、出版法違反事件の被告となり、悪戦苦闘の末、五年後に心臓発作で亡くなる。

二・二六事件に対する河合教授の体当たり的な批判以来、私は先生に対する敬愛の念をますます深くした。当時日本の知識人の中に、誰一人としてあの事件を正面から弾劾した人はいなかった。当時の東京帝大経済学部教授会は、河合教授を中心とする自由主義派と、土方成美教授が率いる右派と、大内兵衛（ひょうえ）教授を取り巻く左派とに三分されていた。そして残念なことには、学生たちまで、所属する演習の指導教授の派閥に属していると見られる傾向があった。私など河合派とみなされ、とくに左派の学生たちから敵視されているように感じた。彼らがあの『帝国大学新聞』の一文を読んで、「河合さんを見直した」と言うのを聞いて、私は喜ぶと同時に彼らの不明を嘆いた。

しかし、イデオロギーに個人的感情がからまって、学部が割れるというのはきわめて残念なことである。三九年（昭和一四年）一月二八日に、東京帝大の平賀譲総長は、河合、土方両教授を派閥抗争の元凶として休職処分にするよう文部大臣に上申した。これを受けて、「高等文官分限委員会」は両教授を休職処分にした。

河合教授の場合、二・二六事件に際して、軍部ファシズムに対する真っ向からの批判に怒った軍部が、政府に圧力をかけたのであろう。まず、三八年（昭和一三年）一〇月五日に著書『ファシズム批判』『社会政策原理』『第二学生生活』『時局と自由主義』が発売禁止処分になった。翌年二月二八日には、河合教授は出版法違反のかどで起訴された。

大きな影響を受けた四冊の本

三六年（昭和一一年）度の演習には、私は「マルクス主義と労働運動」という題で参加した。

九月には、就職の面接が始まった。私が演習の研究発表を行なったのは、三菱信託株式会社に就職が内定した後だったように思う。三五年（昭和一〇年）頃から、私は三人の研究者・思想家の四冊の著書を読んで、大きな影響を受けていた。

第一にはカール・コルシュというドイツの哲学者を挙げたい。彼は『マルクス主義と哲学』という本を書いていた。カウツキーを中心とする第二インターナショナルの正統派マルクス主義も、レーニンが率いる第三インターナショナルの正統派マルクス主義も、マルクス自身の思想や学説とは何の関係もない偽物だという明快な断定には、私はすっかり感心してしまった。あとで河合教授が三二年（昭和七年）にドイツに滞在された時、カール・コルシュに師事されていたことがわかった。第二は、ジョルジュ・ルカーチの『歴史と階級意識』という本である。カール・コルシュと似た立場からマルクス主義を再解釈していた。第三は、アルトゥール・ローゼンベルクというドイツの歴史家で、『ドイツ共和国の成立』という本で知られていた。第四に私は、ローゼンベルク教授のもう一冊の本、『ボルシェヴィズムの歴史』を挙げなければならない。ボルシェヴィズムが、後進国ロシアで形成され、革命に成功した跡を、みごとに分析し、描写している。

マルクス・レーニン主義を徹底的に批判するという点で、私は一貫していた。しかし原始マルクス主義とも言うべきマルクスとエンゲルスの一八四〇年代の著作には、マルクス・レーニン主義とはまったく違った魅力があると当時の私は考えていた。私はソビエト共産主義を東欧共産主義と呼び、ローザ・ルクセンブルクの思想を西欧共産主義と呼ぶことにした。私は決してローザ・ルクセンブルクの弟子になったわけではなかったけれども、革命思想家としては、彼女を高く評価した。

私は当時、ソ連で三四年（昭和九年）のキーロフ事件後、共産党内の反スターリン派が次々と追放され、奇妙な見せ物裁判で、信じられないような犯罪をベラベラ〝自白〟していることを知っていた。また、トロツキーの立場が西欧共産主義に近く、理論的にはレーニンよりも正しいように見えながら、政治の場では連戦・連敗であることも知っていた。だから私は演習の報告で、西欧共産主義の重要性を指摘しながら、その弱点と盲点も見逃さなかった。

河合教授は、私が西欧共産主義を評価したことを批判された。私の同僚たちが、揃いも揃って、読んだ書物に強く影響されたことに驚かれ、「もっと批判的に本を読みたまえ」と忠告された。

東京帝大ではよく勉強したものだ、とわれながら感心する。マックス・ヴェーバーの

『経済と社会』も読んだし、ハロルド・ラスキの国家論や『民主主義の危機』も読んだ。ヴェーバーの重厚な理論と比べて、ラスキのものが、著しく見劣りがするのは、間違いない事実である。東京帝大の三年間に勉強して身につけたものの利息で、私はその後の少なくとも一五年間は生き続けたと思う。

編集付記

一、本書は中公新書『軍国日本の興亡　日清戦争から日中戦争へ』（一九九五年三月刊）を文庫化したものである。

一、付録「軍国日本に生きる　猪木正道回顧録」は「外交フォーラム」（一九九八年十〜十二月に全三回連載）を底本とした。

一、本文中、今日の人権意識に照らして不適切な語句や表現が見受けられるが、著者が故人であること、執筆当時の時代背景と作品の文化的価値に鑑みて、そのままの表現とした。

中公文庫

軍国日本の興亡
――日清戦争から日中戦争へ

2021年1月25日　初版発行

著　者　猪木正道

発行者　松田陽三

発行所　中央公論新社
〒100-8152　東京都千代田区大手町1-7-1
電話　販売 03-5299-1730　編集 03-5299-1890
URL http://www.chuko.co.jp/

DTP　ハンズ・ミケ
印　刷　三晃印刷
製　本　小泉製本

Published by CHUOKORON-SHINSHA, INC.
Printed in Japan　ISBN978-4-12-207013-4 C1121

中公文庫既刊より

各書目の下段の数字はISBNコードです。978-4-12が省略してあります。

お-19-2
岡田啓介回顧録
岡田啓介
岡田貞寛 編
日清・日露戦争に従軍し、条約派として軍縮を推進、二・二六事件で襲撃され、戦争末期に和平工作に従事した海軍高官が語る大日本帝国の興亡。〈解説〉戸高一成
206074-6

さ-4-2
回顧七十年
斎藤隆夫
陸軍を中心とする革新派が台頭する昭和十年代、「粛軍演説」等で「現状維持」を訴え、除名されても信念を曲げなかった議会政治家の自伝。〈解説〉伊藤　隆
206013-5

し-5-2
外交五十年
幣原喜重郎
戦前、「幣原外交」とよばれる国際協調政策を推進した外交官であり、戦後、新憲法に軍備放棄を盛り込むことを進言した総理が綴る外交秘史。〈解説〉筒井清忠
206109-5

し-45-2
昭和の動乱（上）
重光　葵
重光葵元外相が巣鴨獄中で書いた、貴重な昭和の外交記録である。上巻は満州事変から宇垣内閣が流産するまでの経緯を世界的視野に立って描く。
203918-6

し-45-3
昭和の動乱（下）
重光　葵
重光葵元外相は巣鴨に於いて新たに取材をし、この記録を書いた。下巻は終戦工作からポツダム宣言受諾、降伏文書調印に至るまでを描く。〈解説〉牛村　圭
203919-3

い-61-2
最終戦争論
石原莞爾
戦争術発達の極点に絶対平和が到来する。戦史研究と日蓮信仰を背景にした石原莞爾の特異な予見は、日本を満州事変へと駆り立てた。〈解説〉松本健一
203898-1

と-18-1
失敗の本質　日本軍の組織論的研究
戸部良一／寺本義也
鎌田伸一／杉之尾孝生
村井友秀／野中郁次郎
大東亜戦争での諸作戦の失敗を、組織としての日本軍の失敗ととらえ直し、これを現代の組織一般にとっての教訓とした戦史の初めての社会科学的分析。
201833-4

い-16-5
城下の人　新編・石光真清の手記(一)　西南戦争・日清戦争
石光真清　石光真人編
明治元年に生まれ、日清・日露戦争に従軍し、満州やシベリアで諜報活動に従事した陸軍将校の手記四部作。新発見史料と共に新たな装いで復活。
206481-2

い-16-6
曠野の花　新編・石光真清の手記(二)　義和団事件
石光真清　石光真人編
明治三十二年、ロシアの進出著しい満洲に、諜報活動に従事すべく入った石光陸軍大尉。そこで出会った中国人馬賊やその日本人妻との交流を綴る。
206500-0

い-16-7
望郷の歌　新編・石光真清の手記(三)　日露戦争
石光真清　石光真人編
日露開戦。石光陸軍少佐は第二軍司令部付副官として出征。終戦後も大陸への夢醒めず、幾度かの事業失敗を経てついに海賊稼業へ。そして明治の終焉。
206527-7

い-16-8
誰のために　新編・石光真清の手記(四)　ロシア革命
石光真清　石光真人編
引退していた石光元陸軍少佐は「大地の夢」さめがたく再び大陸に赴く。そしてロシア革命が勃発した。近代日本を裏側から支えた一軍人の手記、完結。
206542-0

さ-27-3
妻たちの二・二六事件　新装版
澤地久枝
〝至誠〟に殉じた二・二六事件の若き将校たち。彼らへの愛を秘めて激動の昭和を生きた妻たちの三十五年をたどる、感動のドキュメント。〈解説〉中田整一
206499-7

す-26-1
私の昭和史(上)　二・二六事件異聞
末松太平
陸軍「青年将校グループ」の中心人物であった著者が、実体験のみを客観的に綴った貴重な記録。上巻は大岸頼好との出会いから相沢事件の直前までを収録。
205761-6

す-26-2
私の昭和史(下)　二・二六事件異聞
末松太平
二・二六事件の、結果だけでなく全過程を把握する手だてとなる昭和史第一級資料。下巻は相沢事件前後から裁判の判決、大岸頼好との別れまでを収録。
205762-3

い-123-1
獄中手記
磯部浅一
「陛下何という御失政でありますか」。貧富の格差に憤り国家改造を目指して蹶起した二・二六事件の主謀者が綴った叫び。未刊行史料収録。〈解説〉筒井清忠
206230-6

各書目の下段の数字はISBNコードです。978-4-12が省略してあります。

お-2-13
レイテ戦記（一） 大岡昇平
太平洋戦争の天王山・レイテ島での死闘を再現した戦記文学の金字塔。巻末に講演「『レイテ戦記』の意図」を付す。毎日芸術賞受賞。〈解説〉大江健三郎
206576-5

お-2-14
レイテ戦記（二） 大岡昇平
リモン峠で戦った第一師団の歩兵は、日本の歴史自身と戦っていたのである――インタビュー「『レイテ戦記』を語る」を収録。〈解説〉加賀乙彦
206580-2

お-2-15
レイテ戦記（三） 大岡昇平
マッカーサー大将がレイテ戦終結を宣言後も、徹底抗戦を続ける日本軍。大西巨人との対談「戦争・文学・人間」を巻末に新収録。〈解説〉菅野昭正
206595-6

お-2-16
レイテ戦記（四） 大岡昇平
太平洋戦争最悪の戦場を鎮魂の祈りを込め描く著者渾身の巨篇。巻末に「連載後記」、エッセイ「『レイテ戦記』を直す」を新たに付す。〈解説〉加藤陽子
206610-6

お-2-11
ミンドロ島ふたたび 大岡昇平
自らの生と死との彷徨の跡。亡き戦友への追慕と鎮魂の情をこめて、詩情ゆたかに戦場の島を描く。『俘虜記』の舞台、ミンドロ、レイテへの旅。〈解説〉湯川　豊
206272-6

と-35-1
開戦と終戦 帝国海軍作戦部長の手記 富岡定俊
作戦課長として対米開戦に立ち会い、作戦部長として戦艦大和水上特攻に関わった軍人が、日本海軍の作戦立案や組織の有り様を語る。〈解説〉戸高一成
206613-7

や-59-1
沖縄決戦 高級参謀の手記 八原博通
戦没者は軍人・民間人合わせて約20万人。壮絶な沖縄戦の全貌を、第三十二軍司令部唯一の生き残りである著者が余さず綴った渾身の記録。〈解説〉戸部良一
206118-7

き-45-1
側近日誌 侍従次長が見た終戦直後の天皇 木下道雄　高橋　紘 編
敗戦という未曽有の非常事態に直面し、日本人の行く末と皇室生き残りを念じて、自ら行動した昭和天皇の「肉声」を綴った侍従次長の貴重な記録。
206368-6